경제를 읽는
경제학

经济的逻辑

作者 : 王旸

【용어와 사례를 통해 경제를 쉽게 배우는 경제실용서】

경제를 읽는
경제학

왕양 지음 | 남영택 옮김

평 단

현재의 세계 경제는 경제의 논리를 이탈한 상태다.

2008년 9월 18일, 사람들이 잠에서 깨어 마주한 현실은 용감한 신세계였다. 자유주의 경제의 최대 신봉자인 미국이 적극적인 시장구제 조치를 결정했기 때문이다. 이날 헨리 폴슨(Henry Paulson) 재무장관과 벤 버냉키(Ben Bernanke) 연방준비제도이사회 의장은 국회로 달려가 "정부는 국고를 열어 자본 시장에 필요한 유동성을 공급하라"고 요구했다. 버냉키는 국회의원들에게 "정부가 유동성을 공급하지 않는다면 미국 경제는 더 이상 존재하지 않을 것"이라고 경고했다.

버냉키가 이렇게 말한 이유는 근 10년 동안 누적된 금융위기가 2007년에 금융 쓰나미로 발전할 기미를 보이더니 그해 9월 최고조에 달했기 때문이다. 자본 시장의 고갈로 많은 기업들이 자금을 구할 수 없는 곤경에 처했고, 만약 미국 정부가 손을 쓰지 않으면 경제 붕괴는 눈앞의 현실이 될 것이 불을 보듯 뻔했다. 미국 경제가 붕괴하면 뒤이어 세계 각국의 경제도 큰 재난을 맞게 될 상황이었다.

미국 경제는 붕괴 직전이었지만 9월 18일 이전까지 이를 예상한 사람은 아무도 없었다. 물론 사람들은 부동산 버블로 이룬 경제 번영은 사상누각에 불과하며, 이번 금융 재난으로 입은 손실이 3조 달러에 달한다는 사실을 이미 알고 있었다. 또한 승승장구하던 베어스턴스(Bear Stearns)의 매각과 리먼브러더스(Lehman Brothers Holdings)의 파산, 패니메이(Fannie Mae)와 프레디맥(Freddie Mac)의 국유화를 직접 목격했다. 그러나 1930년대의 대공황과 비슷한 파괴력을 지닌 경제 위기가 다시 나타나리라고는 아무도 상상하지 못했다.

사람들은 대공황에서 얻은 뼈아픈 교훈으로 더 이상 똑같은 위기를 맞아서는 안 된다고 생각했다. 더욱이 과학 기술의 발달로 다양한 수학적 분석이 가능해지고 대형 금융 기관들은 리스크와 수익에 대해 면밀한 분석을 내놓고 있기에 사람들은 이제는 대공황 시기에 초래되었던 각종 오류들이 또다시 나타나지 않을 것이라고 굳게 믿기 시작했다.

그런데 현실은 우리를 혼돈으로 몰아넣었다. 하룻밤 사이에 우리가 알던 세계는 더 이상 존재하지 않는 것처럼 모든 것이 뒤집혀 버린 것이다.

리스크는 피할 수 없는 것인가?

물론 우리가 사는 세계는 완전무결한 곳이 아니다. 경제는 그 자체의 법칙에 따라 움직이기 때문에 발전과 쇠퇴를 끝없이 반복한다. 경기 하락과 불황도 이런 법칙의 일부분이기 때문에 이를 피할 수 없는 것이 현실이다. 또 리스크와 불확실성이 언제나 존재하므로 가장 안전한 투자처로 꼽히는 국채에 투자하는 것도 때로는 손실을 볼 수 있다. 따라서 다른 자산에 투자하는 것은 더 말할 나위가 없을 것이다.

이런 정상적인 리스크 이외에 세상에는 수많은 '비정상적' 리스크가 존재한다. 우선 법률과 법규가 완비된 사회에서도 탐욕에 물든 사람들은 끊임없이 정당하지 못한 수단으로 폭리를 취하려 한다. 그들에게 규칙은 단지 '깨기 위해 만들어진 것'일 뿐이다. 이익을 위해 위험도 마다하지 않는 그들은 회색 지대에서 교묘히 법망을 피해 폭리를 취하고, 돈의 유혹 앞에서는 무릎을 꿇는다. 엔론 사태가 그 전형적인 사례다. 미국 최대 에너지 기업이었던 엔론(Enron Creditors Recovery Corporation)은 회계 제도의 허점을 이용해 분식회계를 자행했고 결국 파산에 이르렀다. 모호한 장부 외에도 피라미드 사기, 내부 거래 등의 수법 또한 막을 수 없을 정도로 정교했다. 이 밖에 인간의 감정 또한 세계를 위협하는 주범이다. 약 100년 전에 쓰인 《어느 주식투자자의 회상(Reminiscences of a Stock Operator)》에는 "희망, 공포, 탐욕, 분노 등 인간의 감정이야말로 자본 시장과 경제에서 가장 이기기 어렵고 두려운 적"이라고 언급되어 있다. 인류는 진정으로 이성과 객관적인 태도로 외부 세계를 대할 수 없기 때문에 경제에는 대폭락, 각종 버블 등 극심한 변화가 발생한다.

사람들은 수백 년의 경험을 통해 금융과 경제를 더 잘 이해하게 되었지만, 이러한 문제들은 여전히 해결되지 못하고 있다. 문제를 해결하려면 온전한 이성을 바탕으로 행동해야 하지만 인간의 본성이 바뀌기는 불가능하므로 앞으로도 이 문제들은 완전히 해결되기는 어려워 보인다. 그나마 다행인 사실은 인간의 불안정한 감정이 경제적 리스크를 불러온다는 사실에 많은 사람들이 공감하고 있다는 것이다. 언제 어디에나 존재하는 리스크를 피할 수 없다면, 경제 게임에 참여한 사람들은 다음의 규칙에 따라야 한다. '결과에 승복하라'. 현실을 받아들이고 최대한 이성적으로 행동한다면 이런 리스크를 상당 부분 피할 수 있다.

그러나 금융위기가 등장하면서 세계의 모든 규칙이 완전히 바뀌었다. 우리에게 다가온 이 미지의 세계에서 우리가 기존에 알고 있던 게임 규칙은 전부 달라졌다.

금융위기의 최대 피해자는 누구인가?

이 용감한 신세계에서, 적당한 이익에 만족해야 하는 개인 투자자는 집값이 2배 이상 껑충 뛰어도 여전히 만족하지 못했고, 리스크와 수익을 냉철히 분석해야 하는 기관 투자자는 아무 가치도 없는 금융상품에 계속해서 투자했다. 또한 리스크를 분산하고 회피하도록 도와야 하는 금융상품은 리스크를 무한대로 증가시켰고, 내실 운영을 해야 하는 상업은행은 부랑자들에게 수백만 달러를 대출해 주었다. 투자자가 수익을 내도록 협조해야 하는 투자은행은 스스로 도박장을 만들어 뛰어들었고, 리스크를 분담해야 하는 보험 회사는 사소한 이익을 위해 훨씬 큰 리스크를 떠안았다. 금융시장을 감독해야 하는 감독기구는 책임을 수행할 능력도 의지도 없었고, 한 나라의 경제를 책임져야 하는 정부기구는 전 국민이 제 무덤을 파는 것을 수수방관했다.

이러한 요소들이 하나로 합쳐져 결국 2007년에 세계 경제와 질서를 무너뜨린 금융위기가 발생했다. 경제 위기 속에서 투자자, 상업은행, 투자은행, 보험 회사, 감독기구, 정부 등의 주요 참여자들은 전례 없는 타격을 받았다. 그러나 가장 큰 피해를 입은 것은 바로 일반 서민들이었다. 그저 열심히 돈을 벌어서 좀 더 나은 삶을 살고자 했던 사람들은 이번 위기로 직장도, 살 집도 잃고 말았다. 더욱이 가장 아이러니한 점은 이번 재난을 일으킨 주범은 금융전문가들이고 일반 서민들은 잘못이 없지만, 가장 피해를 본 사람들은 오히려 이런 죄 없는 서민들이라는 것이다.

이번 경제 위기의 피해를 살펴보려면 정부 관리나 경제학자들이 떠드는 이론에만 매달려서는 안 된다. 그들은 오직 숫자로만 이야기하기 때문이다. 사실 1,000억이든 1조든 일반 사람들에게는 별반 차이가 없다. 이렇게 큰돈은 평생 만져볼 기회가 없으니 0이 하나 더 있든 없든 간에 사람들에게는 그저 추상적인 개념일 뿐이다. 오히려 금융위기를 맞아 불안한 나날을 보내고 있는 모습이야말로 금융위기의 피해를 가장 단적으로 보여준다.

그렇다면 왜 우리에게 더 나은 삶을 보장해야 할 금융시장이 오히려 실물 경제를 파탄으로 몰아가고 서민들에게 심각한 피해를 안겨준 것일까?

금융위기는 예측할 수 없는 것인가?

무라카미 하루키의 유명 소설 《1Q84》에서 벌어지는 많은 사건들은 매우 비논리적이지만 일반 독자들이 여기에서 논리적 모순을 찾아내기란 쉽지 않다. 금번의 금융위기도 마찬가지다. 전문가들은 이번 금융위기를 통해 뼈저린 교훈을 얻었지만, 그렇다고 해서 그들 모두가 자신의 소임을 등한시한 것은 아니다. 실제로 일부는 사회를 위해 합리적으로 일했고 법률과 규칙을 준수했다. 그러나 누구도 예상치 못하고 막을 수 없었던 금융위기라는 뜻밖의 결과를 맞았다. 이런 의미에서 보면 일부 전문가들도 일반 서민들과 마찬가지로 죄 없는 피해자인 셈이다.

전문가들은 금융위기에 대해 논리 정연하게 설명을 하고, 일반인들은 왜 그런지 잘 알지도 못하지만, 한 가지 공통점은 그들 모두 이번 금융위기가 처음부터 끝까지 잘못되었다는 점을 느끼고 있다는 것이다.

전문가들의 예상이 빗나간 이유는 사실 간단하다. 대다수 사람들

9

이 경제의 논리를 이해하지 못하기 때문이다. 세계가 정상 궤도를 벗어나《1Q84》와 같은 비정상적인 상황에 직면한 이유는 바로 경제가 경제의 논리를 이탈했기 때문이다. 경제를 이루는 여러 구성요소와 세부사항 중 많은 부분들이 원래의 궤도대로 움직이지 않고 사소한 오차를 일으켰고, 이런 사소한 오차들이 누적되어 결국 큰 화를 불러왔다.

〈최전선(火線)〉이라는 드라마를 보면 "게임은 변하지 않고 더욱 치열해질 뿐"이라는 대사가 나온다. 금번 금융위기도 이처럼 일상적인 경기 침체에서 더욱 치열한 경제 위기로 변한 것이다.

인류는 비록 세계 질서의 붕괴라는 최악의 상황은 모면했지만, 세계 경제는 중상을 입고 지금까지도 회복되지 못하고 있다. 이번의 파괴적인 경제 탈선의 원인과 결과를 이해하려면 처음으로 돌아가 경제의 논리부터 이해할 필요가 있다.

경제의 논리를 아는 것은 왜 중요한가?

과거에는 경제에 대한 이해 여부에 따라 더 잘 살거나 더 못사는 것은 아니었다. 대부분 자급자족했고, 상업의 규모도 막대하지 않았으며 그 구조도 간단해서 이해하기 쉬웠다. 돌이켜보면, 그때가 살기에 가장 불편했지만 가장 좋은 시기이기도 했다. 살기 불편했던 이유는 주위 세계에 대해 무지해 항상 공포에 떨어야 했기 때문이고, 살기 좋았던 이유는 세상이 매우 단순해 모든 것을 눈으로 볼 수 있고 사회가 움직이는 논리도 이해할 수 있었기 때문이다. 당시에는 노력하고 약간의 운만 따라주면 더 나은 삶을 살 수 있었다.

그러나 현대 사회는 과거와 달리 매우 복잡하다. 우리는 눈에 보이는 경제(우선 이를 실물 경제라 부르자)뿐 아니라 눈에 보이지 않는 금융 경제도 이해해야 한다. 금융 경제는 실물 경제와 연관된 것처럼 보이지만 양자의 관계는 그렇게 간단하지 않다. 그래서 사람들은 기업이 이익을 보는데도 왜 수많은 직원을 해고하는지 그 이유를 이해하지 못한다.

심지어 많은 사람들이 실물 경제와 금융 경제가 아무런 상관이 없다고 생각한다. 일례로 주식을 사면 주가 등락에 따른 손익만 생각할 뿐 주가가 왜 변동하는지는 따지지 않는다. 또 주식을 발행하는 곳은 경영층과 직원으로 이루어진 실제 기업이며 사회에서 없어서는 안 되는 요소라는 것을 생각하지 못한다. 마찬가지로 우리는 매일 일을 시작할 때 우리를 암암리에 지배하는 금융의 힘을 느끼지 못한다. 또한 자유 의지(Free Will)는 환상에 불과하고, 삶의 방향은 멀리 떨어져 있는 경제학자들과 금융가들이 이미 결정한 대로 흘러가고 있음을 알지 못한다.

이 책의 목적은 자본의 흐름을 통해서 실물 경제와 금융 경제의 관계를 알아보고, 세계 경제를 움직이는 논리를 살펴보는 것이다. 두 개의 경제체제를 이해하면 사람들의 운명이 얼마나 밀접하게 연결되어 있는지를 알 수 있다. 우리는 경제의 한 부분으로서 항상 전체 경제의 영향을 받으며, 우리 개개인의 결정 또한 전체 경제의 방향에 영향을 미친다. 또 사람 간의 거리는 점점 멀어지고 있지만, 사람 간의 관계는 점점 가까워지고 있다. 우리 개개인의 결정은 세계의 모든 사람에게 영향을 미치고, 우리의 존재 역시 세계 모든 사람의 영향을 받는다.

경제 사회에서 개인들은 저마다 추구하는 이익이 다르고, 사회의 각 부분도 각자의 이익을 위해서 움직인다. 따라서 경제에 대한 이해도를 높이기 위해서는 경제를 움직이는 이익 집단과 경제의 흐름에 대한 기초적인 지식이 필요하다. 그리고 경제의 정상적인 궤도를 알아야 현실 속 실물 경제와 금융 경제의 논리가 정상에서 얼마나 벗어났는지를 가늠할 수 있다. 이를 통해 우리는 교훈을 얻고, 앞으로는 똑같은 잘못을 다시는 범하지 않게 될 것이다.

| 차례 |

제6장 기업 인수의 논리 • 261

제7장 개인 투자의 논리 • 313

제8장 경제 재난의 논리 • 349

제1장

기업 운영의 논리

세계를 움직이는 힘 - 자본

우선 실물 경제를 이야기해 보자. 한 사회의 경제는 매우 복잡하기 때문에 모든 현상을 종합하고 설명한다는 것은 실로 어려운 일이다. 그러므로 여기에서는 간단한 게임을 통해 경제가 운영되는 기본 원리를 살펴볼 것이다.

10여 년 전, 일본에서 '천하어면(天下御免, 천하공인)'이라는 경영 게임이 출시되었다. 유저가 겐로쿠(元祿)라는 상인이 되어 수중의 1만 관(貫)을 늘려 나가는 내용의 게임이었다. 겐로쿠는 열 가지 직업 중 하나를 선택할 수 있는데, 하나를 선택한 다음 창고와 배 등 필요한 것을 만들고 열심히 경영해 에도(江戶)에서 제일의 상인이 되어야 한다.

비록 게임이지만 이 안에서도 사업을 하는 것은 결코 쉽지 않다. 성공한 기업인이 되기 위해서 겐로쿠는 다방면에서 빈틈이 없어야 한다. 막부(幕府, 중앙 정부), 제번(諸藩, 지방 정부)과 좋은 관계를 맺고, 수익을 낼 수 있는 유망한 업종과 경영 방식을 택해야 한다. 또한 충분한 자금과 사회적 자원을 확보하고, 유능한 인재를 고용해야 한다. 이 모든 준비가 끝나면 아침부터 밤까지 부지런히 일해야만 사업에 성공하고 자산을 모을 수 있다.

'천하어면'에는 실물 경제가 돌아가는 기본 원리와 우리에게 익숙한 비즈니스 모델, 즉 '사업하는 방법'이 잘 묘사되어 있다. 사람들이 열심히 일하는 이유는 돈을 벌 수 있기 때문이다. 그리고 부의 진정한 의미는 보유한 자산을 더 많은 제품과 서비스로 바꿀 수 있다는 데 있다.

고대에는 무력을 통해 상대를 마음껏 부릴 수 있었다. 그래서 국가 간에 전쟁이 끊이지 않았고, 전쟁의 패자는 노예가 되었다. 다시 말해, 정복자는 힘없는 약자를 대가 없이 노예로 부릴 수 있었다. 하지만 이런 방법은 정당하지 않다는 인식이 퍼지면서 노예 쟁탈은 점차 사라졌다.

전쟁을 통한 노예 쟁탈의 우선권이 사라지자 사람들이 취한 두 번째 방법은 '언론'을 이용해 상대에게 나를 위해 일하라고 설득하는 것이었다. 예를 들면, 많은 사회에서 사람들은 태어날 때부터 귀족과 평민계급으로 나뉘는데 귀족은 평민에게 이렇게 주입했다. "하늘의 보살핌으로 내가 이렇게 부유한 가정에 태어난 것도, 네가 가난한 평민으로 태어나 나에게 복종하는 것도 모두 거부할 수 없는 운명이다." 물론 정해진 역사나 운명이 그렇다는 이러한 말은 군중을 우롱하고 기만하는 엉터리 논리에 불과하다. 하버드대 심리학과의 스티븐 핑커(Steven Pinker) 교수는 고대 역사를 이렇게 분석했다. "상대적으로 평등한 사회였던 고대 중국에서는 문자가 일찍 등장했지만, 고대 인도에서는 문자의 출현이 늦었다. 고대 인도인들은 모든 것이 글로 기록되면 귀족들이 평민에게 주입한 거짓 역사가 탄로날까 봐 두려워했다."

이후 이러한 논리가 더 이상 상대를 설득하지 못하게 되자 '자본'이 등장했다. 자본의 기본적인 역할은 사람들이 서비스를 교환하게 하는 것이다. 쉽게 말해, 국수 한 그릇을 팔아 돈을 벌고 그 돈으로 내가 원하는 죽 한 그릇을 사 먹는 것이다. 자본을 통한 교환이 모두에게 있어 공정하고 위험이 적은 방법으로 알려지자 널리 사용되기 시작했다. 그리하여 대부분의 사회에서 자본의 흐름이 중요한 경제적 요소가 되었다. 자본의 원리는 '가진 사람은 더 받아 넉넉해지고, 없는 사람은 가진 것마저 빼앗기는' 마태 효과(Matthew Effect)와 매우 흡사하다. 자본이 많을수록 더 많이, 더 좋은 제품을 가져올 수 있기 때문이다.

'천하어떤'에서도 자본은 다른 어떤 요소보다 훨씬 중요하다. 21세기를 흔히 '인재 경영'의 시대라고 말하지만, 사업을 시작함과 동시에 운명을 결정짓는 것은 대부분의 경우 인재가 아니라 자본이다. 자본이 있어야만 인적, 물적 자원 등의 필요한 자원을 쉽게 얻을 수 있다. 물론 인적 자원도 중요하지만 대체할 수 없는 정도는 아니다. 드골(Charles de Gaulle) 프랑스 전 대통령은 일찍이 이런 말을 했다. "전 세계의 무덤에 묻힌 이들은 모두 대체할 수 없는 인재들이다." 이 말은 한 시대를 이끌던 영웅이 죽은 후에도 왜 사회는 끊임없이 진보하는지 그 이유를 잘 설명해 주고 있다. 그러므로 영웅이 없어도 세상은 돌아가며 자본만 있다면 유능한 인재는 언제든지 고용할 수 있다. 또한 능력이 있다고 모두 성공하는 것은 아니다. 능력이 뛰어난 사람은 많지만 자금과 능력을 고루 갖춘 사람은 손에 꼽을 정도로 적기 때문이다.

그래서 게임의 주인공인 겐로쿠는 1만 관의 자본금을 가지고 시작한다. 사실 그가 보유한 돈은 없어서는 안 되는 자원이자 실물 경제의 근원이기도 하다. 자본이 있어야만 더욱 큰 부를 실현할 수 있다.

연구에 따르면, 영국이 해상 무역, 현대 경제, 산업 혁명을 일으켜 현대 사회의 원형이 될 수 있었던 주원인은 바로 16세기에 법률을 개정해 토지 거래를 허용했기 때문이다. 그 이전에는 귀족이나 서민 모두 자신의 영토나 고향을 떠날 수 없었다. 주거지를 떠나면 몸 둘 곳조차 마련할 수 없었기 때문이다. 그렇다고 보유한 토지가 자본이 되는 것도 아니었다. 설사 귀족이 사업을 하려고 해도 그들 또한 토지를 팔 수 없어 필요한 자금을 모을 수 없었다. 결국 이러한 사회구조하에서는 사회의 발전은 완만할 수밖에 없었다.

토지 관련 법률의 폐해와 불합리성을 인식한 영국은 법률을 개정해 토지의 자유 거래를 허용했다. 토지에 대한 매매가 허용되자 토지는 곧 자본이 되어 영국에서는 수많은 사업가가 나타났다. 그 결과 영국은 마침내 세계 발전을 주도하며 세계 제일의 강대국으로 올라섰다.

이렇게 자본의 힘은 강력하다. 그래서 많은 사람들이 자본을 중요시하고 이를 얻고자 갈망한다. 그런데 자본은 일반적으로 쉽게 얻을 수 있는 것이 아니다. 연구에 따르면, 자금의 유동성이 가장 높은 미국에서조차 기초 자본을 모으려면 보통 2세대의 시간이 걸리고, 3대째가 되어서야 두각을 나타낼 수 있다. 어느 정도 기초 자본이 쌓이면 등가 교환을 통해서 사회 자원과 인재를 확보할 수 있고, 이로써 더 많은 자본을 쌓기 위한 기반이 다져진다. 이렇듯 자본은 사업의 성공을 위해 없어서는 안 될 필수 요소다.

하지만 돈이 만능은 아니다. 게임의 주인공 겐로쿠가 자본을 보유했다고 해서 그것이 반드시 사업에 성공할 수 있다는 의미는 아니다. 자본과 능력, 굳센 의지까지 갖춘 그이지만 실패할 가능성도 있다. 그럼 그 이유는 무엇일까?

└ 예측할 수 없는 미래 – 리스크와 불확실성

게임에서는 장사만 잘하면 부자로 성공할 수 있지만, 실제 사업은 게임처럼 순조롭게 진행되지는 않는다. 사업에서는 넉넉한 자금과 경영 능력만 있다고 충분한 것이 아니라 리스크와 불확실성에 대한 대비가 필요하기 때문이다.

사실 리스크와 불확실성에 대한 개념은 근대에 이르러서야 형성되었다. 르네상스 시대 이전까지 인류는 운명을 스스로 개척할 수 없다고 여겨 이 어렵고 힘든 임무를 모두 하느님께 맡겼다. 수학에 정통한 그리스인들조차 운명은 알 수 없다고 굳게 믿었고, 대수학자

피타고라스도 주사위를 던져 1이 나올 확률을 "오직 신만이 결정할 뿐"이라고 말할 정도였다.

17세기에 이르자 프랑스의 수학자 파스칼(Blaise Pascal)이 도박사들을 위해 주사위의 확률을 연구하기 시작했다. 그의 연구로 사람들은 주사위를 던져서 1이 나올 확률은 6분의 1이고, 1이 나오지 않을 리스크는 6분의 5라는 사실을 알게 되었다.

확률 이론에 대한 연구가 점차 활기를 띠면서 현대에는 많은 사람들이 계산을 통해 리스크를 미리 산출할 수 있다고 생각한다. 이 이론에 근거해 생각해 보면 사업상의 리스크를 피하거나 이를 초과하는 수익을 얻는다면 사업은 반드시 성공할 수 있다. 즉, 자금 1만 관을 보유한 겐로쿠가 숫자에 정통하다면 항상 이익을 볼 수 있고 경기가 아무리 나빠도 원금은 보전할 수 있다.

그런데 주사위 확률의 원리를 현실 생활에 그대로 적용할 수 있을까? 물론 대답은 'No'이다. 인류가 아무리 뛰어나다고 해도 미래를 정확하게 예측할 수 없으며, 미래는 주사위를 던지는 것과는 근본적으로 다르다. 주사위 던지기에는 여섯 가지의 가능성밖에 없기 때문에 발생 가능한 리스크를 모두 예측할 수 있다. 하지만 현실은 게임이 아니므로 게임의 법칙이 적용되지 않고 임의적인(Random) 사건이 항상 발생한다. 이런 임의적인 사건에는 모두 잠재적인 리스크가 존재하며, 이러한 리스크를 불확실성(Uncertainty)이라고 부른다. 불확실성은 예측하거나 측정할 수 있는 확실한 리스크와는 다르다.

사람들은 치밀한 계획을 통해 리스크를 어느 정도 피할 수 있지만, 불확실성을 벗어날 수는 없다. 그래서 나폴레옹 같은 전략의 천재도 완벽한 계획을 세웠음에도 워털루전투에서 처참하게 패하고 만 것이다. 그는 효과적인 병력 운용과 공격 시기 등을 모두 산출해냈지만, 전투 전에 갑작스럽게 찾아온 편두통과 치질을 예측하지 못한 탓에 유리한 시기를 놓치고 말았다. 또 전투 당일에 몰아친 폭풍우는 더욱 예측할 수 없었기에 대포 부대가 힘을 발휘하지 못했고, 그의 군대도 순조롭게 이동하지 못했다.

비바람은 나폴레옹에게는 불리하게 작용했지만, 어떤 사람들에게는 절호의 기회를 선사하기도 했다. 일본 전국 시대의 호걸 오다 노부나가(織田信長)는 폭풍우 덕분에 명성을 떨칠 수 있었다. 그는 오케하자마(桶狹間) 전투에서 비바람이 몰아치는 상황을 이용해 2천여 명의 병사로 수만 명에 이르는 이마가와 요시모토(今川義元)의 군대를 일거에 격퇴했다. 물론 노부나가가 전술에 밝고 첩보와 야전 등 비정규적인 군사 전략을 최대한 활용하기는 했지만, 이마가와가 갑자기 오케하자마에 주둔하지 않았다거나 비 때문에 곤란을 겪지 않았다면 그가 그렇게 의외의 대승을 거둘 수는 없었을 것이다.

또 상대의 전략과 전술을 안다고 해도 성공을 전적으로 장담할 수는 없다. 미국 남북전쟁 시기에 북부군은 로버트 리(Robert E. Lee) 장군이 이끄는 남부군과 앤티텀(Antietam)에서 격돌했다. 당시 북부군은 우연히 리 장군의 작전 계획을 입수했지만, 그것이 이후의 전투에 큰 영향을 미치지는 않았다. 양측 모두 상대의 행로를 알고 리스크를 예측했음에도 전쟁 중의 수많은 불확실성으로 인한 변화에 대처하지 못한 까닭에 그러한 정보가 전황에 별 도움이 되지 못한 것이다.

사업은 전쟁보다 훨씬 안전하지만 리스크와 불확실성은 전쟁 못지않다. 인류가 리스크에 대해 어느 정도 이해했다고 스스로 인정한 후에도 재난은 끊임없이 일어났다. 18, 19세기부터 지금까지 거의 10년에 한 번씩 대규모의 재난이 찾아왔고, 소규모의 재난은 셀 수 없을 정도로 많았다. 또 우리가 리스크를 인식한다고 해서 금융재난이 줄어든 것도 아니었다. 21세기에 미국은 IT 버블과 서브프라임 모기지 사태(Subprime Mortgage Crisis)라는 양대 금융폭풍을 일으켰고, MIT 수학 박사가 즐비한 대형 은행들도 금융재난의 횟수를 줄이지 못했다. 수학 박사들은 이미 알고 있는 사건과 리스크는 정확히 계산할 수 있지만 미지의 사건은 그들도 손을 쓰지 못한다. 결론적으로 말하자면, 임의적인 사건은 피할 수 없는데 만약 이를 예측하고 상응하는 대책을 마련한다면 그것은 더 이상 임의적인 사건이 아니다.

아무리 성공한 기업도 수많은 재난을 모두 피하기는 어렵고, 파산조차 상당히 임의적인 기업도 있다. 베어링은행(Barings Bank)은 로스차일드은행(Rothschild Bank)과 함께 유럽 금융계의 중추이자 몇백 년의 역사를 자랑하는 은행이다. 이렇게 명성이 높은 은행이 싱가포르 지부의 20대 딜러인 닉 리슨의 불법 거래로 단번에 무너질 줄 누가 상상이나 했겠는가? 그런데 그가 대규모 손실을 일으킨 것도 매우 갑작스러운 사건 때문이었다. 그는 일본 증시의 호황을 예상해 과감하게 투자했다. 그러나 1995년 고베(神戸) 대지진으로 일본 증시가 급락해 큰 손실을 보았고, 최종적으로 베어링은행은 파산하고 말았다.

결론적으로, 아무리 뛰어난 겐로쿠라고 해도 자신의 능력 범위에서 최선을 다할 수밖에 없다. 그는 천하의 추세를 살펴 앞으로 할 일을 정하고, 리스크 관리를 통해 건조할 배의 수량과 물품 구매량, 현금 보유량 등을 정할 수 있다. 또 시장을 분석해 인기 있는 상품을 찾고, 인사 능력을 발휘해 유능한 경영자와 직원을 고용할 수 있다. 하지만 이 모든 것을 다 한다고 해도, 이는 알고 있는 리스크만 피한 것일 뿐 미지의 불확실성에 대해서는 여전히 대비할 수 없다. 그러므로 겐로쿠는 성공하려면 기회를 잘 잡아야 한다.

■ 용감한 자가 이익을 얻는다 – 리스크와 수익

중국 격언에 "성공과 실패로 영웅을 논하지 않는다(不以成敗論英雄)"라는 말이 있다. 사업뿐 아니라 어떤 일도 운이 상당히 작용하는 것이 사실이다. 그렇다면 이런 문제를 생각해 볼 수 있다. 자산 1만 관을 가진 겐로쿠가 자신의 생활에 만족하고 상당히 보수적인 성향까지 지녔다면 굳이 결과가 불투명한 투자나 사업을 할 필요 없이 가진 돈으로 편안히 살면 되지 않을까?

그런데 그는 그렇게 할 수 없다. 돈을 침대 밑에 쌓아 두는 것은 매우 손해를 보는 행동이기 때문이다. 가장 큰 원인은 바로 인플레이션(Inflation) 때문이다. 인플레이션은 돈의 가치가 점점 떨어지는 현상을 말하는데, 경제적 환경(Economic Environment)이 변해서 일어나기도 하고 때로는 정부가 정책적으로 유도하기도 한다. 인플레이션이 일어나는 상황에서 투자나 소비를 하지 않으면 겐로쿠의 실질 구매력이 감소하게 된다.

1980년대에 중국 사람들은 완위안후(萬元戶)*를 매우 부러워했다. 1만 위안만 있으면 평생 걱정이 없을 거라고 말하는 사람들도 많았다. 대부분의 사람들이 매월 수십 위안을 벌었던 당시에 1만 위안은 확실히 큰돈이었다. 하지만 경제가 끊임없이 발전하면서 화폐 가치도 계속 떨어져 지금은 1만 위안으로 베이징의 땅 한 평도 사기 어렵다. 그러므로 투자하지 않을 바에야 돈을 전부 써버리는 편이 오히려 번 돈을 쓰지 않고 가치만 떨어뜨리는 것보다 훨씬 낫다.

하지만 대다수는 미래의 리스크와 불확실성에 대비하여 여분의 자금을 남겨 투자하는 것이 더 낫다고 생각한다. 그래서 돈이 생기면 투자를 통해 적어도 원금은 보전하고 싶어한다. 창업이나 투자의 최종 목표는 자금을 활용해서 더 많은 수익을 얻는 것이다. 하지만 수익을 얻으려면 리스크를 감수해야 하기 때문에 자금을 가진 사람들은 수익 창출과 리스크 회피라는 두 가지 목표 사이에서 끊임없이 갈등한다. 만약 누군가 자신은 손실 없이 수익을 보장할 수 있다고 공언한다면 전 세계 사람들이 그에게 모든 돈을 맡길 것이다.

* 자산 1만 위안을 보유한 사람.

하지만 아쉽게도 손실은 없고

수익만 보장되는 세계는 없다. 돈을 벌려면 크든 작든 간에 항상 리스크를 감수해야 한다. 그러나 수익과 리스크에 대한 개개인의 판단은 제각기 다르다. 겐로쿠처럼 자신의 능력을 믿는 창업자들은 사업을 통해 가장 적은 리스크로 가장 많은 수익을 얻을 수 있다고 생각한다. 한편, 투자를 하는 사람들은 자신의 자금 관리 능력이 뛰어난 편이 아니어서 타인에게 자금을 맡겨 관리하는 편이 수익을 더 많이 올리고 비교적 안전하다고 생각한다. 즉, 불확실성을 피할 수는 없어도 리스크를 최대한 줄이기를 원하는 것이다.

이러한 결정을 할 때, 투자자는 항상 기회비용(Opportunity Cost)을 고려해야 한다. 겐로쿠가 1만 관을 자신의 사업에 쓴다면 다른 사업에는 이 돈을 투자할 수 없기 때문이다. 이때 그가 1만 관을 들여 매년 1천 관의 수익을 거둔다고 가정해 보자. 그런데 그것이 가장 합리적인 투자라고 말하기 어렵다. 동일한 리스크가 있는 다른 점포에 투자하면 더 능력 있는 경영자가 그에게 매년 2천 관의 수익을 안겨줄지도 모르기 때문이다.

그러나 만약 겐로쿠가 사업에 큰 관심이 없고 원금만 보전하려고 한다면 수익은 적더라도 가장 안정적인 투자처를 택할 것이다. 투자 중에서 가장 안전한 것으로는 일반적으로 미국 국채를 꼽는다. 즉, 돈을 '엉클 샘(Uncle Sam, 미국정부)'에게 맡기는 것이다. 사람들은 일반적으로 미국이 강한 국력과 경제력을 갖추고 있어 절대 돈을 떼먹지 않을 것이라고 생각한다. 사실, 미국이 채무를 갚지 못할 지경에 이른다면 세계 경제도 곧 무너질 것이다. 하지만 가장 안전한 투자처라는 점 때문에 미국채의 수익률은 가장 낮은 편이다.

　이것은 법칙에 부합하는 당연한 결과다. 리스크와 수익은 정비례하기 때문이다. 리스크가 낮을수록 수익도 낮아진다. 리스크는 낮은데 수익이 높은 투자는 세상에 존재하지 않는다. 만약 누군가 리스크는 없고 높은 수익을 실현할 수 있는 비기(秘技)를 찾았다고 말하면 그 순간 반드시 영국 속담을 떠올리기 바란다. "믿기 어려울 정도로 좋은 것은 대부분 믿을 만한 것이 못 된다."

　일반적으로 국채, 은행예금 등은 리스크가 가장 낮으므로 수익도 가장 적다. 투자기금, 주식 등은 경제가 투기화될수록 유리한데, 투기가 예금보다 리스크가 높으므로 수익도 더 높다. 겐로쿠처럼 창업을 하는 것은 앞의 두 경우보다 리스크가 훨씬 높고 수익률도 상당하다. 단, 고리스크, 고수익의 범위에 속하므로 원금을 보전하려는 사람에게는 적합하지 않다.

　사람들은 앞에서 말한 리스크-수익의 원리를 이해하면서도 여전히 저리스크, 고수익의 동화 같은 일이 존재한다고 믿었다. 그 결과 버나드 매도프(Bernard Madoff)* 같은 사기꾼이 나타나 시장을 크게 어지럽혔다. 다른 사기꾼들과 달리 매도프가 선전한 것은 높은 수익이 아니라 낮은 리스크였다. 요즘 사람들은 순식간에 변화하는 시장과 경제 상황에 익숙해져 있다. 물론 소수는 아직도 자본의 운용으로 연 100%의 수익을 낼 수 있다고 믿지만, 대부분은 이런 저급한 사기에 넘어가지 않는다. 그래서 매도

* 나스닥증권거래소 전 회장으로 500억 달러에 달한 폰지(금융 피라미드) 사기를 벌임.

프는 상대를 속일 때 무엇이든 약간만 과장하는 방법을 사용했다. 리스크 면에서는 자신의 펀드가 다른 상품보다 조금 더 안전해 손실을 보지 않으며, 수익 면에서는 다른 상품이 연 5%를 벌면 자신의 펀드는 연 10%를 번다는 식으로 선전했다. 결론적으로, 자신의 펀드를 실제보다 약간 좋게 말했지만 그것은 사람들이 별 의심 없이 믿을 만한 범위였다.

그러므로 매도프 같은 사기꾼의 마수에 걸려들지 않으려면 리스크와 수익에 대해 정확히 알고 있어야 한다. 또한 "부당한 이익을 바라지 않으면 손해 보지 않는다"라는 말처럼 합리적인 기대치를 갖는 것도 매우 중요하다. 미래는 알 수 없고 불확실하지만, 리스크를 최대한 이해하고 합리적인 기대치를 가지면 손실을 줄이는 데 많은 도움이 된다. 베어링은행은 파산했지만 그들에게 리스크를 피하려는 의식과 능력이 없었다면 훨씬 이전에 무너졌을지도 모른다. 200년의 긴 역사는커녕 2년 만에 은행으로서의 사명을 다했을 수도 있다.

그러므로 최대한 리스크와 수익을 이해하는 것이 우리의 자본이 시장에서 더욱 오래 살아남게 하는 비결이다.

단독 창업, 파트너십, 주식회사 – 기업 경영 모델

리스크와 수익에 대한 분석을 마친 후 그래도 창업을 하겠다고 결정했다면, 이제 자본 구성 문제가 기다리고 있다. 사업을 할 때 자신의 자금만으로 하는 것이 좋을까, 아니면 다른 사람과 동업하는 것이 좋을까? 일반적으로 사업의 규모가 작을 때는 혼자서 창업을 한다. 단독 창업의 좋은 점은 다른 사람의 간섭을 받지 않고 마음대로 할 수 있다는 것이다. 하지만 단점 역시 매우 명확하다. 사업을 하려면 많은 사람들의 도움이 필요한데 개인이 마련할 수 있는 자금과 자원에는 한계가 있다는 것이다. 더욱이 혼자 투자하면 리스크를 모두 떠안아야 해서 만에 하나 사업이 잘못되면 개인 자산까지 모두 끌어와 손실을 메워야 한다. 그래서 오래전부터 파트너십(동업) 제도라는 사업 모델이 큰 인기를 끌었다. 이를 통해서 사람들은 자원을 한데 모아 공동 창업을 할 수 있었다. 월스트리트의 많은 은행들도 최근까지 파트너십 제도를 유지했다. 일례로 월스트리트에서 가장 비밀스러운 투자은행 중 하나인 라자드(Lazard Ltd.)는 19세기 중반부터 2005년 상장될 때까지 대규모 사업을 운영하면서 줄곧 파트너십 제도를 유지했다.

파트너십 제도에서는 투자를 가장 많이 한 사람이 보통 주요 파트너, 즉 기업의 대표가 되며, 회사마다 설정된 대표의 권한은 조금씩 다르다. 라자드를 예로 들면, 회사의 모든 결정권을 최대 투자자인 데이비드-웨일(David-Weill) 가문에 부여한다고 정관에 명시했다. 다른 파트너는 함께 돈을 벌 수는 있어도 회사에 대한 결정권은 거의 없다. 물론 라자드처럼 독점적인 권한을 부여한 정관은 많지 않으며 대다수 기업에서 파트너의 관계는 평등한 편이다.

자본 참여 이외에 주주가 되는 또 다른 방법이 있다. 예를 들어 뛰어난 수익 창출 능력을 발휘하면 직원이라도 파트너가 되거나 심지어 주요 파트너보다 높은 위치에 오를 수 있다. 라자드에는 직원이 파트너가 된 경우가 여러 차례 있는데, 그중 가장 유명한 인물이 앙드레 마이어(Andre Meyer)다. 프랑스계 유대인인 그는 탁월한 주식거래 능력을 보여 데이비드-웨일 가문의 눈에 들었고, 마침내는 라자드의 경영권과 적지 않은 주식을 양도받았다. CEO가 된 마이어는 뛰어난 능력을 발휘해 유대인 색채가 강했던 라자드를 히틀러의 손에서 구해냈고, 미국으로 건너가서는 미국 M&A계에서 손꼽히는 자문 회사로 키웠다. 그는 한때 케네디 가문의 자산관리 고문을 담당하기도 했다.

능력이 뛰어나면 주요 파트너가 아니더라도 회사 최고의 연봉을 받을 수 있다. 유명한 금융투자가 펠릭스 로하틴(Felix Rohatyn)이 그런 경우다. 그는 라자드에서 고위 간부에 지나지 않았지만 오랜 시간이 지나 연봉이 데이비드-웨일 가문보다 높았다. 라자드가 직원들의 사기를 높이기 위해 이익을 먼저 직원들에게 분배해 주고 나머지에서 자신의 몫을 챙겼기 때문이다. 자금과 인재를 끌어들이는 것 이외에도 파트너십 제도는 또 다른 장점을 갖고 있다. 예를 들면, 주니어스 모건(Junius Morgan)은 그의 아들 J. P. 모건(John Pierpont Morgan)을 후계자로 키우기 위한 방안으로 거금을 들여서 뉴욕 지부를 설립했다. 하지만 주요 파트너 자리는 명망 있는 인사에게 맡겼고, 자신의 아들에게는 단지 그를 보좌하는 자리를 주었다. 당시 그가 주요 파트너를 영입한 목적은 아들이 훌륭한 스승에게서 교육을 받도록 하기 위해서였다.

하지만 위에서 언급한 단독 창업이나 파트너십 제도에는 근본적인 결함이 있다. 바로 자금 조달에 한계가 있다는 점이다. 만약 겐로쿠가 작은 상점을 하나 연다면 그리 많은 자금이 필요하지 않아 별문제가 없다. 법률사무소나 투자자문 회사를 만든다고 해도 그다지 많은 유동 자금이 필요하지 않아 파트너십으로 충분하다. 하지만 제약 회사를 차리려고 한다면 단독 창업이나 파트너십은 적절한 방법이 아니다. 요즘 신약을 하나 개발하려고 하면 적어도 수십억 달러가 투입되는 데다 성공률도 장담할 수 없기 때문이다. 그래서 천하의 워런 버핏(Warren Buffett)이라도 성공이 확실치 않은 신약 개발에 자신의 전 재산을 투자하지는 않을 것이다.

그러므로 이렇게 대규모의 자금이 필요한 사업에는 사회 자금을 일부 끌어들이는 방안을 고려해야 한다. 만약 개인들이 조금씩 투자하는 대규모 펀드를 조성한다면 신약 연구에 소요되는 자금을 모을 수 있다. 이 방법은 개인이 부담하는 금액이 적기 때문에 신약 개발에 실패해도 투자자가 보는 손해는 제한적이다. 즉, 리스크가 받아들일 만한 정도로 낮다. 요즘에는 많은 자금이 필요한 업종이 아니더라도 사업 규모가 어느 정도 커지면 사회 자금을 끌어들여야 한다. 사회 자금을 통해 회사 규모를 키우면 다른 대규모 기업에 인수될 리스크를 피할 수 있기 때문이다. 이때 가장 합리적인 방법은 주식회사를 설립하는 것이다. 주식회사는 앞서 말한 자금 모집과 리스크 분담의 이점 이외에도 기업이 손해를 보더라도 주주의 개인 자산에 영향을 미치지 않는다는 장점을 갖고 있다. 기업의 회계상의 책임은 모두 기업이 부담하기 때문에 주주의 개인적인 자산은 보호를 받는다.

주식회사가 단독 창업이나 파트너십 제도와 구분되는 또 다른 이유는 전문 경영인 제도에 있다. 만약 겐로쿠가 사장이거나 다른 사람과 동업한다면 그는 사업 대부분을 직접 관리할 것이다. 앙드레 마이어가 라자드를 관리할 때도 데이비드-웨일 가문은 그의 일거수일투족을 감시했다.

하지만 회사의 업무가 세분화된 주식회사는 이와 다르다. 경영층은 앙드레 마이어 같은 전문 경영인들로 구성되고, 주주의 이익은 이사가 대표한다. 만약 겐로쿠가 1만 관을 투자해 회사의 단일 주주나 절대주주가 되었다면 회사의 자산 관리와 경영에 적극적으로 참여할 수 있다. 그러나 그의 지분이 회사 자산의 일부분에 지나지 않는다면 회사에 관련된 일을 혼자서 결정하거나 마음대로 회사 경영에 간섭할 수 없다. 주주들은 능력이 가장 뛰어난 경영인을 고용해 회사의 자산을 관리하게 하고, 가장 믿을 만한 사람을 이사로 뽑아 주주들 대신 그들의 자산을 감독하게 한다.

단독 창업, 파트너십 제도, 주식회사는 각기 다른 경영 모델이므로 겐로쿠는 자금 모집뿐 아니라 관리 방식에서 어떤 경영 모델이 더 적합한지 신중히 생각할 필요가 있다.

경영은 누구에게? - 소유자와 경영인

겐로쿠가 사업을 시작한 지 얼마 안 되어 아직 규모가 크지 않거나 성장하는 단계라면 회사 관련 업무는 대부분 자신이 처리할 것이다. 즉, 회사가 작다면 경영을 맡길 인재를 채용할 가능성이 그리 크지 않다. 또 능력 있는 인재라면 조건이 더 좋은 회사로 가거나, 독립해 창업할 수 있으니 굳이 그를 위해서 일할 필요가 없다. 그러므로 사업 초창기에는 대부분 자금뿐 아니라 노동력도 직접 제공한다. 설사 동업을 해도 마찬가지다.

온갖 어려움을 뛰어넘고 운까지 따라 주어 사업이 크게 성공하면 이제 문제는 달라진다. 겐로쿠의 실력으로는 규모가 커진 회사를 감당하지 못할 수도 있기 때문이다. 데이비드-웨일 가문은 라자드를 소유했지만 뛰어난 경영인이 없었다면 회사는 크게 성장하지 못한 채 일찍 파산하거나 다른 사람에게 넘어갔을지도 모른다. 라자드가 지금과 같이 성장한 데에는 마이어나 로하틴 같은 능력 있는 사람들이 회사를 경영했기 때문이다. 다시 말해, 회사가 일정 수준 이상으로 규모가 커지면 인재의 중요성이 부각되기 시작한다.

물론 겐로쿠가 큰 규모의 회사를 경영하지 말라는 법은 없다. 회사 경영에 일가견이 있는 창업자도 많기 때문이다. 겐로쿠도 스타벅스 창업자인 하워드 슐츠(Howard Schultz)나 델 컴퓨터의 마이클 델(Michael Dell)처럼 뛰어난 경영 능력을 갖추었을 수도 있다. 그렇다면 그는 자신만의 마이어나 로하틴을 찾으려고 급히 서두르지 않을 것이다. 하지만 그도 언젠가는 늙고 병들 테니 전문 경영인을 찾는 문제를 피할 수는 없다. 실제로 대부분의 갑부들은 자손들이 가업을 제대로 잇지 못할까 봐 걱정한다. 만약 조르지뉴 긴레(Jorginho Guinle) 같은 후계자가 나타난다면 그들에게는 최고의 악몽이 될 것이다. '브라질의 마지막 귀공자'라고 불린 긴레는 아버지에게서 수억 달러에 달하는 유산을 물려받았지만 가업을 지키지 못하고 재산을 탕진하다가 결국 몰락하고 말았다. 이러한 일을 막으려면 '신탁 기금'을 설립하는 것이 필요하다. 신탁 기금이 있다면 뛰어난 경영인을 찾지 못하더라도 후손들의 편안한 삶을 보장할 수 있다.

한편, 가업을 성장시키지는 못했지만 잘 지켜낸 후손도 있다. 19세기 말, 코넬리어스 밴더빌트(Cornelius Vanderbilt)는 철도 사업으로 크게 성공해 세계에서 가장 부유한 기업가가 되었다. 그가 세상을 떠날 때 남긴 1억 달러가 넘는 유산은 현재 빌 게이츠(Bill Gates)의 자산보다 많은 액수였다. 코넬리어스의 유산과 기업은 그의 아들인 윌리엄 밴더빌트(William Vanderbilt)에게 상속되었다. 윌리엄은 아버지의 꾸중을 자주 들었지만 가산을 탕진할 정도로 우둔하지 않았고, 자산을 다시 여덟 아들에게 남겼다. 밴더빌트 가문은 지금도 미국에서 손꼽히는 부자다.

하지만 가장 운이 좋은 사람은 주니어스 모건일 것이다. 그는 모건 그룹을 세계에서 가장 강력한 금융세력으로 성장시켰고, 자신보다 뛰어난 후계자 J. P. 모건을 키워냈다. 아버지보다 능력이 뛰어난 J. P. 모건은 마침내 미국 금융계의 일인자가 되어 미국뿐 아니라 세계 경제의 동맥을 장악했고, US스틸(United States Steel Corporation)이라는 세계 최고의 기업을 설립했다.

그러나 이처럼 뛰어난 후계자를 배출하는 가문은 소수에 불과하고, 조르지뉴 긴레 같은 인물이 나타날 확률이 훨씬 높다. 또 기업의 규모가 매우 크다면 윌리엄 밴더빌트 같은 후계자도 별 도움이 되지 않는다. 그래서 회사를 이어받거나 회사의 규모가 커지면 보통 회사를 맡길 전문 경영인을 찾아야 한다. 그런데 외부에서 온 인물이 정말로 회사를 잘 운영할 수 있을까?

메릴린치(Merrill Lynch) 전 최고경영자(CEO) 존 테인(John Thain)은 CEO에 임명되자 곧바로 100만 달러를 들여 기존 사무실을 더욱 호화롭게 꾸몄다. 그가 사무실을 꾸밀 당시, 월스트리트 100년의 역사를 지닌 메릴린치 증권은 방만한 투자로 막대한 손실을 보아 파산의 위기에 놓여 있었다. 사실 테인이 고용된 이유는 이전 CEO였던 스탠리 오닐(Stanley O'Neal) 회장이 맹목적으로 이윤을 추구하다가 회사에 500억 달러의 손실을 입혀 경질되었기 때문이었다. 그러나 뛰어난 사무실 장식 능력에 비해 정작 그의 경영 능력은 크게 떨어져 메릴린치는 결국 뱅크 오브 아메리카(Bank Of America)에 헐값에 인수되고 말았다.

또 씨티은행(Citi Bank) 전 CEO 찰스 프린스(Charles Prince)는 씨티은행에 메릴린치보다 더 큰 손실을 입혀 미국 정부의 구제 금융을 두 차례나 받게 했다. 미국 정부는 씨티은행에 450억 달러의 공적자금을 투입했지만 회생 기미가 보이지 않자 할 수 없이 다시 3,000억 달러의 부실 대출과 자산에 대한 지급보증 조치를 취해 은행을 겨우 살려 냈다.

물론 위의 두 가지 예만으로 모든 CEO가 돈만 쓸 줄 아는 무능한 사기꾼이라고 말할 수는 없다. 학식과 재능을 겸비한 CEO들도 무수히 존재한다. 포드 가문이 보잉사에서 스카우트한 앨런 멀러리(Alan Mulally)도 그중의 한 명이다. 그는 포드사(Ford Motor Company)를 적자에서 흑자로 전환시켰고, 금융위기에도 제너럴 모터스(General Motors Corporation)나 크라이슬러(Chrysler Corporation)처럼 파산하지 않고 무사히 견디도록 회사를 이끌었다.

그러나 주가와 수익을 분석한 최근의 미국 통계를 살펴보면, 회사의 실적을 비약적으로 발전시킨 우수한 CEO는 찾아보기 어렵다. 월스트리트의 CEO들처럼 회사에 큰 손실을 입힌 CEO도 많지 않지만, 대부분의 CEO들은 회사를 실질적으로 변화시킬 능력이 없고 단지 현 상태를 유지하게 하는 정도다. 이것은 마치 우수한 선수가 많은 축구팀은 누가 이끌든지 항상 괜찮은 성적을 내지만, 축구팀을 더욱 발전시키고 매년 우승을 거머쥐도록 팀의 능력을 이끌어 내는 감독은 많지 않은 것과 같다. 이처럼 능력이 뛰어난 경영인을 찾기란 생각만큼 쉽지 않다. 많은 돈을 들인다고 해서 반드시 좋은 인재를 구하는 것은 아니다. 게다가 좋은 인재를 초빙했다고 해서 모든 일이 끝나는 것도 아니다. 그들의 속마음을 알 수 없기 때문이다.

속을 알 수 없는 사람 - 경영인

외부에서 온 경영인을 완전히 믿기 어려운 까닭은 그들과 주주의 이익이 일치하지 않기 때문이다. 경영층이 주주가 아니라면 그들은 회사의 이익보다는 자신의 이익을 먼저 생각하게 된다. 만약 양자의 이익이 일치한다면 회사를 위해 온 힘을 다하겠지만, 양자의 이익이 다르다면 경영층은 자신의 이익을 우선시하고 주주의 이익은 그 다음으로 생각할 것이다.

사실 이러한 문제는 주식회사가 생긴 이래 줄곧 나타났다. 세계 최초의 주식회사는 영국의 동인도회사(East India Company)다. 16, 17세기의 해상 무역은 리스크가 매우 컸기 때문에 사람들에게서 자금을 모아 선박과 화물을 마련해 항해에 나설 수 있었다. 하지만 배가 출항하고 나면 주주들의 자금은 이미 투자가 된 상태여서 회사 경영층에게는 주주의 존재가 더 이상 중요하지 않았다.

경영층은 자금 이외에도 한 가지 우위를 확보했는데, 바로 정보의 비대칭성*을 이용할 수 있다는 것이었다. 경영층은 주주보다 회사의 경영 상황을 더 잘 파악할 수 있었다. 그래서 다음과 같은 상황이 수시로 일어났다. 경영층에서는 회사의 배가 물건을 가득 싣고 돌아오고 있다는 사실을 알고 있음에도 배가 난파되어 선원들이 모두 수장되었다고 주주들을 속여 주식을 헐값에 넘기도록 한다. 이후에 배가 돌아오면 경영층은 주주들의

* 거래자 상호 간에 보유한 정보가 다름.

몫까지 고스란히 챙겼고, 반대로 리스크를 무릅쓰고 회사의 해상 무역을 지원한 초기 주주들은 별다른 수익을 얻지 못했다.

주주들도 이러한 문제가 발생할 것이라는 사실을 처음부터 예측했다. 그래서 이사회 제도를 설립해 주주들이 선출한 이사가 경영층의 모든 행동을 감독하게 하고, 경영층의 행동이 주주의 이익에 반하면 즉시 그를 해임했다. 또 주주들이 선출한 이사 이외에도 회사에서 주주나 경영층과 이해관계가 없는 독립이사(Independent Director)를 세워 이사와 경영층이 자신의 책임을 다하도록 감독했다.

이론상으로 보면 이사와 독립이사 등 복수의 감독 기구가 설립되어 경영층이 함부로 행동할 수 없어야 한다. 그런데 실제 상황은 다를 때가 많다. 디즈니(Disney)는 1980년대에 경영상 큰 어려움을 겪게 되자 마이클 아이스너(Michael Eisner)를 CEO로 초빙했다. 높은 연봉과 주식을 받은 그는 사람들의 기대에 부응해 적자에 허덕이던 디즈니를 흑자 기업으로 되살렸다. 하지만 아이스너와 디즈니의 협력 관계는 그리 오래가지 않았다. 디즈니를 설립한 월트 디즈니(Walt Disney)의 조카 로이 디즈니(Roy Disney) 등 주주들은 아이스너가 경영상의 성공을 빌미로 디즈니를 자신의 왕국으로 만들려고 독재 정책을 편다고 생각했다. 많은 인재들이 아이스너와 생각이 다르다는 이유로 쫓겨났고, 그의 환심을 산 사람들은 모두 중용되었기 때문이다. 그 결과 되살아나던 디즈니의 실적은 다시 하락하기 시작했다.

로이 디즈니 등은 아이스너를 쫓아내고 새 CEO를 임명하고 싶어 했다. 하지만 아이스너는 이를 예견하고 디즈니에 온 직후부터 회사 내부에 자신의 심복을 심어놓는 한편, 우호적인 이사들을 포섭해 자신의 편으로 끌어들이고 그렇지 않은 이사들은 쫓아내 자신의 사람들로 채웠다. 사실 이는 기업에서 흔히 볼 수 있는 모습으로, 실권을 장악한 경영층이 자신을 감독하는 이사를 공격하거나 포섭해서 감독 기구를 무력화하고 자기 세력을 공고히 하는 방법이다.

이로 말미암아 디즈니의 실적이 떨어지고, 한편에서는 로이 디즈니 등의 대주주들이 계속해서 퇴진을 요구했음에도 아이스너는 굳건히 자리를 지키고 물러나지 않았다. 그리고 이후 수년간 디즈니 회장에 재임하면서 수억 달러의 주식과 현금을 벌어들이고 나서야 자리를 넘겨주었다.

아이스너는 결국 자리에서 물러났지만, 월스트리트의 다른 CEO와 비교하면 유능한 경영인에 속한다. 그는 경영을 맡자마자 디즈니를 곧바로 회생시켰고, 이후 경영이 다시 악화됐지만 결과적으로 디즈니는 수명을 이어갈 수 있었다. 한순간에 자금을 모두 날리고 수천만 달러의 구제 금융이 투입되도록 회사를 패망의 길로 이끈 월스트리트 기업의 CEO들과는 전적으로 달랐다.

한편, 주주와 경영층 간의 뿌리 깊은 갈등을 기회로 삼는 사람들도 있다. 미국의 대부호 칼 아이칸(Carl Icahn)과 같은 기업 사냥꾼이 그런 부류다. 그가 큰 부를 이룬 방법은 다음과 같다. 우선 경영 상태가 좋지 않은 기업을 찾아 그 회사의 주식을 사들인다. 그런 다음 현 경영층은 무능하고 낭비만 일삼기 때문에 유능한 경영층으로 바꿔 회사를 성장시켜야 한다고 사람들을 설득한다. 회사의 부실한 경영 상태에 불만이던 주주들은 그의 말에 동조해 경영층을 바꾸라고 회사를 압박한다. 그러면 자신의 자리를 잃을까 봐 두려워진 경영층은 아이칸의 선동을 막기 위해 몰래 아이칸을 만나 그가 보유한 회사 주식을 시장 가격보다 훨씬 높은 가격에 사겠다고 제안한다. 아이칸은 이때 경영층에게서 거금을 받아 챙기고 그 회사에서 손을 떼고 물러난다. 그가 경영층의 제안을 거부하고 계속 주식을 보유한다면, 그것은 현명한 선택이 아니다. 현 경영층을 물리치지 못하면 자신의 자금이 부실기업에 묶이게 되고, 그들을 물리친다고 해도 회사의 실적을 개선시킬 수 있을지 장담할 수 없기 때문이다. 따라서 경영층이 제시한 금액을 받고 나서 경영이 부실한 또 다른 기업을 찾는 것이 그에게는 수익을 챙길 수 있는 상책(上策)인 것이다.

싸우지 않고 이기는 기술 – 정보

앞서 말한 여러 가지 문제점과 리스크 및 불확실성에 충분히 대비하고 사업에 필요한 자금과 우수한 경영진을 확보했다면, 겐로쿠는 이제 자신의 사업을 제대로 시작할 수 있는 문턱에 들어선 것이다.

이때 그에게 가장 필요한 것은 정보다. 유럽 제일의 부호인 메디치나 로스차일드 가문은 사업을 시작하면서 각지에 정보망을 구축했고 그것을 통해 얻은 정보 덕분에 막대한 부를 축적할 수 있었다. 로스차일드 가문의 정보 획득력은 심지어 영국 정부보다 빨랐다고 한다.

현대 사회에서도 정보만 있으면 쉽게 돈을 벌 수 있다. '내부자 거래'로 체포된 사람들을 살펴보면 모두 자신이 알아서는 안 되는 정보를 이용해 큰돈을 벌었다. 내부자 거래가 불법임에도 여전히 끊이지 않고 이루어지는 이유는 정보가 가져다주는 보상이 매우 크기 때문이다. 우연히 들은 말 한마디에 수억 달러의 수익이 오가는 경우가 허다하다. 또한 많은 사람들에게 정보는 분초를 다투어 얻어야 하는 중요한 자원이다. 현 뉴욕 시장인 마이클 블룸버그(Michael Bloomberg)가 100억 달러에 이르는 자산을 쌓을 수 있었던 것도 정보를 잘 활용한 덕분이다. 그의 회사는 다른 회사들보다 빠르고 폭넓은 금융 관련 뉴스와 시장 정보를 제공함으로써 경쟁에서 앞서 나가고 있다. 물론 그 차이가 그리 크지 않지만, 월스트리트의 딜러들에게는 불과 몇 초의 차이가 수천만 달러의 이익을 좌우하기 때문에 딜러들은 높은 비용도 감수하고 블룸버그가 제공하는 정보를 이용한다.

겐로쿠는 월스트리트의 딜러들처럼 수많은 정보가 필요하진 않지만, 사업에 관한 정보는 반드시 알고 있어야 한다. 어떤 제품이 시장에서 환영받는지, 가격을 얼마로 책정해야 이윤이 가장 높은지, 경쟁자가 어떤 전략을 취하는지 등을 모른다면 사업에서의 성공은 기대하기 어렵다. 겐로쿠는 사업에 관한 모든 정보를 꿰뚫고 있어야 경쟁에서 밀리지 않을 뿐만 아니라 이윤을 극대화할 수 있다. 정보가 이처럼 매우 중요하기 때문에 대기업들은 가능한 방법을 모두 동원해 이용자에 관한 정보를 수집한다. 일례로, 구글(Google)의 경우 이용자들의 수많은 검색 기록이 모두 그들에게는 유용한 정보이자

자산이다. 그들은 수집한 데이터를 통해 이용자를 이해하고, 그것을 바탕으로 더 정확한 검색 엔진을 만들고 정확한 타깃에 광고를 노출함으로써 이윤을 확대한다. 이는 과거와 비교하면 엄청난 발전이라 할 수 있다. 인류 역사를 살펴보면, 실제로 정확한 정보를 활용한 역사는 얼마 되지 않는다. 앞서 말한 해양무역 시대만 해도 출항한 배가 돌아온 후에야 주주들은 안심할 수 있었다. 배가 도중에 보물을 발견했다거나 외지에 좌초되었다는 소식을 들어도 사실인지 확인할 수 없어 기뻐하거나 낙담할 수 없었다. 이것은 요즘 선박들이 GPS 시스템으로 항로를 찾고 수시로 바로잡는 것과 비교하면 천양지차라 할 수 있다.

단, 정보가 넘쳐난다는 것이 이를 더 잘 이용할 수 있다는 의미는 아니다. 완벽한 정보를 확보했다고 해서 항상 정확한 결정을 내려 돈을 벌고 성공하는 것은 아니기 때문이다. 미국의 유명 작가 말콤 글래드웰(Malcolm Gladwell)은 엔론 사태를 분석하면서 정보가 항상 결정의 정확성을 보장해주지는 않는다고 지적했다. 엔론은 2000년에 1,000억 달러의 매출을 올려 〈포춘(Fortune)〉이 선정한 세계 500대 기업 중 7위에 올랐지만, 이듬해 최고 800억 달러에 달하던 시가총액이 2억 달러로 폭락하면서 끝내 파산하고 말았다. 엔론사의 경영 상태를 면밀하게 분석한 미국 정부는 엔론이 회사의 손실을 숨기는 방법으로 오랫동안 투자자들을 속여 왔지만 2001년에 이르러 더 이상 경영 부실을 숨길 수 없게 되자 도산할 수밖에 없었다고 발표했다. 이에 따라 미국 정부는 이후 엔론과 같은 사태가 나타나지 않도록 대형 상장 회사의 정보를 모두 공개하는 새로운 법률의 제정을 희망했다.

하지만 글래드웰의 생각은 달랐다. 그는 엔론에 관한 모든 정보가 이미 회사 보고서에 나와 있다고 지적했다. 회사 보고서를 자세히 검토해 보면 전문가들은 엔론의 경영 상태가 처음부터 좋지 않았다는 사실을 알 수 있다는 것이다. 맨 처음 엔론 문제를 지적한 사람도 어떤 특수한 정보를 확보했던 것은 아니고 단지 엔론의 수백 페이지에 달하는 보고서를 가장 먼저 분석했을 뿐이다. 이후 엔론을 주제로 리포트를 작성한 대학생들도 엔론의 경영상의 문제를 발견했다.

나중에 많은 사람들이 사태의 조사를 위해 엔론사에 연락을 하자 엔론은 태연히 회사 장부를 모두 공개했다. 더욱이 엔론은 우리가 생각하듯 장부를 거짓으로 조작하지 않았다. 결국 엔론의 장부는 모두 합법적이며 단지 모든 정보를 가능한 한 불분명하게 썼을 뿐이라는 점이 나중에 밝혀졌다. 그래서 글래드웰은 현대 사회가 과거와는 전혀 다른 난제(難題)에 맞닥뜨렸다고 결론지었다. 과거에는 정보가 매우 부족해 정보를 많이 차지한 사람이 큰 우위를 차지했지만, 현대 사회는 그렇지 않다. 정보화 사회에서는 정보가 모자란 것이 아니라 필요 이상으로 넘쳐나기 때문이다. 엔론 같은 대형 그룹은 수천 개의 자회사를 갖고 있고, 각 회사의 자료 또한 수천 장이 넘는다. 미국 정부가 엔론을 고발했을 때 정부가 준비한 개요서만 수천 페이지에 달했다고 한다. 그래서 글래드웰은 현대 사회는 정보가 너무 많기 때문에 그 속에서 진정으로 유용한 정보를 찾는 것도 상당한 기술이라고 말한다.

그러나 비교해 보면, 현대처럼 정보가 넘치는 것이 과거처럼 정보가 없는 것보다 훨씬 낫다. 엔론의 파산을 압박한 투자자들도 다른 사람이 관심을 두지 않은 정보를 찾아내어 크게 횡재를 했다. 만약 19세기 말이었다면 이는 거의 불가능한 일이 아닐 수 없다. 일반인들은 대기업의 회계 장부를 볼 기회가 전혀 없었기 때문이다. 하지만 지금은 컴퓨터의 마우스를 몇 번 움직이기만 하면 쉽게 정보를 찾을 수 있다. 비록 시장의 리스크는 여전히 높지만, 21세기 투자자는 전대의 투자자보다 성공할 확률이 훨씬 높다. 다만 오늘날 성공의 관건은 다양한 정보를 수집하는 것뿐만 아니라 한 발 나아가 그 정보들을 어떻게 분석하는지에 달려 있다.

수익을 어떻게 쓸 것인가 – 배당과 추가 투자

겐로쿠가 열심히 회사를 경영해 시장 진입에 성공하고 이후 시장에서 좋은 반응을 얻어 수익을 올렸다면, 회사의 주주와 경영자는 '수익 분배'의 단계에 놓인다. 회사에서 투자를 확대해 수익을 늘리겠다고 결정하면 배당을 유보하고 계속 투자를 할 것이다. 반면, 돈을 남겨 두어도 별 실익이 없다고 생각하면 이익을 모두 주주들에게 배당할 것이다.

수익을 투자에 사용할 것인지 아니면 배당할 것인지 그 적절한 시기를 판단하는 것은 회사의 전략과 경영자의 능력에 달렸다. 창업

초기에는 대부분 자금이 부족하기 때문에 수익이 생기면 배당하지 않고 계속 투자하는 편이 바람직하다. 이를 '한계생산력 체감의 법칙(the law of diminishing marginal returns)'으로 설명할 수 있다. 다시 말해, 제품 생산을 위해서 자본 투입량을 늘리면 초기에는 생산량이 크게 증가한다. 또 투자를 계속 늘려 '규모의 경제'를 실현하면 제품의 단가를 낮출 수 있다. 하지만 회사의 규모가 일정 수준에 이르면 돈은 아무리 많아도 소용이 없다. 경영에 필요한 돈은 이미 충분하므로 나머지 돈은 주주에게 배당하거나 모두 써 버려야 한다. 워런 버핏이 세운 버크셔 해서웨이(Berkshire Hathaway Inc.) 같은 회사라면 돈이 얼마가 있든 모두 높은 수익을 올리겠지만, 작은 회사라면 수백만 위안이면 충분할 것이다.

돈이 너무 많은 상황이라면 이윤을 주주에게 돌려주는 것이 좋다. 어차피 경영층은 그 돈으로 할 수 있는 것이 없으므로 주주에게 더 좋은 투자 기회를 찾도록 하는 편이 낫다. 배당은 주주뿐만 아니라 회사에도 긍정적인 영향을 미친다. 이윤을 재투자하는 것은 리스크가 따르지만 배당은 확실한 이익이기 때문에, 가능한 한 리스크를 피하려고 하는 주주는 이처럼 배당을 주는 회사에 투자할 것이다. 주주의 입장에서는 손에 돈이 쥐어져야 마음이 놓이기 때문이다. 그래서 배당은 종종 회사의 주가를 높이는 역할을 한다.

기본적으로 재투자와 배당은 그 방식은 다르지만 주주의 이익을 추구한다는 목표는 동일하다. 재투자로 기업의 이익이 높아지면 회사의 주가도 높아지고 주주도 더 많은 배당을 받을 수 있다. 그러므로 재투자하는 것은 주주가 배당을 받아 직접 투자하는 것과 매한가지다. 이 두 가지 방법 이외에도 회사는 다른 방법을 통해 주주에게 이윤과 자산을 나눠줄 수 있는데, 자사주 매입을 들 수 있다. 회사 자금으로 자사주를 사들여 유통 주식의 수량을 줄이면 주가를 높일 수 있다.

회사는 이렇게 다양한 방법으로 주주에게 이익을 돌려주지만 주주들의 개인적인 선호도는 회사와 다를 수 있다. 행동경제학(Behavioral Economics)에는 다음과 같은 유명한 사례가 있다. 경영을 잘해 매년 큰돈을 버는 회사가 있다. 이 회사는 매년 12월이 되면 전년도 이익을 배당의 방식으로 주주들에게 나누어주는 전통이 있었다. 이 전통은 수십 년 동안 이어져 이익 배당이 마치 당연한 일처럼 여겨졌다. 오랜 세월이 흘러 젊은 경영층이 회사의 실권을 쥐게 되었다. 그들은 계산 끝에 배당 제도가 매우 비합리적이라고 생각했다. 우선, 회사에 대한 투자를 늘리면 회사 이익도 증가할 것이다. 만약 주주들이 재투자를 원하지 않아 이윤을 분배한다고 해도 이익 배당은 세금이 높으므로 좋은 방법이 아니다. 오히려 자사주 매입을 통해 돈을 돌려주는 것이 주주들도 세금을 적게 낼 수 있을 뿐만 아니라, 높은 가격에 주식을 팔 수 있어 이익 배당보다 더 큰 이익을 얻을 수 있다. 그래서 경영층은 자금을 회사에 남겨 계속 투자하는 것이 어떻겠냐고 주주들에게 제시했다. 하지만 경영층의 제안을 들은 주주들은 바로 이를 거절하고 현금 배당을 요구했다. 이에 경영층은 다시 자사주 매입을 건의했다. 자사주를 매입하면 주가가 오르므로 회사와 주주에게 모두 이익이었다. 하지만 주주들은 이것마저 거절하고 금액이 적더라도 배당해달라고 요구했다.

사실 주주들에게도 나름의 이유가 있었다. 그들에게 배당은 그해의 수입이기 때문에 배당금을 받아 쓰는 것은 당연한 일이었다. 게다가 많은 사람이 배당금으로 생활해서 배당이 없어지면 당장 생활에 큰 곤란을 겪었다. 그래도 경영층은 인내심을 가지고 설득했다. "우리가 주식을 매입하면 주가가 크게 올라서 여러분은 배당금보다 훨씬 많은 수익을 얻게 됩니다. 주가가 오르면 주식을 팔면 되지 않겠습니까?" 이 말을 들은 주주들은 버럭 화를 냈다. "주식은 투자니 오랫동안 보유하고 있어야죠. 우리가 어찌 주식 판 돈을 쓸 수 있겠습니까? 이건 망하는 길이죠. 주식이 없으면 앞으로 어떡하라고요!"

주주는 왜 이윤이 더 높은 자사주 매입을 거절하고 이익 배당을 고수했을까? 이런 비이성적 행위는 사실 '심적 회계(Mental Accounting)'의 영향 때문이다. 사람들은 마음속에 자신만의 계정을 만들어 놓고 이를 근거로 행동한다. 예를 들어, 주주는 배당을 '이윤'이라고 생각해 기분 좋게 소비하지만 주식은 '투자'라고 생각해서 주식을 팔아 소비하는 것을 매우 꺼린다. 물론 두 행위는 근본적으로 완전히 같은 것이다. 따라서 계속 투자할 것인지 돈을 배당할 것인지를 고민할 때, 회사의 미래에 대해 이성적으로 분석하는 것은 물론 주주들의 심리까지도 고려해야 한다.

최고의 무형 자산 – 브랜드 가치

겐로쿠가 수익을 얻어 이를 배당할지 재투자할지는 그의 포부와 기업의 미래 발전 방향에 달려 있다. 만약 장사를 원한다면 수익이 좋을 때 사업을 정리하고 끝내는 것이 좋다. 투자자들도 이익을 배당받으니 불만이 없다. 하지만 100년을 이어갈 기업을 만들고 싶다면 많은 곳에 계속해서 투자해야 한다. 공장 인수 등 다양한 실물 자산에 대한 투자뿐 아니라 무형 자산에 대한 투자도 병행해야 한다.

무형 자산에는 특허권, 저작권, 영업권 등 다양한 종류가 있는데 그중 가장 가치가 높은 것은 브랜드 가치일 것이다. 산업사회로 들어선 초기에는 브랜드에 대한 인식이 없어서 품질과 서비스만 좋으면 곧 하나의 브랜드가 될 수 있었다. 즉, 겐로쿠가 몇 년 동안 계속 값싸고 품질 좋은 신발을 만들면 사람들은 겐로쿠의 신발을 브랜드로 인정했다. 하지만 오늘날에는 과거와 달리 브랜드가 넘쳐난다. 브랜드가 없는 곳이 없고, 심지어 짝퉁에도 브랜드가 있을 정도다. 영화 〈아메리칸 갱스터(American Gangster)〉에서 덴젤 워싱턴(Denzel Washington)이 연기한 마약 조직 보스도 브랜드 가치를 알고 있었다. 그래서 다른 조직의 보스가 자신의 상품명을 사칭하자 워싱턴은 크게 분노해 바로 그에게 달려갔다. 워싱턴이 파는 '블루 매직'이 마약의 명품으로 받아들여진 이유는 그가 뒤에서 품질을 보증하기 때문이었다. 펩시콜라 사장이 누구인지는 몰라도 펩시콜라를 믿고 마시는 것처럼 마약 중독자들은 워싱턴이 누구인지 몰라도 그의 품질

보증을 모두 신뢰한 것이다.

물론 브랜드가 소비자들의 신뢰를 얻으려면 제품이 일관된 품질을 유지해야 한다. 만약 워싱턴이 파는 마약이 황금의 삼각 지대(Golden Triangle)*에서 수입한 순도 높은 마약이 아니라 쓰레기로 가득 찬 저급의 마약이었다면 '블루 매직'은 명품이 될 수 없었을 것이다.

19세 말, 20세기 초가 되자 브랜드에 대한 인식이 바뀌기 시작했다. 기업들은 자사 이미지를 중시해 이웃집 아줌마나 온화한 할아버지 같은 인물을 상표나 대변인으로 삼았다. 캐나다의 유명 작가인 나오미 클라인(Naomi Klein)은 이것이 초기 농업과 관련 있다고 설명했다. 당시 사람들은 과거 직접 경작하던 시대를 떠올리며 농산물은 당연히 농부의 정성이 담겨 있어야 한다고 생각했다. 그러나 당시 미국은 대규모 기계화를 통해 농산물을 생산하기 시작하면서 인부 한 사람이 트랙터 한 대로 넓은 땅을 경작했다. 아직 이런 기계화 생산에 적응하지 못한 사람들은 농산물에 아무런 문제가 없어도 이를 경계했다. 이렇게 되자 식품 회사들은 농산물의 포장에 일반 농부의 모습을 넣는 방법을 고안했다. 일반인들은 이러한 포장을 보자 마음이 놓여 기계화로 생산된 농산물에 대한 두려움을 없앨 수 있었다.

사람들이 기계화로 생산된 농산물을 빠르게 받아들이자 대기업들은 한 가지 사실을 알게 되었다. '포장과 선전으로 우리 상품에 대한 이미지를 바꿀 수 있군!' 그래서 투자를 진행할 때 기계 설비를

* 타이, 라오스, 미얀마 3국의 국경이 접한 산악지대를 말한다. 세계 헤로인의 대부분을 생산하므로 황금의 삼각지대라고 불린다.

구입해 제품의 품질을 높이고 비용을 줄이는 한편, 선전을 통해서 제품의 이미지를 제고했다.

많은 돈을 투입한 선전은 결국 큰 효과를 발휘했다. 그중 가장 유명한 사례는 로레알(L'Oreal)의 염색약이다. 당시 미국 염색약 시장은 인기 있고 품질 좋은 유명 브랜드가 독차지하고 있었다. 그런 반면에 로레알 제품은 시장에 막 출시된 신제품임에도 가격은 유명 제품보다 비쌌다. 이때 로레알을 일약 유명제품으로 만든 것은 다음과 같은 한 줄의 광고 카피였다. "난 소중하니까요(Because I'm worth it)." 이 광고는 당시 페미니즘(Feminism)이 고개를 들기 시작한 미국의 상황과 맞아떨어져 로레알 염색약은 출시되자마자 큰 인기를 끌었다. 이후 로레알은 다른 제품에도 이 카피를 사용했고, 카피의 힘을 얻은 제품들은 날개 돋친 듯 팔려 나갔다. 로레알의 성공은 다른 회사들에 시사하는 바가 컸다. 광고 선전을 통해 구축한 이미지가 제품 판매에 큰 영향을 미쳤기 때문이다. 이러한 단계에 이르자 제품의 기능보다는 브랜드가 대표하는 가치가 고객의 구매를 이끄는 원동력이 되었다.

예를 들면, 같은 제품이라고 해도 어떤 브랜드를 붙이느냐에 따라 제품 가격이 수십 배나 차이가 난다. 이를 가장 잘 보여주는 것이 사치품 시장이다. 품질의 차이가 거의 없는 물건이라도 모조품 시장보다 유명 백화점에서 훨씬 비싸게 팔린다. 그 이유는 백화점 제품은 고급스러운 기품을 보여주지만 모조품 시장 제품은 현지의 제조 능력만 보여주기 때문이다.

브랜드에 따른 이익 격차가 커지자 많은 기업들이 점차 브랜드 육성을 중시하기 시작했고, 심지어 일부 기업은 오직 브랜드 육성에만 전력을 기울였다. 일례로, 요즘 나이키(NIKE, Inc.) 등의 주요 업무는 브랜드 가치를 강화해서 사람들에게 나이키의 고급스러운 이미지를 각인시켜 이에 동화된 사람들이 많은 돈을 내고 나이키 신발을 사도록 하는 것이다.

그러므로 지금 새로운 사업을 구상하고 있다면 브랜드 육성 사업도 고려할 만하다. 브랜드 육성에 성공하면 가만히 앉아서도 큰돈을 벌 수 있다. 많은 사람들이 제품의 부가가치를 높이려고 성공한 브랜드를 빌리고 싶어하기 때문이다. 일례로 버버리(Burberry)는 일본 기성복 시장에 직접 진출하는 대신 일본 기업에 브랜드 사용권을 넘겨 적지 않은 이윤을 얻고 있다.

그리하여 각 기업들의 브랜드 가치를 높이기 위한 투자가 끊이지 않는다. 펩시콜라처럼 사람들에게 익숙한 브랜드도 슈퍼볼(Super Bowl, 미식축구 결승전) 광고에 수천만 달러를 투자하는 등 많은 돈을 광고에 쏟아붓는다. 펩시콜라의 이런 행동을 이해하지 못하는 사람들도 있지만, 사실 브랜드를 수립하는 데 돈을 쓰는 것은 절대 낭비가 아니다. 광고를 통해 브랜드 가치뿐 아니라 매출도 함께 올라가기 때문이다. 좋은 브랜드는 담보로도 활용할 수 있다. 과거에 포드는 경영 상태가 나빠지자 자사 브랜드를 담보로 해 은행에서 200억 달러를 빌리기도 했다.

만약 겐로쿠가 자금이 넉넉하고 작은 사업에만 만족하지 않는다면 이윤을 전부 '겐로쿠'라는 자신만의 브랜드를 만드는 데 사용하는 것도 괜찮은 선택이다.

그룹화는 반드시 필요한가 – 기업의 발전 계획

겐로쿠의 사업이 일정 궤도에 오르고 나면, 주력 사업에 계속 집중할지 새로운 사업을 개척할지 선택의 갈림길에 서게 된다. 물론 재투자를 통해서 두 가지 목표를 다 이룰 수도 있다.

기업이 계속 투자를 늘리고 다른 기업을 인수하는 이유는 기업 규모가 클수록 사업하기에 좋고 여러 회사가 한데 뭉치면 상호 협력과 지원이 가능하기 때문이다. 이렇게 협력을 통해서 생성되는 효과를 '시너지 효과(Synergy Effect)'라고 하며, 기업은 다양한 방법을 통해서 시너지 효과를 얻을 수 있다. 예를 들면, 의류 매장을 운영하는 겐로쿠의 회사가 의류 공장을 합병한다면 의류 매장은 싼 가격에 충분한 수량의 옷을 공급받을 수 있고, 의류 공장은 안정적인 고객을 확보함으로써 서로 윈윈(Win-Win)할 수 있다. 이렇게 관련 사업에서 단계가 다른 기업이 결합하는 것을 '수직적 통합(Vertical Integration)'이라고 한다. 반면에 의류 매장 간에 합병한다면 물품 구매량이 늘어 구매 단가를 낮출 수 있고, 규모화를 통해서 인력도 줄일 수 있다. 이렇게 비슷한 분야의 회사와 결합하는 것을 '수평적 통합(Horizontal Integration)'이라고 한다.

두 가지 방법 외에도 기업은 '다각적 M&A(Conglomerate M&A)'를 통해 그룹화할 수 있다. 이것은 주력 산업과 전혀 관련이 없는 기업을 인수해서 자사 업종의 리스크를 분산하는 방법이다. 다음과 같은 경우가 그에 해당한다. 의류 산업은 경기의 영향을 많이 받기 때문에 경기가 좋으면 수익이 늘어나지만 경기가 나빠지면 수익도 같이 떨어진다. 겐로쿠가 이러한 경기에 따른 영향을 벗어나려면 쌀가게를 하나 인수하면 된다. 생필품은 경기를 거의 타지 않기 때문에 이를 통해서 수익을 보전할 수 있다. 또 다각적인 M&A를 통해서 경영과 투자를 더욱 효율적으로 할 수 있다. 겐로쿠가 의류 사업 외에도 IT 기업을 인수해 운영한다면 이후 수익성이 더 좋은 사업에 주력함으로써 수익을 확대할 수 있다.

새로운 사업의 개발은 수익을 얻고 시너지 효과를 내는 것 이외에 회사의 운명을 결정짓기도 한다. 특히 현대 사회처럼 변화무상한 시대에는 발 빠른 대응이 필요하다. 웨스턴 유니언(Western Union)은 원래 송금 전문 회사가 아니라 전신 회사였다. 19세기 전신 사업을 독점했던 웨스턴 유니언은 전화의 발전을 예상하지 못하고 결국 AT&T(American Telephone and Telegraph Co.)에 자리를 넘겨주고 말았다. 20세기가 되자 전신은 거의 자취를 감추었고, 웨스턴 유니언도 파산했다. 이후 여러 차례의 우여곡절을 거친 끝에 지금의 모습을 갖추었지만 예전의 독보적인 지위는 더 이상 차지하지 못했다.

다른 기업을 인수하면 겐로쿠의 회사도 그룹화할 수 있다. 수직적 통합과 수평적 통합이 주력 사업을 특화한 그룹화라고 한다면, 다각적인 M&A는 사업 다각화를 통한 그룹화라 할 수 있다. 다각적인 M&A를 통한 그룹화는 1960년대에 미국에서 매우 유행했던 방식이다. 당시 투자자들은 이것을 잘하는 그룹으로 몰려들었다. 당시에는 경영에 정통한 경영자라면 어떤 사업이든 성공시킬 것이라는 인식이 팽배했다.

또한 이런 그룹들의 실적이 이를 증명하는 듯했다. 투자자들은 그룹 휘하에 속한 기업이 많고 업무가 복잡할수록 기업의 수익이 늘어나는 것을 목격했다. 특히 LTV사(LTV Corporation)의 제임스 링(James Ling)이나 ITT의 헤럴드 제닌(Harold Geneen) 등은 이 분야의 전문가였다. 그들은 월스트리트에서 자금을 확보한 후 마치 블랙홀처럼 다른 기업을 하나하나 집어삼켰다. 그들에게 인수된 기업은 매우 다양했지만 그룹에 편입된 이후 모두 높은 실적을 거두었다. 이러한 성공을 본 투자자들도 점점 그룹의 다각적 M&A 모델을 맹신하기 시작했다.

하지만 이런 그룹들이 60년대에 크게 성장할 수 있던 것은 특별한 시대적 이유가 있다는 사실을 투자자들은 알지 못했다. 당시 금융시장은 금리가 매우 낮고 자금을 구하기도 쉬웠다. 그래서 수익률이 금리보다 높기만 하면 쉽게 투자자를 찾을 수 있어서 당시에는 돈은 문제가 되지 않았다. 이렇게 자금이 그룹으로 몰려들면 그룹은 이 돈으로 더 많은 기업을 인수했다. 인수된 기업의 실적은 모두 그룹의 실적으로 계산되기 때문에 기업을 인수할 때마다 그룹의 실적은 계속 상승했다. 그룹의 실적이 상승하면 투자자의 수익률도 높아져 투자자들은 그룹의 주식을 선호하게 되었고, 이로 인해 그룹의 주가는 더욱 높아졌다. 그룹의 주가가 높아지면 그룹에 더 많은 자금이 유입되고 이 돈으로 더 많은 기업을 인수해서 그룹의 실적과 주가를 더 높이는 선순환(Virtuous Cycle)이 형성되었다. 그룹은 끊임없이 기업을 인수해 회사의 주가를 계속 높이고, 다시 그 자금으로 더 많은 기업을 인수했던 것이다.

하지만 아무리 좋은 일이라도 끝이 있기 마련이다. 60년대 말에 금리가 오르기 시작하자 그룹의 이익률이 이를 따라가지 못했다. 이때 투자자들은 그룹에 인수된 기업의 경영 상태가 독립적으로 운영되는 소기업보다 좋지 않다는 사실을 발견했다. 오히려 인수된 기업의 실적이 독립 기업의 실적보다 훨씬 뒤떨어지는 경우가 많았다. 투자자들은 기업을 인수한 그룹이 외형은 점점 커졌지만 수익률은 증가하지 않아 실제로 자신들에게 돌아오는 금액이 얼마 되지 않는다는 것을 깨달았다. 이 사실에 투자자들은 크게 분노했고, 일제히 그룹의 주식을 투매했다. 그러자 투자자들의 투자 붐과 낮은 금리에 의존해 승승장구하던 그룹들은 곧 도미노처럼 연이어 무너지기 시작했다.

물론 다각적 M&A를 하는 모든 그룹이 실패하는 것은 아니다. 버핏의 버크셔 해서웨이처럼 투자자들의 관심이 모두 사라진 상황에서도 크게 성공한 그룹도 있다. 하지만 다각적 M&A를 하려면 자금 흐름이나 기업 경영에 대해 정통해야 하기 때문에 각 산업에 대해 깊이 이해하고 있어야 할 뿐만 아니라 그 분야의 유능한 인재도 두

루 갖춰야 한다. 그래서 버핏처럼 뛰어난 인물 이외에 대부분의 사람들은 자신의 능력이 부족하다는 것을 알고 섣불리 기업 인수에 뛰어들지 못한다.

그룹화의 열풍이 지나간 후, 사람들은 한 업종에 정통한 기업이나 그룹을 선호하기 시작했다. 욕심이 과하면 실패한다는 것을 충분히 경험했기 때문이다. 따라서 겐로쿠가 버핏 같은 천재가 아니라면 자신의 본 업종에 충실한 것이 더 안전하다.

제2장
시장 경제의 논리

———————

보이지 않는 손 - 시장

사업을 하려면 시장을 잘 파악해야 한다. 시장에는 항상 돈을 쓰고자 하는 사람들이 있기 때문에 그들이 원하는 재화와 서비스를 제공하면 돈을 벌 수 있다. 경제학에서는 재화와 서비스를 구매하려는 욕구를 '수요(Demand)'라고 하고, 이에 상응하는 재화와 서비스를 제공하는 것을 '공급(Supply)'이라고 한다. 수요와 공급은 보통 시장을 통해 균형을 이루게 된다.

'시장을 통한 수요와 공급의 균형'은 시장의 본질로 변함이 없지만, 이에 대한 논쟁이 끊이지 않았다. 실제로 많은 사람들이 시장보다 효과적인 물물 교환 방법이 있을 것으로 생각했다. 20세기의 위대한 철학자 버트런드 러셀(Bertrand Russell)*은 시장을 자본의 낭비가 심각한 제도라고 비판했다. 예를 들면 다음과 같다. 한 마을에 신발에 대한 수요가 갑자기 늘어나면 신발 공장들은 앞다투어 신발을 생산

> * 영국의 수학자이자 철학자, 사회사상가. 비트겐슈타인과 함께 분석철학을 창시했으며, 기호논리학의 역사를 집대성했다. 1950년에 학문적 공헌을 인정받아 노벨문학상을 받음.

하는데 사람들이 원하는 디자인이나 정확한 판매량은 예측하기가 어려워 시장에는 신발이 넘쳐나게 된다. 그러면 사람들이 선호하는 신발은 팔려나가고, 사람들의 선택을 받지 못한 신발은 계속 남아 있게 되는데, 이것은 결과적으로 낭비다. 그래서 러셀은 가장 효율적인 경제 제도는 '중앙 계획 제도'라고 생각했다. 사람들이 필요한 신발 종류와 수량을 알려주고 신발 공장에서 이를 합산해서 생산한다면 불필요한 낭비를 줄일 수 있다는 논지다.

만약 세상이 이런 방식으로 운용될 수 있다면 이상적일 것이다. J. P. 모건처럼 세계 경제를 이끄는 기업도 정부가 사회의 실수요, 제품의 원가, 적정한 이윤을 알려준다면 자신들의 업무가 훨씬 단순해질 것이라고 말할지 모른다.

그런데 문제는 러셀의 이론이 너무 이상적이어서 현실에서는 절대 실현될 수 없다는 점이다. 실제로 정부는 제품의 원가가 얼마인지 모르며, 제품의 원가를 줄이는 등의 실질적인 문제를 해결할 능력도, 힘도 부족하다. 설사 정부가 시장에서 수요에 대한 정보를 수집한다고 해도 신통한 결과를 얻기는 어려울 것이다.

결국, 현실에서 가장 효과적인 기구는 시장이다. 고객들이 소비를 통해 자신이 가장 좋아하는 제품이 무엇인지 생산자에게 알려준다. 그리고 생산자도 가장 낮은 가격으로 소비자가 원하는 제품을 생산해서 경쟁자를 물리치고 최대의 이윤을 얻는다.

시장에서 수요와 공급이 창출되는 과정에서 낭비와 파괴가 발생하는 것은 불가피한 일이다. 즉, 효율성이 높지 않은 생산자는 파산하고 제품은 도태된다. 하지만 생산자가 사전에 조사를 통해 수요를 예측한다면 거래에 드는 비용을 줄일 수 있다. 또한 이러한 방법이 계획 경제보다 빠르게 소비자를 만족시킬 수 있을 것이다.

미국의 경제학자 조지프 슘페터(Joseph Schumpeter)*는 이러한 시장의 순환을 '창조적 파괴(Creative Destruction)'라고 정의했다. 슘페터는 시장은 가만히 멈춰 있는 것이 아니라 역동적으로 움직인다고 생각했다. 그래서 낡고 뒤떨어진 모델은 끊임없이 파괴하고 더욱 혁신적이고 효율적인 모델을 창조해 소비자의 수요를 만족시켜야 한다고 주장했다. 영국의 경제학자 애덤 스미스(Adam Smith)**는 시장을 '보이지 않는 손(Invisible Hand)'이라고 정의했다. 무형의 시장에서 모든 것이 조화를 이루어 마침내 사람들의 수요와 욕망이 충족되기 때문이다.

이론상 가장 효율적인 시장 형태는 바로 '완전 경쟁'이다. 이때 시장에는 충분한 수의 생산자와 소비자가 있으며, 생산자가 만드는 제품은 완전히 똑같아서 서로 대체할 수 있다. 이런 상황에서는 가격을 너무 높거나 낮게 부를 수 없다. 생산자나 소비자 모두 선택의 폭이 넓어서 가격이 비정상적이면 다른 사람에게 팔거나 살 수 있기 때문이다. 또한 생산자는 창업이나 업종 변경의 비용이 들지 않아 소비자가 원하는 제품을 바로 만들 수 있고, 소비자는 거래 비용이 들지 않아 가

* 한계효용 학파의 완성자로 케인스와 함께 20세기 전반을 대표하는 경제학자. 기업의 생존을 위해서는 혁신이라는 창조적 파괴가 필요하다고 주장함.

** 고전 경제학의 창시자. 최초로 경제학을 체계적으로 연구하며 개인의 자유로운 경제 활동이 사회와 국가의 부를 이끈다는 자유방임주의를 주장함.

장 좋은 제품을 선택할 수 있다. 완전 경쟁 시장의 마지막 조건은 시장 참여자들이 수요와 공급 등 시장에 관한 완전한 정보를 갖고 있다는 것이다. 그렇게 해야 효과적으로 수요와 공급을 조절할 수 있다.

그러나 현실에서는 이런 완전 경쟁 시장의 조건이 갖추어질 수 없다. 앞서 말했듯이 현실 생활에서 부딪히는 가장 난감한 상황은 정보가 너무 적거나 혹은 너무 많다는 것이다. 언론의 기업보고서처럼 명백한 증거도 대부분의 사람들이 알지 못하는데 완전 경쟁에 필요한 수많은 정보를 어떻게 알 수 있겠는가?

또한 소비자가 거래를 하거나 선택을 바꿀 때에도 항상 크고 작은 비용이 든다. 아이스크림 하나 사는 데도 시간이 드니 다른 것은 더 말할 나위가 없을 것이다. 사업을 시작할 때도 비용이 드는 것은 마찬가지다. 페이퍼 컴퍼니(Paper Company)*를 제외하고 돈 한 푼 없이 시작할 수 있는 사업이 있을지 모르겠다.(실제로는 페이퍼 컴퍼니도 자본금이 필요하다.) 게다가 완벽하게 똑같은 제품도 찾을 수 없다. 요즘 사람들은 차별화를 중시하기 때문에 비슷한 제품도 브랜드 등으로 구별할 수 있다.

이렇게 완전 경쟁 상태는 불가능하기 때문에 현실에서의 시장은 최대의 효율을 거둘 수 없다. 보통 현실에서의 불완전한 시장은 독점 시장, 과점 시장, 완전 경쟁에 가까운 시장으로 구분할 수 있다. 독점 시장은 여러 가지 원인으로 수요는 많지만 공급은 하나뿐인 시장을 가리키며, 도시의 상수도 회사가

* 물리적인 실체 없이 서류상으로만 존재하는 회사.

좋은 예다. 과점 시장은 몇몇 공급자가 서로 경쟁하는 시장이고, 완전 경쟁에 가까운 시장은 공급이 비교적 분산된 시장을 말한다. 완전 경쟁에 가까운 시장의 예로는 제화(製靴) 시장 등을 들 수 있다.

만약 겐로쿠가 독점 기업이나 과점 기업과 경쟁할 만한 자본과 실력을 갖추지 못했다면 완전 경쟁에 가까운 시장을 택하는 것이 바람직하다. 기술 혁신과 비용 절감을 통해서 소비자가 원하는 제품을 생산한다면 이 시장에서 성공할 가능성이 크기 때문이다. 독점과 과점 시장은 회사 규모가 커지고 나서 생각해도 늦지 않다.

가능성이 무한한 미지의 세계를 공략하다 - 블루오션 전략

수많은 시장 가운데 겐로쿠는 어느 시장으로 향해야 할까? 대부분의 시장이 경쟁이 치열하고, 그중 수익률이 좋은 시장은 모두 대기업이 차지하고 있어, 겐로쿠 같은 초보자가 경쟁하기는 매우 불리해 보인다. 그렇다면 그에게는 선택의 여지가 없는 것일까? 50년 전의 영화 시장을 살펴보면 해결책이 보일지도 모른다.

1960~1970년대 할리우드의 영화 제작 시스템은 상당히 발달해 있었다. 당시 대형 영화사들은 오로지 백인 관중을 위한 영화만 만들었는데, 그렇게 해야 흥행에 성공하고 돈을 벌 수 있다고 여겼다. 그 당시 미국에서는 인권 운동이 고조되고 있었지만, 영화사 사장들은 흑인은 수입이 적고 영화에 관심이 없어서 흥행에 별 도움이 되

지 않는다고 생각했다. 그래서 흑인을 위한 영화는 찾아볼 수 없었고, 기껏해야 영화에 흑인 한두 명이 등장하는 정도였다.

이후 촬영 기술이 발달하면서 영화 제작비가 점점 낮아지자 의식 있는 일부 흑인 예술가들이 흑인을 위한 영화를 제작하기 시작했다. 하지만 흑인은 영화를 보지 않는다는 인식이 강해 흑인들을 위한 영화에 투자하겠다는 사람이 거의 없었다. 그래서 부족한 제작비로 영화를 만들다 보니 영상이 조잡하고, 배우도 대부분 이름 없는 아마추어였다. 영화 내용 또한 주인공이 수많은 악당과 싸워 이긴다는 진부한 스토리가 전부였다. 영화 제작자들은 뜨거운 열정으로 임했지만 대부분이 전문 영화인이 아니어서 제대로 된 절차도 없이 온몸으로 부딪히며 영화를 만들었다.

영화계의 오랜 편견, 수준 낮은 내용과 품질 때문에 아무도 이 영화들을 배급하겠다고 나서지 않았다. 그들은 "흑인들은 돈이 없어서 유명 배우가 나오는 블록버스터 영화도 안 보는데 이런 저예산 영화를 보겠어?"라며 코웃음을 쳤다.

그런데 아무도 예상하지 못한 일이 일어났다. 흑인들이 만든 저예산 영화가 성공을 거듭하더니 마침내 흑인 지역에 영화 열풍이 불어 백인만 드나들던 영화관이 흑인들로 문전성시를 이루게 된 것이다. 이것을 본 할리우드 영화사들은 놀라지 않을 수 없었다. 이후 10년 동안 흑인 영화는 크게 유행했고, 메이저 영화사들도 흑인을 주인공으로 한 영화를 만들기 시작했다.

그 이전에는 시장이 존재하지 않았던 흑인 영화가 잇달아 흥행 기적을 이룰 수 있었던 원인은 무엇일까? 사실 흑인 영화 시장이 형성되지 않았던 것은 흑인들에게 구매력이 없어서가 아니라 그들의 흥미를 끌 만한 영화가 없었기 때문이다. 모든 메이저 영화가 백인의 구미에 맞추어 제작된 까닭에 흑인들이 굳이 힘들게 번 돈을 내고 영화를 볼 이유가 없었던 것이다. 반면, 흑인이 만든 영화는 비록 메이저 영화보다 수준은 훨씬 떨어졌지만 흑인 관중의 정서에 잘 맞는 내용이었다. 예를 들어 멋진 흑인 남녀 주인공이 백인 악당을 무찌르는 내용 등은 전에는 볼 수 없던 것이었다. 메이저 영화에서 흑인은 주로 별 볼 일 없는 역할이나 악당으로 등장했기 때문이다. 그런데 흑인 주인공이 활약하는 영화는 그 내용이 그들의 수요나 잠재의식에 정확히 부합했기 때문에 흑인 지역에서 성공을 거둘 수 있었다.

흑인 영화의 성공을 통해 사람들은 제품의 포지셔닝(Positioning)*을 정확하게 하면 시장을 충분히 확대할 수 있다는 사실을 알게 되었다. 이렇게 새로운 시장을 개척하는 방법이 바로 '블루오션 전략'이다. '레드오션'이 경쟁이 극도로 치열한 시장을 말한다면, '블루오션'은 매우 새로운 시장 영역이다.

이 영역에서 기업은 더욱 빨리 성장할 수 있고, 더 많은 이윤을 얻을 수 있다. 블루오션 이론에 의하면 시장 세분화**와 제품 차별화***, 제품의 리포지셔닝(Repositioning)**** 등의 방법을 통해서 새로운 시장을 개척

* 시장에서 자사 제품이나 브랜드의 위치를 명확하게 하는 일련의 과정.

** 시장을 수요층별로 세분화하고 각 층의 수요에 맞게 집중적인 마케팅 전략을 펴는 것.

*** 마케팅을 통해 자사 브랜드의 가치를 높여 시장에서 우위를 확보하는 전략.

**** 기존 제품의 포지션을 새롭게 조정하는 전략.

할 수 있으며, 새로운 시장에서는 상대적으로 경쟁이 적고 이윤이 많아 높은 수익을 거둘 수 있다.

하지만 '블루오션 전략'에도 한계성이 있다. 이 전략 역시 현실을 기반으로 하기 때문에 고객의 잠재 수요가 있어야만 성공할 수 있다. 새로운 수요를 창출하는 것이 전혀 불가능한 일은 아니지만, 자칫 잘못하면 손해만 볼 뿐 만족스러운 결과를 이끌어 내기 어렵다. 1980년대에 일본 경제가 활황을 맞자 미국의 많은 전문가들이 일본이 고작 수십 년 만에 경제대국이 된 원인이 무엇인지 연구하기 시작했다. 그중 눈에 띄는 이론은 미국 기업가는 수성(守成, 이루어 놓은 업적을 지킴)에 안주하는 데 반해 일본 기업가는 혁신(革新)을 두려워하지 않는다는 내용이었다. 전문가들은 다음과 같은 예를 들었다. 어느 날 일본 기업가와 미국 기업가가 동시에 작은 섬을 하나 발견했는데 그곳 원주민들은 맨발로 생활하고 있었다. 이때 미국 기업가는 낙담하며 섬을 떠났다. 아무도 그의 신발을 사지 않을 것이라 생각했기 때문이다. 그러나 일본 기업가는 미친 듯이 기뻐했다. 원주민에게 신발 신는 법을 가르친다면 이곳은 새로운 시장, 즉 블루오션이 될 수 있었기 때문이다.

당시 일본에 고전을 면치 못하던 미국은 이 이야기를 듣고 크게 감명했다. 그리고 일본이 미국을 이길 수 있었던 것은 바로 새로운 시장을 개척하려는 그들의 결단력과 의지 덕분이라고 생각했다. 하지만 이후 일본 경제가 붕괴하자 일본 기업들도 침체를 면치 못했다. 일본의 몰락을 지켜본 미국인들은 더 이상 '일본 제일'의 신화가 계속되지 않음을 깨닫고 위의 이야기에 담긴 의미를 되씹어 보았다. 그러자 위의 이야기에서 미국 기업가의 선택이 정확했다는 사실을 깨달았다. 미국 기업가가 섬을 떠난 원인은 현지인들이 신발을 신지 않는 데는 분명히 이유가 있을 거라고 생각했기 때문이라는 것이다.

반면, 일본 기업가는 현지의 뿌리 깊은 관습을 바꾸려고만 했지 현지의 환경이 신발을 신는 것이 맞지 않을 수도 있다는 생각은 하지 못했던 것이다. 이는 일본 기업가가 상당한 리스크를 짊어졌다는 의미로, 최악의 경우 거액을 투자하고도 현지인들을 설득하는 데 실패할 수도 있다. 또한 현지인들을 설득해서 신발을 신게 하더라도 반드시 돈을 번다고 장담할 수 없다. 신발을 팔아서 이미 투입된 비용을 모두 회수하고 나아가 이윤을 크게 얻을지 알 수 없기 때문이다. 이런 리스크를 피하는 가장 현명하고 안전한 방법은 기존의 시장 범위에서만 움직이고 새로운 시장을 개척하지 않는 것이다.

따라서 흑인 영화의 사례는 본보기로 참고할 만하지만, 오직 블루오션 전략만 맹신해서는 안 된다. 남들이 그 시장을 개척하지 않는 데는 분명히 이유가 있을지도 모르기 때문이다. 그래서 자신의 위치를 확실히 정하고 나서 최선을 다해 경영하는 것이 가장 좋은 방법이다.

고객의 머슴이 되라 – 기업의 위치

좋은 시장을 선택하고 나서 겐로쿠가 해야 할 급선무는 시장에서 가장 적합한 위치를 찾는 것이다. 그러나 이는 겐로쿠가 마음대로 할 수 있는 일이 아니다. 시장의 위치를 정하는 주체는 그가 아니라 고객들이기 때문이다. 최선을 다해 고객들을 만족시켜야만 수익을 얻고 시장에서 좋은 위치도 차지할 수 있다. 그렇다면 고객이 원하는 바는 무엇일까? 이 문제에 대해 마케팅(Marketing)의 대가 시어도어 레빗(Theodore Levitt)* 교수는 이렇게 말했다. "고객이 원하는 것은 드릴이 아니라 드릴로 뚫은 구멍이다." 다시 말해, 고객이 진정으로 원하는 것은 제품 자체가 아니라 그 제품으로 실현할 수 있는 효과인 셈이다. 어떤 제품이든 고객이 원하는 바를 제공해 준다면 좋은 제품이 된다.

레빗은 1960년 〈하버드 비즈니스 리뷰(Harvard Business Review)〉에 발표한 〈마케팅 근시(Marketing Myopia)〉에서 많은 기업이 기술만 중시할 뿐 결과는 생각하지 않는다고 비판했다. '마케팅 근시'란 제품 개발에만 집중하고 시장 수요는 소홀히 하다가 결국 시장 경쟁력을 잃고 도태되는 것을 말한다.

그럼, 마케팅 근시에 빠지는 이유는 무엇일까? 레빗은 "기업들이 제품의 품질만 좋으면 고객이 저절로 찾아올 것이라고 착각하기 때문"이라고 설명했다. 개발자의 생각이 항상 소비자의 수요와 부합하는 것은 아니다. 아무리 제품이 좋고 기능이 뛰어나도 시장의 수요에 맞아야만 성공할 수 있지 그렇지 않으면 시장에서 살아남을 수 없다. 그 좋은 예가 소니의 베타맥

* 하버드 경영대학원 명예교수이자 〈하버드 비즈니스 리뷰〉 창시인. '세계화'라는 용어를 널리 알린 인물로 유명함.

스 비디오다. 1970년대에 소니(Sony Corporation)는 베타맥스(BETAMAX)라는 VTR 방식을 개발해서 JVC사의 VHS 방식과 경쟁을 벌였다. 소니는 자사 기술이 최고라고 생각해 고객의 수요는 무시한 채 한 시간짜리 비디오테이프만 시장에 내놓았다. 하지만 사람들이 원한 것은 영화와 TV 프로그램을 볼 수 있는 두 시간짜리 테이프였다. 결국 기술력은 떨어지지만 소비자의 요구에 부합한 VHS가 베타맥스를 완전히 무너뜨렸다.

베타맥스의 실패로 소니가 큰 타격을 받은 것은 아니지만, 시장을 제대로 읽지 못하면 회사가 무너지는 경우도 많다. 레빗은 시장의 흐름을 읽는 것이 왜 중요한지 다음의 예를 들어 설명했다. 19세기 말에 마차는 주요 교통수단이었는데, 당시 1만 3,000개가 넘는 공장에서 채찍을 생산했다. 하지만 자동차가 발명되자 마차는 도태되었고, 이에 따라 거의 모든 채찍 공장도 문을 닫고 말았다. 이때, 몇 개의 공장은 사업 변경에 성공하여 오늘날까지도 이어져 100년이 넘는 역사를 가진 기업이 되었다. 이들이 살아남을 수 있었던 이유는 자신의 제품만 고집하지 않고 스스로를 채찍 생산 공장이 아닌 고객의 교통 수요를 만족시키는 기업으로 여겼기 때문이다. 레빗은 이런 마음가짐만 있으면 시장이 아무리 변화무상하게 바뀐다 해도 기업은 살아남을 수 있을 것이라고 강조했다. 그러므로 사업을 성공시키기 위해서는 자신을 잊고 고객의 입장에서 생각하고 고객을 만족시키기 위해 최선을 다해야 한다.

위의 내용을 종합해 보면, 시장이 포화 상태가 되더라도 방향을 잘 잡으면 살아남을 수 있다. 심지어 제품의 품질이 다소 떨어지거나 가격이 약간 비싸도 고객의 수요를 만족시키는지 아닌지에 따라 생존여부가 결정된다. 품질이 나쁘고 비싼 일부 제품들도 시장에서 팔리기 때문이다. 기업이 직면한 진정한 문제는 경영자의 안목이 부족해서 시장의 수요 변화에 제대로 대처하지 못하는 것이다. 그러므로 시장의 경쟁에서 살아남으려면 시장의 움직임을 항상 주시하고 시장이 원하는 제품을 제때 공급하는 것이 매우 중요하다.

겐로쿠는 고객의 머슴이 되어 고객을 '하늘'처럼 모셔야 하며, 고객이 무슨 생각을 하는지도 알아야 한다. 그럼, 시장과 고객이 원하는 것을 어떻게 알 수 있을까? 마케팅 이론에서는 다음과 같이 알려준다.

'먼저 자신만의 목표 그룹(Target Group)을 정한다. 목표 그룹이 정해지면 그들을 면밀하게 연구해서 이해하고 최선을 다해 그들의 요구를 만족시킨다. 자신의 목표 대상이 아닌 그룹을 확보하려고 과욕을 부려서는 안 된다. 이는 공연한 자원 낭비일 뿐만 아니라, 목표 시장이 커질수록 제품의 포지셔닝 효과가 사라지기 때문이다. 자신의 위치가 모호해질수록 목표 그룹을 끌어당기는 흡입력이 약해지고, 그들의 특정한 요구를 만족시킬 수 없게 된다.'

캐나다 몬트리올에서 발행되는 〈바이스(Vice)〉는 정확한 타겟과 포지셔닝으로 성공을 거둔 사례다. 〈바이스〉는 세계의 유행을 선도하는 잡지로 널리 알려져 있다. 〈바이스〉는 22개국에서 무료로 배포되며, 30세 이하의 젊은층을 대상으로 한다. 흥미로운 점은 이 잡지를 보고 싶다고 해서 마음대로 구할 수 있는 것도 아니고, 가판대에서도 살 수 없다는 것이다. 〈바이스〉의 전략은 먼저 트렌드세터(Trendsetter)*를 선정해서 그들에게 잡지를 보내주는 것이다. 잡지 내용이 대부분 유행과 패션에 민감한 사람들이 관심을 가질 만한 내용이고, 구성과 편집도 훌륭해서 〈바이스〉는 트렌드세터들에게 크게 환영을 받고 있다.

〈바이스〉의 성공은 정확한 포지셔닝과 목표 그룹을 만족시키는 훌륭한 콘텐츠에 기인한다. 만약 그들이 포지셔닝을 명확하게 하지 않고 모든 사람을 대상으로 했다면 결과는 어떠했을까? 30대 이상 독자를 확보하기 위해서는 육아에 관한 내용을 다루어야 하고, 노년층을 확보하려면 퇴직 이후의 재산 관리와 여가 활용에 관한 내용을 실어야 한다. 만약 그렇게 된다면 잡지의 콘셉트가 불분명해져서 〈바이스〉만의 색채가 사라지고 오히려 모두의 관심을 받지 못했을 것이다.

포지셔닝과 목표 그룹을 구체화한다고 해서 잠재 시장이 축소되는 것은 아니다. 〈바이스〉는 목표 대상을 유행을 선도하는 젊은층으로 한정했지만, 이것이 오히려 잡지를 받아보고 싶어하는 수많은 사람들을 추종자로 끌어들여 잡지의 인기가 더 올라가는 결과를 가져왔다. 그리고 추종자들 중에는 30대 이상도 다수다. 목표 대상을 한정했지만 결과적으로 독자층이 자연스럽게 늘어난 것이다.

겐로쿠는 〈바이스〉 잡지처럼 인기를 끄는 제품을 만들어내지는 못할지라도 사업을 하는 데 있어 〈바이스〉를 참고할 필요가 있다. 어떤 산업에 종사하든 먼저 목표 그룹을

* 유행을 만들고 선도하는 사람.

선정하고 그들에 대한 충분한 이해를 바탕으로 그들의 수요를 만족시키는 재화와 서비스를 제공해야 한다. 이것이야말로 사업을 성공으로 이끄는 필수조건이다.

완벽이 성공을 이끈다 - 기업의 우위

자신의 위치를 정확히 설정하고 나서 젠로쿠가 할 일은 자신의 영역에서 기반을 다지는 것이다. 〈월스트리트 저널(Wall Street Journal)〉*의 성공 사례를 통해 이를 살펴보기로 하자.

보통 신문과 잡지는 정보와 오락거리 제공이 주목적이기 때문에 그 밖의 다른 기능은 거의 없는 편이다. 그래서 경기가 나빠져 허리띠를 졸라매게 되면 사람들은 없어도 큰 불편이 없는 신문과 잡지의 소비를 줄이게 된다. 또 비슷비슷한 신문과 잡지가 넘쳐나다 보니 새로운 정보나 오락거리가 생기면 사람들은 금세 다른 것으로 바꿔버리기도 한다. 특히 인터넷 시대가 도래하면서 이런 현상은 더욱 두드러졌다. 인터넷에 공짜 뉴스와 오락거리가 가득한 상황에서 신문은 어떻게 그들과 경쟁해야 할까? 정답은 '경쟁불가'이다. 이 때문에 많은 신문과 잡지의 손실이 누적되고 있고, 유럽과 미국의 전통을 자랑하는 많은 신문과 잡지가 폐간되기에 이르렀다. 아직 파산하지 않는 종이 매체들은 새로

* 미국에서 발행되는 세계적으로 유명한 경제 전문지.

운 환경에서 살아남기 위해 변화를 모색하고 있다.

하지만 전통적 종이 매체 중에서 〈월스트리트 저널〉만은 예외였다. 공짜로 제공되는 신문과 잡지조차 독자들의 주의를 끌지 못하는 상황에서 〈월스트리트 저널〉의 웹사이트는 매일 수십만 명의 유료 회원을 확보했다. 그들이 이렇게 대세를 거스를 수 있었던 이유는 〈월스트리트 저널〉의 역할이 다른 신문들과는 본질적으로 구별되었기 때문이다. 물론 다른 신문과 잡지들처럼 정보나 오락거리도 다뤘지만, 〈월스트리트 저널〉은 월스트리트 금융계의 업계 정보를 중점적으로 보도했다. 그리고 월스트리트의 CEO들은 신문에 보도된 업계 정보를 바탕으로 더 많은 수익을 올릴 수 있었다. 그러니 그들에게 〈월스트리트 저널〉을 보기 위해 지불하는 비용은 전혀 아깝지 않은 돈이다.

실제로 다른 산업의 간행물에서도 〈월스트리트 저널〉과 같은 사례를 찾아볼 수 있다. 대중이 잘 모르는 일부 제품은 우리가 매일 접하는 출간물보다 수익이 훨씬 크다. 사실 사람들에게 잘 알려진 간행물은 별다른 효과를 일으키지 못한다. 이들은 사람들의 수익과는 관계없는 단순한 소비품이기 때문이다. 반면 유명하지는 않지만 사람들의 수익 창출에 도움을 주는 제품은 수익 면에서 그들을 크게 앞선다.

〈월스트리트 저널〉 사례에서 재미있는 부분이 또 있다. 그들의 성공이 유명한 '나무통 이론(木桶理論)'* 과 정면으로 배치된다는 사실이다. 나무통 이론이란 다음과 같

> * 중국 레노버 창업자 류촨즈의 경영 이론. 기업이 발전하려면 가장 약한 부분을 보완해야 한다는 이론.

다. 나무판을 이어 붙여 만든 나무통이 하나 있다. 나무통에 물을 얼마나 담을 수 있을지는 나무판의 상태에 달렸다. 만약 굉장히 짧은 나무판이 하나 포함되어 있다면 다른 나무판이 아무리 높아도 물을 얼마 담지 못한다. 결국 이 짧은 나무판은 나무통의 능력을 제한하는 요인이 된다. 이 이론에서 가장 짧은 나무판보다 높은 부분은 전혀 의미가 없으며, 오히려 높이가 높을수록 낭비가 커진다. 나무통의 용량을 늘리고 싶다면 가장 짧은 나무판의 높이를 높이는 방법이 유일한 해결책이다.

하지만 〈월스트리트 저널〉의 사례에서는 나무통 이론이 성립되지 않는다. 월스트리트 저널은 뉴욕 현지 뉴스, 전 세계의 이슈 등은 크게 다루지 않지만, 이 점이 신문 판매에 전혀 영향을 주지 않는다. 이는 금융가의 모든 뉴스를 장악하고 있다는 그들의 장점이 다른 약점들을 모두 덮어 버리기 때문이다. 우리는 이를 '후광 효과(後光效果, Halo Effect)'라고 부른다.

농구에서도 이러한 현상을 찾아볼 수 있다. 미국 NBA에서 코비 브라이언트(Kobe Bryant)처럼 공수를 겸비한 농구 선수는 찾아보기 어렵다. 일반 농구 선수가 코비 같은 전천후 능력을 갖추기도 매우 어렵다. 그러므로 일반 농구 선수가 할 수 있는 최선의 선택은 3점슛 같은 한 가지 기술에 집중하는 것이다. 그렇게 해서 3점슛을 넣는 기술에 능숙해지면 NBA에서도 크게 활약할 수 있다. 레지 밀러(Reginald Miller) 선수가 그러한 경우다.

〈월스트리트 저널〉의 전략도 이와 마찬가지다. 독자들이 신문을 사는 이유는 해당 신문의 '장점' 때문이지 단점은 별 상관이 없다. 따라서 〈월스트리트 저널〉의 높이를 결정하는 것은 결국 '짧은 나무판'이 아니라 '긴 나무판'이다. 가장 긴 나무판이 높을수록 신문이 벌어들이는 이윤도 높아진다.

〈월스트리트 저널〉의 성공은 '파레토 법칙(Pareto's law)'의 효과 덕분이기도 하다. '20 대 80 법칙'이라고도 불리는 파레토 법칙은 19세기 말에서 20세기 초에 활약한 이탈리아 경제학자 빌프레도 파레토(Vilfredo Pareto)*가 주창한 이론이다. 파레토 법칙의 내용은 집단에서 중요한 역할을 하는 것은 소수이며, 나머지 다수는 별 효용이 없다는 것이다. 예를 들면, 기업에서는 우수 고객 20%가 이윤의 80%를 가져다주고, 나머지 고객 80%는 이윤의 20%밖에 가져다주지 못한다. 이런 상황에서 이윤을 극대화하려면 상위 20% 고객의 잠재력을 최대한 끌어내야 한다.

작가 글래드웰은 일찍이 이런 질문을 던졌다. "어떤 판매원이 좋은 판매원인가?" 그는 실적이 뛰어난 자동차 세일즈맨을 예로 들었다. 이 세일즈맨은 자신이 성공한 원인을 "어떤 유형의 손님이 와도 항상 진심으로 대했기 때문"이라고 분석했다. 반면, 동료들은 그와 달랐다. 젊은 손님이 들어오면 차를 살 돈이 없을 것이라고 무시했고, 늙은 손님이 찾아오면 가격을 심하게 깎지는 않을까 걱정했다. 이렇게 되자 그들은 명품을 차려입

* 이탈리아의 사회학자 겸 경제학자. 모든 사람이 타인의 불만을 사는 일 없이 자기만족을 더 이상 증가시킬 수 없다는 '파레토 최적'과 전체 결과의 80%가 전체 원인의 20%에서 일어난다는 '파레토 법칙'으로 유명함.

은 중년 신사 외에는 아무도 응대하려 하지 않았다. 하지만 이 세일즈맨은 이것저것 따지지 않고 모든 손님에게 열과 성을 다했다.

시간이 흐르자 그는 차를 살 것 같지 않던 손님들이 실은 괜찮은 고객이라는 사실을 알게 되었다. 젊은 손님은 수중에 돈이 없더라도 마음에 드는 차를 발견하면 며칠 후 부모님과 함께 와서 차를 사갔다. 나이 든 손님은 소비에 신중했지만 자신을 위한 것에는 매우 관대했다. 그래서 마음에 드는 차를 발견하면 자신의 평생 노고에 대한 보답으로 여기고 돈을 아끼지 않았다. 게다가 서비스에 만족한 손님들은 4, 5년마다 새 차로 바꿨고, 차를 사려는 주변 사람들도 소개해 주었다. 그는 이런 모든 경험을 종합해 볼 때 자신의 성공 비결은 모든 고객을 차별하지 않고 성심성의껏 대한 태도에 있다고 결론지었다.

그렇다면 우수 고객 20%를 위해 일반 고객 80%를 포기한 동료들의 선택은 잘못된 것일까? 물론 그렇지 않다. 그가 모든 손님에게 친절할 수 있는 전제 조건은 매장을 찾은 손님은 모두 차를 살 가능성이 있다는 것이다. 이는 길거리에서 아무나 붙잡고 차를 팔 확률보다 가능성이 훨씬 높다. 다시 말해, 매장에 들어오는 손님은 이미 20%에 속하는 우수 고객이다. 이때 동료들의 실패 원인은 우수 고객 20%를 쓸데없이 더 나눈 것이고, 그의 성공 비결은 20%의 고객을 모두 정중히 응대한 것이다. 〈월스트리트 저널〉의 성공도 이와 같은 원리를 바탕으로 하고 있다. 〈월스트리트 저널〉의 웹사이트에 오는 사람들은 모두 20%의 우수 고객이기 때문에 〈월스트리트 저널〉은 항상 그들에게 최상의 서비스를 제공했다.

따라서 겐로쿠는 다음의 세 가지를 잘 익혀야 한다. 첫째는 사람들에게 이익을 주는 세분화된 시장을 찾고, 둘째는 자신의 경쟁우위를 열심히 발전시키며, 셋째는 모든 고객에게 좋은 서비스를 제공하는 것이다. 이 세 가지를 제대로 할 수 있다면 겐로쿠도 머지않아 성공의 대열에 합류할 것이다.

작은 돼지의 생존법 – 게임 이론

앞서 전략을 언급하면서 항상 적극적으로 나서야 한다고 강조했다. 하지만 현실에서 사업은 혼자만 하는 것이 아니다. 그래서 일찍이 《손자병법》에서는 정보의 중요성을 말했다. "상대와 자기 자신을 잘 알면 항상 승리할 수 있고, 상대를 모르더라도 자기 자신을 잘 알면 대등한 전투를 할 수 있다. 그러나 상대와 자기 자신 모두 모른다면 언제나 위태로워진다." 그래서 겐로쿠는 자신에게 가장 유리한 전략뿐만 아니라, 경쟁자가 무엇을 하고 있는지도 알아야 한다. 그렇지 않으면 영화 〈사고친 후에(Knocked Up)〉의 남자 주인공처럼 망하고 말 것이다. 영화에서 남자 주인공은 굉장한 사업 아이디어가 있다며 형제들과 함께 몇 개월 동안 공들여서 웹 사이트를 만들었다. 하지만 이미 똑같은 웹 사이트가 잘 운영되고 있어서 그들의 노력은 모두 허사가 되었다. 이처럼 시장 정보를 잘 파악하지 못하면 아무리 좋은 전략이라도 실패할 확률이 높다. 또 경쟁자를 이해하기도 쉽지 않다. 자신의 전략과 자원을 쉽게 알려줄 사람은 없기 때문이다. 상황이 이렇다면 겐로쿠는 '게임 이론(Game Theory)'을 생각해 볼 수 있다.

게임 이론은 20세기 초 헝가리의 천재 수학자 존 폰 노이만(John von Neumann)*이 주창한 이론이다. 게임 이론의 역사는 그리 길지 않지만 이후 여러 분야에서 널리 사용되었고 많은 학자들이 이를 더욱 발전시켰다. 그럼, 게임 이론은 현실에서 어느 정도까지 활용 가능한 것일까? 미국의 정치학자 브루스 부에노 데 메스키타(Bruce Bueno de Mesquita)**는 게임 이론만으로 세계적인 사건의 향방을 계산할 수 있다고 주장했다. 향후 중동의 정치 구도처럼 수대에 걸친 많은 정치가들도 해결하지 못하는 까다로운 문제도 자신이 설계한 컴퓨터 프로그램으로 계산하면 앞으로의 결과를 알 수 있다는 것이다. 그의 과거 분석을 살펴본 사람들은 그의 예측이 어느 정도 정확하다는 사실을 발견했다. 정확하지 않은 부분은 그가 얻은 정보가 잘못되었기 때문이고 게임 이론을 바탕으로 설계한 프로그램의 문제는 아니었다.

게임 이론의 기본 원리는 매우 간단하다. 게임 이론에서는 게임 참가자들이 모두 합리적이어서 자신의 이익을 극대화하기 위해 노력하고, 모두들 상대방도 합리적이라는 사실을 알고 있어서 상대가 어떤 반응을 보일지 예측할 수 있다고 가정한다.

* 다양한 분야에 뛰어난 재능을 나타낸 천재로, 게임 이론을 세우고 디지털 컴퓨터, 핵폭탄의 주요 이론을 확립함.

** 뉴욕대 정치학과 교수 겸 스탠퍼드대 후버연구소 고등 연구원. '현대판 노스트라다무스'로 불리며 게임 이론 모델을 통해 수많은 예측을 내놓은 바 있음.

우리 안 돼지의 예를 통해 게임 이론을 설명하면 다음과 같다. 우리 안에 큰 돼지와 작은 돼지가 한 마리씩 있다. 우리 왼쪽에는 버튼이 있고, 오른쪽에는 사료가 나오는 구멍이 있다. 버튼을 누르면 사료 10개가 나오고, 버튼을 누르고 달려가 사료를 먹는 데 사료 2개분의 체력이 소비된다. 버튼과 사료 구멍은 우리 양쪽 끝에 있기 때문에 적어도 한 마리는 희생정신을 발휘해서 버튼을 눌러야 하며, 이때 다른 한 마리는 힘들이지 않고 사료를 먹을 수 있다.

만약 작은 돼지가 버튼을 누르면 큰 돼지가 먼저 사료 9개를 먹고, 뒤이어 달려온 작은 돼지는 1개밖에 먹지 못한다. 만약 같이 버튼을 누르면 큰 돼지는 7개, 작은 돼지는 3개를 먹을 수 있다. 큰 돼지가 버튼을 누르면 작은 돼지가 4개를 먼저 먹고 큰 돼지에게 6개를 남겨준다. 각 돼지의 실질 소득을 자세히 살펴보면 몇 가지 가능성을 발견할 수 있다. 만약 두 돼지가 동시에 버튼을 누르고 먹이를 향해 달려가면 큰 돼지는 사료 7개를 먹어 실소득이 5가 되고 작은 돼지는 3개를 먹어 실소득이 1이 된다. 만약 큰 돼지가 버튼을 누르면 작은 돼지는 힘들이지 않고 4개를 먼저 먹어 실소득도 4가 되며 뒤이어 달려온 큰 돼지는 6개를 먹어 실소득이 4가 된다. 만약 작은 돼지가 버튼을 누르면 큰 돼지가 먼저 9개를 먹어 실소득도 9가 되고 작은 돼지는 1개를 먹었지만 이미 2개를 소비해 실소득은 마이너스 1이 된다. 만약 두 마리 다 움직이지 않으면 소득은 0이 된다.

위의 상황을 분석해 보면, 작은 돼지 혼자 버튼을 누르는 것이 가장 좋지 못한 선택이다. 작은 돼지는 열심히 뛰어봐야 실소득이 마이너스 1이면 이렇게 손해 보는 선택은 하지 않을 것이다. 그러나 큰 돼지와 함께 버튼을 누른다면 1을 얻을 수 있다. 그리고 버튼을 누르지 않는다면 두 가지 가능성이 있다. 큰 돼지도 누르지 않으면 아무것도 얻지 못하고, 큰 돼지가 누르면 두 마리 모두 4를 얻을 수 있다. 합리적인 큰 돼지도 굶는 것보다는 조금이라도 먹는 편이 낫다고 생각해 소득이 없는 상황을 선택하지는 않을 것이다. 따라서 작은 돼지가 할 수 있는 최상의 선택은 큰 돼지가 버튼을 누를 때까지 기다리는 것이다. 큰 돼지는 자신이 버튼을 누르지 않으면 작은 돼지가 고작 사료 1개를 얻으려고 버튼을 누르지는 않을 것을 알기 때문에 할 수 없이 버튼을 누른다. 그래서 결국에는 버튼을 누르는 것은 언제나 큰 돼지이고 작은 돼지는 편안히 사료를 먹게 된다.

위의 예를 통해서 같은 환경에 놓인 돼지 두 마리의 행동은 서로 영향을 주고받는다는 사실을 알 수 있다. 각자 어떤 행동을 하든지 모두 상대의 결정에 영향을 미친다. 따라서 자신의 득실만 계산해서는 자신에게 가장 유리한 결정을 내릴 수 없다. 자신과 상대의 득실을 모두 고려해야만 자신에게 가장 적합하고 자신의 이익을 극대화하는 결정을 내릴 수 있다.

인간 사회는 우리 안 돼지의 상황보다 훨씬 복잡하다. 사회 속의 참가자는 그 수가 훨씬 많고, 참가자들이 고려해야 하는 잠재이익과 비용도 더욱 복잡하다. 하지만 게임 이론의 원리는 동일하게 적용된다. 바로 상대의 반응을 고려해야만 가장 적합한 전략을 결정할 수 있다는 것이다.

상대의 수익 요인을 고려해 보면 별로 좋은 선택이 아니라고 생각한 경우가 사실은 최상의 선택임을 알 수 있다. 일례로, 최근 아이폰(iphone)이 큰 인기를 얻자 많은 중소기업도 유사한 제품을 출시했다. 겉으로 보기에 중소기업들이 애플(Apple Inc.) 같은 대기업에 도전하는 것은 매우 어리석은 행동이다. 그러나 그들이 원하는 바는 애플과의 경쟁이 아니라 애플이 일으킨 스마트폰 열풍에 자신들도 편승하는 것이다. 중소기업들은 애플이 이런 유사품 때문에 아이폰 판매를 그만두지는 않을 것이라 생각했다. 애플은 유사품으로 인한 손실보다 훨씬 큰 수익을 거둬들일 수 있기 때문이다. 중소기업의 이러한 전략은 앞서 말한 큰 돼지가 버튼을 누름으로 해서 작은 돼지는 앉아서 먹이를 먹을 수 있는 원리와 같다.

따라서 겐로쿠는 시장 참가자들의 득실(得失)을 면밀하게 분석해야만 자신의 전략을 완성할 수 있다. 그러나 완벽한 전략을 세우기란 쉽지 않으므로 우선 기존 전략을 바탕으로 복잡한 시장 변화에 대응해 기초를 견실히 다져야 한다. 성공적인 전략이 되려면 환경과 경쟁자의 변화에 따라 유연하게 바뀌어야 하고, 자신과 관련된 모든 요인을 고려해야만 한다. 낡은 틀에 매달려서는 절대 성공을 쟁취할 수 없다.

가격으로 고객을 조종한다 – 가격의 역할

시장 분석을 통해 소비자가 원하는 좋은 제품을 찾고 제조에 성공했다면 이제 겐로쿠는 가격 문제를 고려해야 한다. 시장에서는 제품의 품질뿐만 아니라 가격도 매우 중요한 요소이기 때문이다. 가격이 적당하다면 제품이 잘 팔리지만, 너무 높으면 경쟁 제품에 밀리고 반대로 너무 낮으면 생산자가 손해를 보게 된다.

그렇다면 합리적인 제품 가격의 기준은 무엇일까? 미시경제학에서는 자신의 최종 이윤을 극대화하는 가격이 가장 합리적이라고 말한다. 이 기준을 알려면 우선 제품의 수요에 어떤 성질이 있는지 살펴봐야 한다. 경제학에서는 이를 '가격탄력성(Price Elasticity)'이라고 부른다. 일반적으로 생필품은 가격탄력성이 작고 사치품은 가격탄력성이 크다.

가격탄력성이 작다는 말은 가격이 크게 올라도 수요가 별로 줄지 않는 것을 의미한다. 예를 들어 쌀 가격이 인상되어도 굶을 수는 없기에 쌀 소비는 그다지 줄어들지 않는다. 반대로 가격탄력성이 큰 제품은 가격에 따라 수요가 변동한다. 즉, 가격이 낮아질수록 수요가 늘어나고, 가격이 높아질수록 수요는 줄어든다.

이 밖에도 제품의 가격탄력성에 영향을 미치는 요인들이 있다. 보통 경쟁 제품이 많은 상품은 탄력성이 크다. 가격이 오르면 다른 제품으로 대체할 수 있기 때문이다. 일례로, 커피 가격이 오르면 홍차나 녹차로 바꿀 수 있다. 그러나 예컨대 휘발유는 대체할 수 있는 제품이 전혀 없다. 물론 도요타(Toyota)의 프리우스 같은 하이브리드 차를 사서 근거리 운전만 한다면 전지로 대체할 수 있기는 하다.

제품이 소비자의 지출 예산에서 차지하는 비중도 가격탄력성에 영향을 미치는 중요한 요인 중 하나다. 보통은 가격이 낮고 지출 예산에서 차지하는 비중이 작으면 그 제품의 가격탄력성은 작다. 예를 들면, 생수가 1위안에서 2위안으로 올랐다고 해도 이것은 사람들의 소비행동에 별다른 영향을 주지 않는다. 그러나 맥도날드 햄버거가 30위안에서 60위안으로 오르면 당장 수요가 줄어들게 된다.

또한 가격탄력성은 시간이 지날수록 증가한다. 다시 휘발유를 예로 들어보자. 단기적으로 보면 휘발유 가격이 올라도 차의 운행량이 줄어들지는 않는다. 즉, 가격탄력성이 작다. 그러나 휘발유 가격이 계속해서 고공행진하면 사람들은 자동차를 운전하는 대신 택시나 버스를 이용하는 등 소비행동을 조정할 것이다. 이렇게 되면 휘발유의 가격탄력성이 증가하게 된다.

브랜드 효과도 가격탄력성에 영향을 미친다. 사람들은 유명 브랜드의 경우에는 제품의 가격이 올라도 쉽게 받아들인다. 그러므로 성공한 기업가가 되려면 우선 자사 제품이나 서비스의 가격탄력성을 파악해 가격이 그 정상 범위를 벗어나는 상황을 방지하고, 고객이 자사 제품에 얼마나 가치를 부여하는지 알아야 한다. 그렇게 해야만 자사의 이익을 극대화할 수 있기 때문이다.

영화 〈거장의 장례식(Big Shot's Funeral)〉을 보면 한 정신병자가 별장 가격에 대해 이야기하는 장면이 나온다. "이런 건물은 1제곱미터당 얼마에 팔 수 있을까? 내 생각에는 적어도 2,000달러는 받을 것 같은데. 그러면 2,000달러를 올려서 1제곱미터당 4,000달러에 팔면 되겠군. 가격이 너무 비싸다고 하지 말게. 사는 사람의 심리를 이해하면 되거든. 1제곱미터당 2,000달러에 건물을 살 사람이라면 2,000달러를 더 낸다고 해도 개의치 않는다네."

이 말이 우스갯소리로 들릴지 몰라도 사실은 경제학의 본질을 담고 있다. 고객이 더 많은 돈을 내고 싶어한다면 절대 사양하지 말라는 것이다. 1제곱미터당 4,000달러를 내려는 고객에게 2,000달러만 받는다면 젠로쿠의 이윤은 절반으로 줄어든다.

물론 현실은 이보다 훨씬 복잡한 경우가 많다. 건물을 1제곱미터당 2,000달러에 팔면 이익을 보는 판매자가 있다고 하자. 그에게는 두 명의 고객이 있는데, A 고객은 마음속으로 2,000달러면 적당하다고 여기고, B 고객은 4,000달러면 괜찮다고 생각한다. 만약 판매자가 건물을 2,000달러 혹은 4,000달러에 판다면 그의 이익은 극대화될 수 없다. 2,000달러에 판다면 B 고객 4,000달러의 절반밖에 받지 못하고, 4,000달러에 판다면 A 고객을 잃게 된다.

이런 상황은 현실에서 흔히 볼 수 있다. 고객이 생각하는 심리적 가격이 모두 다르기 때문이다. 판매자에게 가장 좋은 방법은 A 고객에게는 2,000달러에 팔고 B 고객에게는 4,000달러에 파는 것이다. 하지만 이 방법 역시 문제가 있다. 구매자는 자신이 마음속으로 결정한 가격을 판매자에게 알려주지 않기 때문에 판매자는 얼마를 받아야할지 판단하기 어렵다. 이때 판매자는 '가격차별화(Price Discrimination)' 전략을 이용해서 구매자가 원하는 가격을 알아내야 한다.

가격차별화는 여러 가지 이유로 거의 동일한 상품을 약간만 바꿔 각기 다른 가격에 파는 것이다. 그 결과 심리적 가격이 다른 고객까지도 확보할 수 있다. 예를 들면, 같은 집이라도 실내를 호화스럽게 꾸민 '고급형'과 별로 꾸미지 않은 '일반형'으로 나누어서 팔 수 있다. 그러면 높은 가격을 받아들이는 고객은 돈을 더 들여 고급형 주택을 사고, 낮은 가격을 선호하는 고객은 일반형 주택을 살 것이다. 이로써 모두를 만족시킬 수 있다.

생활 속에서도 가격차별화를 쉽게 접하게 된다. 베이징에서 톈진으로 가는 기차는 비록 30분 거리지만 1등석과 2등석으로 나뉜다. 1등석은 2등석보다 조금 넓을 뿐이지만 10위안 이상 비싸다. 이런 가격차별화는 심리적 가격이 높은 고객에게 더 많은 돈을 받기 위한 전략이다.

가격차별화로 이익을 극대화할 수 있지만 잠재된 문제에 주의해야 한다. 동일한 제품을 각기 다른 가격으로 팔면 높은 가격을 제시받은 사람은 기분이 상할 수 있다. 심지어 낮은 가격에 제품을 산 사람이 높은 가격으로 되팔아 판매자의 이익을 가로챌 수도 있다. 그래서 기업가는 고객의 심리를 정확히 이해하고 상품을 되팔 수 없게 해야 한다. 이렇게 해야만 가격차별화가 효과를 발휘할 수 있다.

극단적인 가격 전략 – 무료와 고가 정책

고도로 발달한 비즈니스 사회에서는 다양한 가격 전략이 존재한다. 기업가는 제품의 다양한 특성에 따라 맞는 전략을 세우고 이윤을 극대화한다. 이런 수많은 가격 전략 중에 전혀 다른 두 가지 전략이 있는데 바로 '무료'와 '고가 정책'이다.

미국 인터넷 비즈니스 잡지 〈와이어드(Wired)〉의 편집장 크리스 앤더슨(Chris Anderson)은 "현대 사회는 이미 인터넷 시대로 접어들었으며, 인터넷 시대의 특징은 무엇이든 공짜라는 것"이라고 평가했다. 사용 중인 서비스나 콘텐츠가 유료화되면 유저들은 곧바로 경쟁사의 무료 서비스나 콘텐츠로 옮겨갈 수 있다. 따라서 서비스나 콘텐츠를 유료화해 고객을 쫓아내느니 모두 무료로 제공하는 편이 낫다는 것이 그의 주장이다.

무료가 중요한 이유는 사람들의 잠재의식이 유료와 무료의 차이를 뚜렷이 구분하기 때문이다. 예를 들면, 한 상품이 2위안에서 1위안으로 가격이 떨어지면 이용자가 5명에서 10명으로 늘지만 1위안에서 공짜로 바뀌면 단번에 100명으로 늘어난다. 게다가 이 100명의 이용자가 가져다주는 광고 효과는 상품을 팔아서 버는 10위안보다 그 가치가 훨씬 크다. 그래서 앤더슨은 "웹사이트들은 무료 콘텐츠와 상품으로 고객을 확보하고 이를 바탕으로 수익을 내는 승부수를 띄워라"라고 조언했다.

앤더슨의 이 이론은 상당히 일리가 있고, 인터넷 경제에서도 많이 사용되는 방법이다. 하지만 물건을 공짜로 파는 것은 어쩐지 경제의 룰에서 벗어난 느낌이 있다. 그렇다면 그의 이론은 정말로 효력이 있을까? 아직은 이 이론의 성공 여부를 알 수 없다.

그런데 많은 사람들이 그의 이론에 대해 의구심을 가졌다. 유명 작가 글래드웰은 앤더슨의 관점이 현실에 맞지 않는다고 비판했다. 콘텐츠는 사실 공짜가 아니며 좋은 콘텐츠는 상당한 돈을 들여서 만들어야 한다. 블로그에는 누구나 글을 쓸 수 있지만, 〈뉴욕타임스(The New York Times)〉처럼 수준 높은 신문을 만들려면 많은 전문가들과 자본이 필요하다. 그리고 이렇게 해야만 대중의 관심을 끌고 판매 부수를 늘릴 수 있다. 이런 현상은 인터넷에서도 쉽게 찾아볼 수 있다. 훌루닷컴(Hulu.com)* 등에서 방영하는 인기 드라마는 유튜브(Youtube)**의 개인 UCC보다 시청률이 훨씬 높다. 유튜브도 이를 인식하고 대형 영화사 및 방송국과 협약을 맺어 수준 높은 콘텐츠를 확보할 방법을 생각하고 있다.

하지만 콘텐츠 비용이 만만치 않아서 무료 방송을 통한 광고 수입만으로는 수익을 내기 어렵다. 특히 인터넷 광고는 신문이나 잡지, TV보다 광고비가 훨씬 싸기 때문에 이런 광고 수익으로 편당 1,000만 달러씩 하는 드라마 구입 비용을 확보한다는 것은 절대 쉽지 않은 일이다.

전면 무료화 또한 비용 문제를 불러왔다. 유튜브 같은 동영상 사이트는 무료이기 때문에 네티즌들은 마음껏 영상을 감상하는 동시에 자신의 콘텐츠도 올려놓았다. 네티즌의 이용이 큰 폭으로 증가하자 유튜브의 유지비용도 상당히 늘어났다. 현재 유튜브는 광고 수익이 많지 않기 때문에 사람들이 서비스를 이용할 때마다 손해를 본다. 그런 데다 사람들이 유튜브를 무절제하게 이용하는 바람에 결국 유튜

* NBC와 폭스가 합작해서 만든 동영상 서비스 사이트.
** 미국의 인기 있는 무료 동영상 공유 사이트.

브의 손실은 더욱 가중되었다.

그래서 글래드웰은 양질의 콘텐츠는 돈을 받아야 한다고 주장했다. 〈월스트리트저널〉 사이트는 몇 안 되는 유료 사이트이지만 수십만 명이 이용한다. 결국 〈월스트리트저널〉의 콘텐츠가 유용하기 때문에 고객들이 흔쾌히 비용을 부담하는 것이다. 유료화하면 사람들의 유입량은 줄어들겠지만, 이용자가 많아져도 손실이 늘어나지 않는다.

인터넷의 무료 전략과 반대되는 가격 개념이 '과시적 소비 (Conspicuous Consumptions)'를 이용한 고가 정책이다. 과시적 소비는 특수한 제품에만 해당하는데 이 제품들은 '실질적인 사용 효과'와 '과시적 효과'라는 두 가지 효과를 모두 갖추었다. 예를 들면, 자동차는 네 바퀴로 달린다는 기본 기능은 모두 같다. 독일 BMW에 선루프와 가죽 시트를 장착했다고 해도 기본 성능은 중국 샤리(夏利)와 똑같다. 즉, BMW가 샤리보다 고급스럽지만 실질적인 사용 효과를 놓고 보면 성능이 몇 배나 뛰어난 것은 아니다.

이때 효력을 발휘하는 것이 바로 '과시적 효과'다. 사람들은 타고 다니기 위한 목적보다 자신의 부와 성공을 과시하려는 목적으로 좋은 차를 산다. 이런 관점에서 보면, 상품이 비싸고 실질적인 사용 효과가 그다지 크지 않을수록 구매자의 재력이 더욱 잘 나타난다. 그들은 이런 상품을 통해 자신의 부의 정도를 상대에게 보여주는 것이다. 그래서 이런 류의 제품은 가격이 비싸고 과시적 효과가 높은 상품일수록 더욱 잘 팔린다.

과시적 소비는 결국 인간의 본성이라 할 수 있다. 생물학자들은 많은 수컷 동물들이 실용성이 전혀 없는 신체 부위를 가지고 있다는 사실을 발견했다. 공작의 날개가 그러한 예다. 수컷 공작이 이렇게 불필요한 날개를 지닌 까닭은 자신의 몸을 크고 화려하게 보여서 자신이 믿을 만한 짝이라는 것을 증명하고 암컷의 선택을 받기 위해서다.

과시적 소비는 과시욕을 돈으로 환산하는 거래처럼 보인다. 그렇다면 어떤 상품이든 가격을 높게 올리기만 하면 될까? 실제로 과시성 소비 상품을 만드는 것이 무료 전략을 펼치는 것보다 어렵다. 무료 전략에는 간단한 가정이 하나 있다. 상품 가격이 낮아질수록 찾는 사람이 많아진다는 것이다. 글래드웰의 비판도 사실 같은 원리에 근거하고 있다. 다시 말해, 모든 사물에는 그에 맞는 가치가 있다는 것이다. 무료 전략으로 상품 가격이 실제가치보다 낮아지면 사람들이 몰려들 것이다. 그러나 이 방법으로는 아무런 이득도 얻을 수 없다. 만약 상품의 가격이 합리적인 수준으로 다시 조정되면 사람들은 이제 수요에 따라 상품을 구입할 것이다.

반면, 과시적 소비에는 이런 가정이 거의 적용되지 않는다. 샤리가 BMW보다 아무리 좋은 차를 만들어도 돈 있는 사람들은 여전히 몇 배 비싼 BMW를 사서 자랑할 것이다. 만약 샤리의 판매 가격이 BMW보다 높게 책정되면, 아마 한 대도 팔리지 않을 것이다. 이처럼 과시성 소비 상품은 마치 마법이라도 부린 것처럼 사람들이 거액을 들여서 가장 '좋은' 상품이 아닌 가장 '비싼' 상품을 사게 하는 힘이 있다. 만약 겐로쿠가 이 전략을 익힐 수 있다면 머지않아 크게 성공할 수 있을 것이다.

모든 것을 가능하게 한다 - 광고 선전

사람들이 선망하는 브랜드를 만들고 싶다면 겐로쿠는 광고회사에 홍보를 맡길 필요가 있다. 전문가들의 손길을 거침으로 해서 자사의 브랜드를 더욱 가치 있게 만들 수 있기 때문이다.

이 같은 생각을 하는 사람이 적지 않아서 오늘날에는 광고가 매우 보편화되었다. 광고계에서 자주 쓰는 단어 중에 '포화도(Saturation)' 라는 말이 있다. 포화도는 관객이 일정 시간 안에 받아들일 수 있는 광고 정보의 수량을 말하는데 이 경계선을 넘으면 광고의 효율은 크게 떨어진다. 관객의 집중력에는 한계가 있기 때문에 광고인들은 그들의 이목을 끌 장치를 끊임없이 만들어 내야 한다.

오늘날에는 광고가 없는 곳을 찾기 어려울 정도로 광고가 우리 생활에서 떼려야 뗄 수 없는 일부분이 되었다. TV 광고, 라디오 광고, 문자 광고, 인터넷 광고, 옥외 광고 등등 종류도 매우 다양하다. 그 밖에 갈수록 다양한 기법의 광고툴이 개발되고 있어 광고는 이미 우리 생활 깊숙이 침투해 있다. 2009년 전 세계 기업이 광고에 4,000억 달러가 넘는 비용을 투입한 것은 그러한 사실을 입증한다. 심지어 일부 서양인들은 자신의 몸에 상표를 문신해서 돈을 벌기도 한다.

그럼, 광고산업이 이 정도로 발전할 수 있었던 이유는 무엇일까?

만약 널리 알리는 것이 목적이라면 그다지 어렵지 않다. 충분한 자금으로 곳곳에서 선전을 하면 그만이다. 그러나 이런 단순한 선전을 위해 전 세계 사람들이 수천억 달러나 쓰지는 않았을 것이다.

　광고의 진정한 가치는 하나의 명칭을 통해 기업이나 개인의 수익성을 몇 배로 증가시키는 것이다. 모건은행(Morgan Bank)은 자사의 역사를 소개할 때 모건이 가장 돈이 많은 은행은 아니지만 가장 믿을 수 있는 은행이라고 말한다. 1960년대 해리 모건(Harry Morgan)은 자기 가문의 이름 하나만으로 월스트리트에서 손꼽히는 모건 스탠리(Morgan Stanley)의 주주가 될 수 있었다. 모건 스탠리가 '모건'이라는 두 글자에 거액의 비용을 지급한 까닭은 '모건'이라는 이름만 있으면 전화 한 통만으로도 수억 달러를 빌릴 수 있기 때문이다.

　앞서 말한 브랜드의 가치처럼 '모건 왕국'도 하루아침에 이루어지지 않았다. 심혈을 기울여 100년이 넘게 경영한 끝에 마침내 이 같은 성과를 거둔 것이다. 만약 광고를 잘 활용한다면 이 기간을 단축할 수 있다.

　의사결정론(Decision Making Theory)에서는 사람들이 모든 일에 대해 자신만의 '만족도'가 있다고 정의한다. 이 만족도는 각자의 선호도에 따라 결정되기 때문에 고정된 값이 없다. 예를 들면, 독서의 선호도가 10이고 영화 관람의 선호도가 15라면 독서와 영화 관람 중에서 항상 영화 관람을 선택하게 된다. 영화를 보는 것이 더 즐겁기 때문이다. 이 만족도가 마이너스일 경우도 있으며, 이는 그 일을 하는 것이 즐겁지 않다는 의미다. 만약 누군가 숙제하기의 만족도가 -10이고 요리하기의 만족도가 −100이라면, 그는 숙제하기를 선택할 것이다. 요리하는 것이 만족도가 훨씬 떨어지기 때문이다.

자신의 이익을 극대화하는 것이 이성적이라고 한다면, 개인이 자신의 만족도를 기준으로 다른 사람의 행동이 이성적인지 아닌지 평가할 수는 없다. 사람들의 만족도 표준은 모두 다르기 때문이다. 나는 독서가 즐겁지만(만족도 10) 상대는 별로 즐기지 않거나(만족도 5) 고통스러울 수도 있다(만족도 −5). 그래서 책을 보지 않는다고 해서 그를 비이성적이라고 말할 수 없다. 하지만 객관적 사실이 있을 경우 그것을 중시하지 않는 것은 비이성적이다. 예를 들면, 우산을 갖고 다니는 것이 번거롭지만(만족도 −5) 비에 젖는 것이 더 번거롭다면(만족도 −20) 당연히 우산을 챙길 것이다. 만약 비가 올 확률이 25% 이상이라고 한다면(객관적 사실) 우산을 가져가야 한다.

이 밖에 만족도를 계산하려면 확률을 알아야 한다. 지금 10위안으로 책이나 복권을 살 수 있다고 가정해 보자. 복권에 당첨되면 500만 위안(5,000,000)을 상금으로 받을 수 있다. 책을 살 수 있는 확률은 100%이지만(돈을 주면 살 수 있으니까), 복권에 당첨될 확률은 100만분의 1이거나 그보다 낮다. 이를 계산해 보면 책을 사는 편이 훨씬 낫다. 책을 사는 만족도($10 \times 100\% = 10$)가 복권을 사는 만족도($5,000,000 \times 1/1,000,000 = 5$)보다 크기 때문이다.

만족도는 인간의 모든 행동을 해석하는 데에도 사용할 수 있다. 하루 아르바이트(만족도 −25)로 100위안을 벌어서 책 10권을 살 수 있다면(만족도=$10 \times 10 = 100$) 힘들더라도 아르바이트를 할 것이다.

책을 파는 것도 같은 이치다. 아르바이트(만족도 –25)로 책 10권을 팔아 100위안을 벌었다면(만족도 100) 그 돈을 다른 곳에 쓸 수 있다.

이 이론이 너무 이상적인 데다 현실에서는 계량화할 수 없는 일들이 더 많다고 이의를 제기한다면, 사실 틀린 말은 아니다. 하지만 계량화할 수 없는 것이 많다고 해서 만족도를 계산할 수 없는 것은 아니다. 실제로 사람들은 무의식중에 만족도를 계산한 다음 행동을 취한다. 10위안으로 책을 사지 않고 영화 DVD를 사는 것은 독서의 만족도가 영화보다 못하기 때문이다. 우산을 가지고 가지 않아 비에 젖는 것은 비에 젖는 불쾌함이 우산을 챙기는 번거로움보다 참을 수 있기 때문이다.

이처럼 모든 사람의 만족도가 다르기 때문에 생산자들도 다양한 제품을 만들 기회를 얻는다. 만약 사람들이 가격이나 성능만 중시한다면 모두 똑같은 상품만 살 것이다. 그러나 현실에서 사람들은 다양한 선택으로 자신이 원하는 바를 취한다.

정말 좋은 광고는 또 다른 고객 수요를 창출하기도 한다. 예를 들어 미국의 소형 은행이 모건은행의 고객을 끌어올 때 그들은 자본이나 역사가 모건보다 낫지 않다고 말한 것이 아니라, 서비스가 모건은행보다 훨씬 뛰어나다고 강조했다. 이를 통해서 그들은 현지의 서비스를 중시하는 고객들에게 어필할 수 있었다.

사람의 사유 방식도 광고에 큰 도움을 준다. 보통사람들은 수치나 통계에 근거해 생각하는 것을 싫어하고 예상을 벗어난 일은 생생하게 기억한다. 일례로, 비행기는 실제로 자동차보다 안전하지만 비행기 사고는 대부분 크게 보도되고 자동차 사고는 흔히 있는 일로 치부되기 때문에 많은 사람들이 비행기를 타는 것이 자동차를 타는 것보다 위험하다고 생각한다. 광고의 효과도 이와 마찬가지다. 평소 고객들에게 서비스가 좋은 은행이라는 인상을 심어주면 우연히 작은 사고가 나도 대부분 그 점은 잊어버리고 여전히 서비스가 우수한 은행으로 기억한다.

그러므로 사업을 크게 키우려면 광고에 더 많이 투자해야 한다. 광고를 통해 더 많은 사람들에게 자신을 알리고 새로운 사업의 출발점을 만들 수 있을 뿐만 아니라, 더 많은 단골 고객들을 확보할 수 있다.

수익 없는 사업도 할 수 있다 - 선점 전략

예로부터 지금까지 사람들이 사업을 하는 목적은 돈을 벌기 위해서다. 하지만 현대에 이르러 수익이 전혀 없는 사업이 등장하기 시작했고, 오히려 이런 사업이 더 큰 호황을 누렸다. 이런 현상을 가장 잘 보여주는 분야가 바로 인터넷이다. 만약 겐로쿠가 이 모델을 시험해 보고 싶다면 위에서 설명한 전략들은 모두 잊고 손해도 감수할 각오로 시작하는 것이 좋다.

웹사이트가 수익이 나지 않는다고 해서 겐로쿠가 잘못 투자한 것은 결코 아니다. 실제로 많은 사람들이 미래의 큰 수익을 기대하며 이렇게 아무 수익도 없는 사업에 투자했다. 인터넷을 미개척지이자 좋은 투자 기회로 생각했기 때문이다. 물론 대부분의 사람들은 인터넷에서 아직 확실한 수익 모델을 찾지 못했지만, 인터넷이 지금까지의 비즈니스 모델을 바꾸어 놓았으며 미래의 핵심 산업이라는 점에는 이견이 없다. 그래서 앞으로 수익성이 개선되고 그로 인해 큰돈을 벌 것을 기대하며 인터넷 시장을 선점하려고 하는 것이다.

이런 기업들은 과거의 석유 탐사 기업과 비슷하다. 지역을 먼저 선점한 다음 어떻게 수익을 낼까 고민하는 점이 그렇다. 수익을 내는 기업도 일반적으로 이러한 선행 주자들이다. 좋은 자리는 그들이 모두 선점하기 때문이다. 선행 기업이 차지한 곳이 많을수록 뒤따라오는 기업들의 공간은 작아지고 성공할 확률도 낮아진다. 반면, 선행 기업은 자기 위치에서 이윤을 내지 않아도 충분히 돈을 벌 수 있다. 선점한 위치를 성공에 대한 환상을 품은 후발 기업에 팔면 된다. 이처럼 좋은 자리를 차지하려는 사람들로 인해 인터넷 시장의 열기는 여전히 뜨겁다.

그런데 이런 현상이 역사상 처음 등장한 일은 아니다. 새로운 사건이 발생하면 곧장 현장으로 몰려드는 일은 예로부터 있었다. 그중 가장 유명한 사례는 19세기 중반 미국 서부에서 일어난 골드러시(Gold Rush)다. 당시 금을 캐려고 세계 각지에서 수많은 사람들이 미국 서부로 대거 몰려들었다. 하지만 캘리포니아에 매장된 황금은 모든 이를 부자로 만들 만큼 충분한 양이 아니어서 조금이라도 늦게 온 사람들은 거의 황금을 찾지 못했다. 결국 캘리포니아 사람이나 남보다 먼저 온 사람들만 큰돈을 벌었고 뒤따라온 사람들은 별 소득이 없었다.

그러나 뒤늦게 온 사람들 중에서 황금을 찾아 몰려드는 사람이 여전히 많은 것을 보고 이를 사업 기회로 삼은 사람들도 있다. 그들은 사금 채취 도구를 싸게 사서 새로 온 사람들에게 비싸게 되팔았다. 원래 아무런 이윤도 만들지 못하던 도구들이 새로운 수입원이 된 것이다. 이후 금을 찾지 못한 사람들은 모두 사금 채취 도구를 팔기 시작했고 더 이상 금이 나오지 않자 도구를 파는 사람도, 금을 찾아서 오는 사람도 점차 줄었다. 결국 최후에 도구를 산 사람들은 큰 낭패를 보았다. 하지만 그들도 걱정할 필요는 없었다. 앞서 금을 캔 사람들과 사금 채취 도구를 팔아 돈을 번 사람들이 그 돈을 기반으로 서부에 안착함으로써 서부 경제가 크게 일어났기 때문이다. 그들은 비록 금도 찾지 못하고 쓸데없이 비용을 날렸지만 대신 활황을 맞은 서부 경제 덕분에 좋은 일자리나 창업할 기회를 얻을 수 있었다.

인터넷 경제도 이와 같은 원리로 움직인다. 많은 인터넷 기업들이 처음에는 손해를 보았지만 과거 황금을 쫓던 사람들이 미국 서부에 큰 기대를 걸었던 것처럼 사람들은 인터넷 산업의 전망을 낙관했다. 그래서 수많은 자금과 인력이 인터넷 분야로 끊임없이 유입되었고, 선행 기업들은 열심히 경영해 사업을 일으키거나 후발 기업에 상품을 팔아 돈을 벌 수 있었다.

아마존닷컴(Amazon.com, Inc.)* 같은 웹사이트가 전자에 속한다.

* 세계 최대 인터넷 서점이자 종합 쇼핑몰.

그들은 좋은 자리를 점령하고 세심하게 운영해 마침내 적지 않은 '황금'을 캐냈다. 그러나 아마존처럼 스스로 성공한 경우보다 후발 기업에 상품을 팔아 돈을 번 기업이 더 많은 것은, 골드러시 중에 사금 채취 도구를 팔아 돈을 번 사람이 실제로 금을 캔 사람보다 많은 것과 일맥상통한다. 인터넷 붐 속에서 가장 돈을 번 상품은 바로 이 기업들 자신이었다. 그들은 좋은 자리를 선점하고서 수익도 얻기 전에 증시에 상장해 투자자들의 돈을 끌어들이거나 다른 인터넷 기업에 인수되어 돈을 벌었다. 이후 자신들의 사업체가 수익을 낼 수 있을지는 그들 관심 밖의 문제였다.

물론 골드러시와 마찬가지로 소수의 사람들만 수익을 얻고 대다수는 물건을 팔아 생계를 잇는 경제는 오랜 기간 유지되기 어렵다. 인터넷 사업 역시 한차례의 붐이 지나가자 그 기세가 점차 수그러들었다. 후발 기업들은 인터넷이 그리 수익성 있는 사업이 아니라는 것을 알고 인력과 자금 투자를 줄이기 시작했다. 골드러시 때처럼 가장 낭패를 본 측은 가장 나중에 인터넷 기업을 산 사람들과 주주들이다. 그들은 자신의 회사가 파산하거나 대폭 축소되는 것을 그저 바라볼 수밖에 없었다. 그러나 골드러시가 미국 서부의 발전을 이끌었던 것처럼 인터넷 붐도 경제 각 부분의 발전을 이끌었다. 물론 일부 주주들은 인터넷 사업으로 인해 손해를 봤지만, 인터넷 인프라가 확실히 구축되었고 이를 바탕으로 실물경제의 효율성이 크게 높아졌다. 장기적이고 거시적인 관점에서 보면, 모두가 이번 인터넷 붐의 수혜자인 셈이다. 그러나 이러한 효율성이 인터넷 산업의 성공을 보장해 주지는 않는다. 우선 수익성이 없는 사업은 본질적으로 경제의 룰에 어긋난 것이다. 사람들이 인터넷 산업을 쉽게 받아들인 이유는 장기적인 이윤이 단기적인 손실을 메울 것이라 기대하기 때문이다. 하지만 그들이 기대하는 장기적인 이윤은 확실하지 않은 예상일 뿐이다. 실제로 미래에 이런 장기적인 이윤이 실현되지 않을 가능성이 크고, 그때까지 사업을 운영하는 사람은 큰 손실을 볼 수 있다. 그리고 이 산업에 늦게 진입할수록 낭패를 볼 확률이 더욱 크다.

그러므로 일정기간 투자만 있고 수익이 없는 사업을 하고 싶다면 기회를 잘 살펴야 한다. 시작하려면 가능한 한 빨리 시작해서 좋은 자리를 선점하는 것이 좋다. 이렇게 하면 리스크를 줄이고 수익을 낼 가능성이 크기 때문이다. 그러나 이미 시기가 늦었다면 확실하게 돈을 벌 수 있는 사업에 집중하는 편이 더 안전하다.

모든 비즈니스의 룰을 뒤집다 - 인터넷 세계

인터넷 세계는 알 수 없는 리스크와 불확실성으로 가득하지만, 인터넷의 등장으로 수많은 비즈니스 모델이 근본적으로 바뀌었다.

예를 들면, 정보화 사회에서는 겐로쿠에게 한 가지 선택권이 더 주어진다. 그는 인기 있는 사업뿐 아니라 그다지 인기가 없는 사업도 선택할 수 있다. 과거에는 이런 선택은 생각할 수 없어 사람들은 모두 인기 있는 사업을 택했다. 일례로, 겐로쿠가 서점을 열었다고 생각해 보자. 그는 가능한 한 베스트셀러를 팔려고 할 것이다. 서점의 공간이 한정적이어서 대중적인 서적 대신 어려운 학술서를 진열해 놓는다면 며칠 지나지 않아 서점의 문을 닫아야 할지도 모른다.

그런데 겐로쿠가 인터넷 서점도 같이 운영한다면 상황은 달라진다. 인터넷 서점의 공간은 무한하기 때문에 책을 한 권 더 팔고 싶으면 페이지 하나만 추가하면 된다. 따라서 겐로쿠는 다양한 종류의 책을 판매할 수 있다. 어쨌든 한두 권만 팔아도 이익이기 때문이다. 비인기 서적 한두 권은 큰돈이 되지 않겠지만 그런 종류가 많아지면 총매출은 상당한 금액이 될 수 있다.

이렇게 인터넷의 특성을 이용해 비인기 상품을 서비스하는 현상을 크리스 앤더슨은 '롱테일 법칙(Long Tail theory)'*이라고 명명했다. 롱테일 법칙이란 인터넷 비즈니스는 공간의 한계 등 물질적인 제약이 없기 때문에 비인기 상품을 원하는 고객의 수요를 효과적으로 만족시킬 수 있으며, 또한 이 비인기 상품 판매량의 총합이 인기 상품의 판매량에 필적하기도 한다는 것을 말한다. 앤더슨은 아마존에서 인기 상품의 판매량이 총 판매량의 3분의 2를 차지하지만 다양한 비인기 상품의 판매량을 합하면 총 판매량의 3분의 1에 이르며, 판매 금액도 수십억 달러에 달한다고 분석했다. 그래서 비인기 상품을 같이 판매하거나 비인기 상품을 전문적으로 파는 것도 인터넷 비즈니스에서는 나쁘지 않은 선택이다.

그 밖에 인터넷 세계에서는 비인기 상품이 인기 상품으로 바뀌는

* 80%의 다수가 20%의 소수보다 뛰어난 가치를 창출한다는 이론

가능성도 존재한다. 글래드웰은 그의 저서 《티핑포인트(Tipping Point)》에서 허시파피(Hush Puppies)의 사례를 들었다. 허시파피는 1950년대에 만들어진 신발 브랜드로 80년대에 이미 인기가 시들해져 찾는 사람이 거의 없었다. 그런데 뜻밖에도 90년대에 다시 큰 인기를 얻고 엄청나게 팔려 나갔다.

글래드웰이 책을 쓸 당시는 인터넷이 막 시작되던 단계여서 《티핑포인트》에는 인터넷의 힘에 대한 언급이 별로 없다. 하지만 인터넷 이야말로 '티핑포인트(전환점)'를 만들기에 적합한 매개체이다. 현실 생활에서는 허시파피 같은 불가사의한 사례가 나타나기 힘들지만, 인터넷 세계에서는 매일 일어나는 일상적인 일이다. 또 인터넷에서는 우연히 큰 인기를 얻을 수도 있고, 거의 모든 것이 가능하다. "엄마가 밥 먹으러 오래(你媽媽喊你回家吃飯)"* 같은 말이 모르는 사람이 없을 정도로 유행하는 것도 바로 인터넷의 힘이다.

이런 인터넷의 신기한 힘이 많은 대기업들을 인터넷으로 끌어들이고 있다. 대기업들은 원래 많은 비용을 들이는 전통적인 홍보 방식을 선호했는데, 적은 비용으로 큰 효과를 보는 인터넷의 믿기 어려운 힘을 목격하고 나서 다양한 인터넷 홍보를 개발하기 시작했다.

일례로, 뛰어난 홍보로 유명한 게임 회사 EA(Electronic Arts Inc.)는 최근 인터넷의 '바이러스 마케팅'으로 큰 성공을 거두었다.

* 중국에서 유행하는 인터넷 유행어. 게임에 중독된 아들이 방에서 나오지 않자 엄마는 아들이 집에 없는 줄 알고 밥 먹으러 오라고 사방에 외친다는 내용이다. 이는 단순한 인터넷 유머가 아니라 게임에 중독될 수밖에 없는 청소년의 현실과 자녀와의 소통이 부족한 부모의 모습을 풍자한 날카로운 사회 비판이라는 평도 있다.

사건의 발단은 EA가 만든 타이거 우즈(Tiger Woods) 골프 게임에 있던 작은 오류였다. 게임에서 타이거 우즈 캐릭터는 수면에 떠서 공을 쳤던 것이다. 이를 본 미국의 어린이 두 명이 게임 장면을 녹화해서 인터넷에 올리고 EA의 기술력을 조롱했다.

이 동영상을 본 EA는 짧은 동영상을 찍어 인터넷에 올렸다. 타이거 우즈를 직접 초대해서 특수 효과를 이용해 정말로 물 위에서 공을 치는 장면을 찍은 것이다. 동영상 끝에는 이런 멘트가 나온다. "이는 기술적 문제가 아닙니다. 타이거 우즈가 그만큼 잘 치는 것입니다." 이 동영상은 이후 인터넷에서 급속하게 퍼져 그해에 가장 인기 있는 동영상 중 하나가 되었다. 사람들이 앞다투어 동영상을 보자 EA는 공짜로 엄청난 홍보 효과를 거두었다.

이런 독창적인 광고가 예상치 못한 효과를 얻자 지금은 나이키 같은 대기업도 인터넷 홍보 대열에 동참하고 있다. 또 인터넷에서는 누구나 성공할 수 있기 때문에 중소기업들도 두 주먹을 불끈 쥐고 자사 제품이 다음 성공의 주인공이 되기를 기대한다.

하지만 인터넷이 모든 문제를 해결해 주는 만병통치약은 아니다. 롱테일 법칙이나 티핑포인트가 인터넷에서의 성공을 전적으로 보장해 줄 수는 없다. 서점을 경영하면서 인터넷 서점을 같이 운영하고 롱테일 법칙을 잘 활용하면 인터넷 서점이 없는 오프라인 서점보다 판매량이 좋아야 한다.

그러나 거시적으로 보면, 겐로쿠의 서점도 롱테일(소수)이어서 대부분의 시장은 당당(當當)*이나 아마존, 타오바오(淘寶)**가 가져간다. 겐로쿠가 다른 소형 인터넷 서점들과 제휴한다면 대기업의 일부나마 따라갈 수 있겠지만, 그렇게 되면 겐로쿠가 차지하는 몫이 더욱 적어진다. 따라서 롱테일 이론을 이용할 것인지 오히려 이용당할 것인지는 겐로쿠가 풀어야 하는 어려운 문제다.

그리고 티핑포인트를 활용한다고 해서 겐로쿠의 서점이 단번에 성공할 수 있는 것도 아니다. 인터넷상의 유행은 너무나 많은 불확실성과 임의성이 존재하므로 EA나 나이키가 만든 대규모 선전도 반드시 성공하는 것은 아니다. 게다가 진정으로 유행을 이끄는 기업은 소수에 불과하고, 수많은 인터넷 시대 이전에 별 볼 일 없던 기업들은 인터넷 시대에도 여전히 별 볼 일 없다.

또한 인기가 올라가는 것이 반드시 좋은 일만은 아니다. "좋은 일은 문을 넘지 못하고 나쁜 일은 천 리 밖으로 전해진다"라는 속담처럼 인터넷을 뒤덮는 것은 대부분 안 좋은 뉴스들이다. 인터넷에 퍼지면 통제 가능한 사고도 수습할 수 없게 되고, 작은 일도 엄청난 속도로 부풀려진다.

인터넷은 비즈니스의 형태를 바꾸고, 세계를 더욱 다채롭게 만들었으며, 인류에게 더 많은 기회를 제공했다. 하지만 다른 사업과 마찬가지로 그 안에서는 여전히 경쟁과 불확실성이 가득하다. 그러므로 겐로쿠에게 인터넷은 효과적인 도구가 될 수 있으나 한편으로 성공을 전적으로 보장하는 것은 아니다.

* 중국 최대의 인터넷 서점.
** 중국 최대의 인터넷 쇼핑몰.

제3장

경제 사회의 논리

———————

대중을 위해 무엇을 공헌할 수 있을까 – 기업의 사회적 의의

지금까지 여러 가지 경영 전략에 대해 살펴보았다. 기업을 경영하다 보면 다양한 사람들과 관계를 맺고 서로 영향을 주고받게 된다. 그렇다면 기업의 존재 의의는 과연 무엇일까? 얼핏 생각해 보면 답은 매우 간단하다. 사업을 하는 목적은 돈을 벌어 자신과 가족을 먹여 살리기 위해서다. 만약 주주가 있다면 주주에게 높은 수익을 안겨주는 것이 가장 큰 목적이다. 실제로 많은 기업들이 세금만 내면 자신의 사회적 책임은 끝난 것이고 이익 극대화에 매진하기만 하면 된다고 생각한다. 원칙적으로는 이 역시 기업이 존재하는 이유라고 할 수 있다. 그러나 무턱대고 이익만 좇다 보면 타인의 이익을 침해할 수 있고, 이것이 계속되면 기업의 사회적 명성은 바닥으로 떨어지고 만다. 그래서 장기적으로 보면 극단적인 이익의 추구는 기업에 불리한 결과를 가져다준다.

미국의 과학자들이 '편견'에 관해 한 가지 실험을 했다. 그들은 먼저 실험 참가자들을 두 그룹으로 나누고 그중 한 그룹에게 다음의 이야기를 들려주었다. "한 회사의 엔지니어가 신기술 개발에 성공해 사장에게 보고했다. '사장님. 이 신기술은 비용도 얼마 들지 않고 큰 수익을 낼 수 있습니다. 그런데 이 기술을 적용하면 심각한 환경오염을 일으키게 됩니다. 이 기술을 적용할지 아닌지는 사장님께서 결정해주십시오.' 사장은 그 자리에서 즉시 대답했다. '그럼 빨리 적용하게. 돈을 번다는데 마다할 이유가 있나?'" 이야기를 마치고 과학자들이 참가자들에게 물었다. "사장이 의도적으로 환경을 오염시켰다고 생각하십니까?" 참가자의 대다수가 "그렇다"고 대답했다. 사장이 자신의 이익을 위해 일부러 환경을 오염시켰다고 생각한 것이다.

이후 과학자들은 두 번째 그룹에게 내용을 약간 바꾼 이야기를 들려주었다. "한 회사의 엔지니어가 신기술 개발에 성공해 사장에게 보고했다. '사장님, 이 신기술은 큰 수익을 낼 수 있을 뿐만 아니라 환경도 개선하고 이산화탄소까지 줄일 수 있습니다. 어떻게 하시겠습니까?' 사장은 똑같이 대답했다. '그럼 빨리 적용하게. 돈을 번다는데 마다할 이유가 있나?'" 이야기를 마친 후 과학자들은 참가자들에게 물었다. "사장이 의도적으로 환경을 개선했다고 생각하십니까?" 이에 대해 참가자의 대다수가 "아니오"라고 대답했다. 사장은 돈에만 관심이 있고 환경 개선에는 관심이 없었지만 그저 운이 좋았을 뿐이라는 것이 그들의 생각이었다.

사장의 똑같은 결정에도 두 그룹의 참가자들이 서로 상반된 반응을 보인 이유는 '사업가는 돈만 밝힌다'라는 선입견이 작용했기 때문이라고 과학자들은 분석했다. 즉, 참가자들은 전체적인 상황을 고려하지 않고 자신의 선입견에 비추어 내용을 이해하고 판단한 것이다.

사람들이 이런 선입견을 가지면 어떤 문제도 계속 나쁘게 생각하게 된다. 몇 년 전 나이키가 아시아 각지의 공장에서 직원들을 혹사하고 심지어 어린아이의 노동력까지 착취한다는 사실이 폭로되었다. 만약 평소에 대중이 나이키를 신뢰했다면 이 사태는 결코 나이키의 책임이 아니며 곧바로 후속 조치를 취하면 괜찮을 거라고 무마되었을 것이다. 그런데 문제는 사람들이 나이키 측이 그 사실을 몰랐을 리 없다고 믿었다는 점이다. 사람들은 나이키가 이윤만 추구하고, 돈을 벌기 위해서라면 그보다 심한 일도 할 것이라고 지레 생각했다. 그래서 아시아 공장 문제가 불거지자 세계 각국의 소비자들은 나이키의 행동을 비난하고 나이키 제품 불매 운동을 벌였다. 공공의 이익을 무시하고 이윤만 도모한다고 비난받던 나이키는 결국 자사 브랜드 이미지에 큰 타격을 입었고, 회사 매출도 크게 감소했다.

그러나 나이키의 사태를 보고도 많은 기업들은 여전히 수익만 생각할 뿐 공공의 이익은 고려하지 않는다. 그들은 공공의 이익은 단지 다른 사람이나 정부가 해결할 문제라고 생각한다. 이처럼 자신의 이익과 상관없는 일에 관심을 갖지 않는 것을 심리학에서는 '책임감 분산(Diffusion of Responsibility)'이라고 부른다. 개인이 혼자 문제를 처리할 때는 책임감을 확실히 느끼지만, 사람이 많아지면 책임감이 분산되어 개인은 별 책임감을 느끼지 못하고 결국 '집단적 무관심'으로 이어진다. 먼 타국의 근로자에게 무관심한 것은 그나마 이해가 되지만 자국의 노동자에게 관심을 기울이지 않는다면 이는 큰 문제가 될 수 있다. 노동자들도 '프로슈머(뒤에 자세히 설명함)'이기 때문에 그들이 소비력이 없다면 경제가 발전할 원동력을 잃게 된다. 그런데 많은 기업들이 한 푼이라도 더 벌기 위해 노동자를 쥐어짜는 일도 서슴지 않는다.

기업이 직원들에게 높은 임금을 주지 않는 이유는 그들이 눈앞의 이익만 생각하기 때문이다. 다음과 같은 경우를 생각해 보자. 일반적으로 사람들에게 돈이 많을수록 사회에 긍정적인 영향을 미친다. 부유한 사회일수록 소비가 활발해져 경제도 활성화되어 빠른 성장이 이루어지기 때문이다. 반면, 사람들에게 돈이 없으면 수요도, 소비도 부족해 경제 성장을 기대하기 어렵다. 따라서 경제가 성장하려면 사람들에게 돈이 있어야 하고, 이를 위해서는 기업에서 많은 임금을 지급해야 한다. 그러나 직원들에게 높은 임금을 지급하면 경영자와 소유주가 가져가는 몫이 줄어든다. 이때, 다른 기업들은 모두 높은 임금을 주는데 자신은 낮은 임금을 유지할 수 있다면 어떨까? 경영층과 소유주는 자신의 이익을 희생하지 않고도 사회가 부유해지면서 생기는 경제적 이득을 모두 챙길 수 있다. 하지만 다른 기업들도 모두 이와 같은 생각이라면, 기업들은 서로 눈치만 보면서 임금을 올리지 않을 것이고 결국 사회 전체가 가난해지게 된다. 그러므로 기업이 계속 발전하려면 사회 전체를 생각함은 물론 자신의 직원도 함께 책임져야 한다.

버핏은 자신의 성공 비결을 이렇게 밝혔다. "내가 이토록 성공한 것은 항상 운이 따랐기 때문이며, 그중 가장 큰 행운은 미국과 같은 건전한 사회에서 태어난 것이다." 미국과 같은 건전한 환경이 정착된 곳에서는 기업이 자신의 직원들은 물론 사회 전체에 대한 책임의식을 갖고 있어 사회가 크게 발전하고, 개인은 풍요로운 생활을 누리며, 기업의 이익은 증가함으로써 사회, 개인, 기업 모두 이익을 누리게 된다. 반면, 환경이 건전하지 않은 사회에서는 기업은 자신의 사익을 위해 사회와 직원들의 이익을 침해한다. 이로써 기업은 잠시의 이익은 얻겠지만, 결국 사회가 발전하지 못하는 결과를 초래해 더 이상 이익을 얻지 못할 것이다. 이처럼 남에게 손해를 입히고 자신의 이익만 챙기는 행위는 사회나 기업 발전에 악영향을 끼친다. 만약 겐로쿠가 100년을 잇는 기업을 만들고 싶다면 자신의 이익을 추구하는 동시에 어떻게 사회에 공헌할 수 있을지를 진지하게 고민해 보아야 한다.

부유한 일부가 전체를 이끈다 – 선도 효과(First Mover Effect)

겐로쿠가 사업을 통해 먼저 부유해지는 것도 좋은 전략 중 하나다. 사실 일부 사람들이 먼저 부를 쌓게 하자는 선부론(先富論)*은 줄곧 사람들의 관심을 끌었다. 일부를 부자로 만드는 것이 전체를 모두 부자로 만드는 것보다 훨씬 쉽고 가능성도 높기 때문이다.

겐로쿠가 사업으로 먼저 돈을 벌

* 덩샤오핑(鄧小平)이 주창한 성장 위주의 전략.

었다면, 포드사처럼 직원들에게 높은 임금을 제공해 자사 제품의 소비를 장려하고 직원들의 업무 적극성을 이끌어 내는 것이 좋다. 이 밖에도 다른 방법으로 경제를 촉진할 수 있다. 대저택이나 고급 승용차 구매 등의 소비를 통해 이와 관련된 산업을 활성화하는 것이다. 겐로쿠의 소비 덕분에 돈을 번 사람들이 다시 그의 제품을 구입하고 이런 소비가 계속 반복된다면 상호 간의 구매를 통해 경제를 발전시키는 '선순환'을 형성할 수 있다. 물론 이러한 선순환은 앞서 부를 이룬 사람들에 의해 시작되는 것이다.

한편, 겐로쿠 회사 직원들의 임금이 높아지면 경제 전반에 걸쳐 선순환이 일어난다. 비록 겐로쿠처럼 호화 주택이나 스포츠카를 사지는 못해도 수입이 늘면 소비도 증가할 것이다. 또한 그들의 수요를 충족시킬 제품과 서비스를 제공하는 사람들도 생겨난다. 이것이 대도시에 사는 사람이 지방 소도시에 사는 사람보다 수입이 많은 이유다. 사람들의 수입이 전반적으로 증가하면 사회 전체의 부도 함께 증가하게 된다. 경제학에서는 이런 현상을 '선도 효과(First Mover Effect)'라고 부른다. 또 선도그룹이 소비와 일자리 제공을 통해 빈곤층의 성장을 이끌게 되는데, 이를 가리켜 '적하 효과(滴下效果, Trickle-down Effect)'라고 부른다. 즉, 선도그룹의 돈이 다른 계층으로 흘러들어 가는 것이다.

한 국가나 지역의 경제는 주로 기술 혁신이나 자본 투자 등의 요인으로 생산성이 향상되면서 발전한다. 그리고 현지 임금도 이에 따라 동반 상승하게 된다. 그러나 생산성 향상을 뒷받침해 줄 소비의 증가가 없다면 경제 발전을 지속할 수 없다. 만약 공장에서 생산하는 제품은 계속 늘어나지만 이를 구입할 소비자가 없다면 기업가는 제품을 만들수록 손해를 보게 된다.

그래서 선부를 이룬 사람이 다른 사람들을 이끌어주는 것은 서로에게 많은 도움이 된다. 그들 이외에 다른 사람들이 모두 가난하다면 선도그룹은 자금이 있어도 창업이나 투자를 할 수 없다. 제품이나 서비스를 제공한다고 해도 이를 이용할 사람이 없기 때문이다. 그러므로 자신의 소비를 통해서 주변 사람들을 이끄는 것이 주변 사람들뿐만 아니라 그들 자신에게도 큰 도움이 된다. 주위 경제가 발전하면 선도그룹 역시 돈을 벌 기회가 많아지기 때문이다.

이 밖에 다른 사람들이 부유해지도록 도와주는 것은 선부를 이룬 사람의 의무이기도 하다. 겐로쿠와 그의 직원들을 먼저 부유하게 하는 것이 '선부론' 정책의 유일한 목적은 아니다. 이 정책의 진정한 목적은 선도그룹이 경제 발전에 양호한 환경을 조성하도록 해 다른 사람들도 부자가 되도록 이끄는 것이다. 그러므로 선부를 이룬 겐로쿠가 국가의 자산을 모두 가질 정도로 부를 독점해서는 안 된다.

존 로크(John Locke)* 등의 정치학자들이 정부가 반드시 사유 재산을 보호해야 한다고 강조한 이유는 사유 재산이 보장되어야만 겐로쿠가 창업이나 투자를 하고 그의 직원들도 열심히 일할 동기가 생기기 때문이다. 법적으로 보장되지 않아 걸핏하면 노동의 성과를 다른 사람에게 빼앗긴다면 겐로쿠는 사

* 영국의 철학자, 정치사상가로 계몽주의와 경험론 철학에 큰 영향을 미침.

업을 추진할 의지를 잃게 된다. 힘들게 창업해봐야 결국 아무런 성과가 없으니 차라리 돈을 모두 소비하는 편이 수지가 맞을 것이다.

이런 이유로 경제가 성장하고 있는 나라들은 대부분 투자자와 노동자의 사유 재산 보호를 강력히 천명한다. 사유 재산의 보호를 통해 국민의 적극성을 이끌고, 이로써 경제를 발전시키며 삶의 질도 향상시키려는 의도가 깔려 있다. 하지만 때로는 사유 재산의 보호가 지나친 탓에 국민 생활수준 향상이라는 본래의 목표가 희석되고 그것이 오직 일부 부자들의 재산 축적에 악용되기도 한다. 이렇게 되면 정부의 사유 재산 보호는 오히려 국민 생활의 질적인 향상을 방해하는 걸림돌이 된다.

시작 부분에서 자본의 중요성을 이야기하면서 자금을 잘 활용하면 훨씬 큰돈을 벌 수 있다는 사실을 언급했다. 그러나 돈을 많이 번다고 해서 사회에 대한 공헌도가 반드시 높아지는 것은 아니다. 즉, 겐로쿠가 부유해진다고 해서 다른 사람이 항상 이익을 보는 것은 아니라는 이야기다. 이때에는 정부가 나서서 겐로쿠가 충분한 소비를 하도록 유도하거나 조세 등의 방법으로 그의 돈을 가져와 대중의 생활을 개선하는 데 사용해야 한다.

또한 일부 사람들에게 먼저 부를 쌓게 한다고 해서 다른 사람들의 부도 모두 보장되는 것은 아니라는 사실을 명심해야 한다. 글로벌화 초기에 모든 경제학자와 정치가들은 자유무역의 이점을 널리 선전했다. 당시에는 모두들 세계화로 인해 인류 전체가 번영을 누리게 될 것이라고 믿어 이를 반대하는 사람은 무지하거나 시대에 뒤떨어진 사람으로 취급받았다. 글로벌화가 전 세계에 부를 가져올 것이라고 믿었던 이유는 무역을 통해서 일부 사람들이 먼저 부를 쌓으면 다른 사람들은 뒤따라 그 혜택을 볼 것이라고 생각했기 때문이다. 그러나 20여 년 동안 글로벌화가 진행되면서 세상이 승자와 패자로 나뉘는 것을 사람들은 지켜봐야 했다. 승자는 아무도 그를 대신할 수 없지만 패자는 언제 어디서든 쉽게 대체될 수 있었다. 더욱이 패자는 승자로 인한 선도 효과나 적하 효과의 혜택을 받지 못했다.

이렇게 빈부 격차가 심해진 상황에서 우리가 어떻게 해야 선부가 일으킨 효과가 모든 사람에게 돌아가고 빈익빈 부익부가 되풀이되지 않을 수 있는 것일까?

상생을 통한 발전 모델 − 노사 관계

구조적인 빈부 격차를 해소하려면 우선 부자들에게 빈부 격차는 그들에게 결코 유리한 것이 아니라는 사실을 알려야 한다. 그 사실을 가장 분명하고 직접적으로 보여주는 사례가 바로 노사 관계의 역사적 변천 과정이다.

회사를 열심히 경영해 기반이 다져지면 이제 겐로쿠는 우수한 인재들을 선발해 조직을 확충할 필요가 있다. 이때 겐로쿠는 고민하기 시작한다. "직원들에게 임금은 얼마나 줘야 할까?" 투자자이자 경영자인 그로서는 직원에게 주는 임금이 적을수록 자신에게 돌아오는 이윤이 많다는 사실을 알고 있다. 하지만 실제로는 낮은 임금이 반드시 가장 효율적인 방법은 아니다.

초기 자본주의 사회에서는 노사 간의 갈등이 상당히 심각했다. 자본가들이 자신의 이익을 더 챙기려고 노동자들을 심하게 착취했기 때문이다. 산업혁명 시기 영국에서는 노동 조건이 너무나 열악해 어린아이조차 하루에 10시간이 넘게 일을 해야 했다.

그러나 이러한 상황은 오래가지 못했다. 착취와 억압이 심해지자 노동자들이 들고일어났기 때문이다. 계속되는 시위로 수많은 희생을 치르고 나서야 자본가들은 이제 일방적인 착취는 득보다 실이 많다는 사실을 깨달았다.

노동자 개개인의 힘은 미약해 자본가에게 별다른 위협이 되지 않았지만, 그들이 뭉치고 일어서자 거대한 세력을 형성했다. 노동자들은 자본가들의 착취에 맞서 집단파업으로 대항했고, 그 결과 공장이 멈추자 자본가들도 큰 손해를 보았다. 상황이 이렇게 되자 자본가들은 예전만큼 노동자를 착취하기는 어렵다는 것을 느끼고 노동자들에게 이익을 좀 더 나눠주기 시작했다. 이후에는 주식을 나눠주는 기업까지 생겨나면서 노동자들은 마침내 기업의 진정한 주인 역할을 하게 되었다.

그러나 한편으로 노동자의 힘이 너무 강한 것도 그다지 바람직하지 않다. 노동자의 임금이 너무 높으면 회사의 수익이 그만큼 떨어지게 마련이므로 이런 상황을 바라지 않는 투자자들은 자금을 회수해 이익률이 더 높은 회사에 투자할 것이다. 또한 높은 임금 때문에 회사에 운영자금이 부족해지면 투자나 M&A, 연구 등을 진행할 수 없어 회사의 발전에도 악영향을 미친다. 결과적으로 노동자의 고임금은 자본가나 노동자에게 모두 손해를 끼치게 된다. 즉, 자본가는 회사의 경영 악화로 자금을 회수할 수 없고 노동자도 경영이 악화되어 회사가 문을 닫으면 결국 직장을 잃게 된다. 미국의 3대 자동차기업 중 두 군데는 경영 악화로 문을 닫았다. 경영 악화의 주원인은 노동자들에게 너무 많은 복리 혜택을 주어 경영 상황이 좋아져도 이를 감당할 수 없었기 때문이다.

그러므로 가장 좋은 노사 관계 모델은 양자 간에 균형을 이루는 것이다. 노동자는 노동에 합당한 보수를 받고 자본가도 투자에 상응하는 이윤을 얻는 것이다. 이렇게 균형을 이룬 노사 관계를 형성하고 싶다면 미국 프로농구협회(NBA)의 노사 관계를 참고해 볼 만하다.

초창기 NBA의 선수들은 연봉이 매우 낮았고 복리 혜택도 전혀 없었다. 조지 마이칸(George Mikan) 같은 스타들은 온몸에 부상을 입고 은퇴했지만 아무런 퇴직 연금도 받지 못했다. 당시 농구 선수들은 오로지 농구에 대한 열정만으로 버텨 나갔다. 그러나 선수들은 곧 자신들이 구단의 막대한 수익원이라는 사실을 깨달았다. 비록 구단은 구단주가 자금을 대고 경영층이 운영하지만 관중은 농구 선수들, 특히 스타들을 보기 위해 농구장을 찾기 때문이다.

구단주의 횡포에 견디다 못한 NBA 스타들은 결국 올스타전을 거부하고 집단파업에 들어갔다. 이는 구단주들이 예상하지 못한 상황이었다. 경기 시즌은 다가오는데 선수들이 협력하지 않자 NBA 구단주들은 결국 타협하기로 결정을 내렸다. 그들은 이익 일부를 선수들에게 넘겨주는 것은 마치 살점을 떼어주는 듯한 고통이지만 경기가 열리지 않아서 돈을 못 버는 것보다는 훨씬 낫다고 생각했다. 이때부터 선수들의 이익은 보장되었고, 의료 보험과 퇴직 연금 같은 복지 제도도 신설되었다. 더불어 선수들의 연봉도 점차 높아지기 시작했다.

1980년대가 되자 상황이 변했다. 매직 존슨(Earvin Johnson), 래리 버드(Larry Bird), 마이클 조던(Michael Jordan) 같은 스타들이 등장해 NBA가 전 세계 농구팬들의 이목을 집중시킨 것이다. 더욱이 NBA 총재인 데이비드 스턴(David Stern)의 성공적인 경영까지 더해져 NBA의 수입이 크게 늘어나 매년 수억 달러에 달하는 이윤을 창출했다.

이런 빠른 성장은 조던 같은 스타의 영향이 절대적이었으므로 선수들은 자신들이 더 높은 연봉을 받아야 한다고 생각했다. 이에 따라 NBA 선수들의 연봉은 점차 상승하기 시작했고, 1990년대 말에 이르자 일반 선수의 연봉이 80년대 올스타인 케빈 맥헤일(Kevin Mchale)과 비슷한 수준이 되었다. 조던 같은 스타의 연봉은 수천만 달러에 달해 한 구단에 소속된 전체 선수들의 연봉을 합친 것보다 많을 정도였다. 구단주들에게 더욱 두려움을 안겨준 것은 연봉의 엄청난 상승 속도였는데, 케빈 가넷(Kevin Garnett)처럼 고등학교를 졸업한 지 얼마 안 된 신출내기도 계약금이 이미 수천만 달러에 달했기 때문이다.

연봉에 대한 부담이 점차 커지자 NBA의 눈부신 성장에도 불구하고 많은 구단주들은 계속해서 손실을 보았다. 1998년의 끝 무렵에 구단주들은 결국 폭발하고 말았다. 이번에는 구단주들이 파업에 나서 선수들에게 자신들의 요구를 들어줄 것을 요구했다. 구단주들은 선수들의 연봉 총액이 NBA 총 매출의 50%를 넘어서는 안 된다고 제시하고, 그래야만 NBA의 매출 상황에 따라 선수들의 연봉을 조정할 수 있어 구단이 심각한 손실을 입지 않을 수 있다고 주장했다.

구단주들의 파업 초기에 선수들은 크게 걱정하지 않았다. 자신들이 없으면 NBA가 운영될 수 없고 그렇게 되면 구단주들도 수십억 달러의 손실을 볼 것이기 때문이었다. 하지만 구단주들이 절대 물러서지 않자 상황은 급속도로 악화되었다. 선수들도 연봉을 받지 못해 지출을 감당하기가 점점 어려워져 곤란한 상황에 처했다. 결국, 선수들은 반년 만에 구단주들이 제시한 연봉 조정안을 받아들였다. 이렇게 NBA의 노사 관계는 처음에는 자본가가 노동자를 착취했다가 이후 노동자가 자본가를 위협하는 단계를 거쳐 마침내 공평한 분배와 리스크 공동 부담의 단계로 접어들었다.

미국 NBA의 예를 통해 노사 관계의 3단계를 살펴보았다. 여기에서 알 수 있듯이, 공평한 분배 모델만이 기업의 지속적인 발전을 보장한다. 그리고 이것이야말로 겐로쿠가 모델로 삼아야 하는 바람직한 성장 모델이다.

생산자 겸 소비자 - 프로슈머

겐로쿠가 직원들에게 합당한 임금을 준다면 일거양득의 효과를 거둘 수 있다. 수익을 공평하게 분배받은 직원들은 회사에서 인정받았다고 생각해 업무에 더욱 매진할 것이다. 높은 임금이 가져다주는 효과는 여기에서 그치지 않는다. 직원들에게 더 많은 소비를 유도하여 회사의 이윤을 높일 수 있다. 직원들은 생산자일 뿐 아니라 동시에 소비자이기 때문이다.

헨리 포드(Henry Ford)*는 이러한 이치를 가장 먼저 깨달은 기업인일 것이다. 그는 모든 직원들에게 높은 임금을 지급했고, 심지어 당시 사회적으로 차별 대우를 받던 장애인 직원들도 일반 직원과 똑같이 대우해 주었다. 포드의 좌우명은 다음과 같았다. "포드에서 일하는 모든 직원은 포드에서 만든 자동차를 살 수 있어야 한다."

직원을 배려하는 그의 정책은 매우 감동적이지만, 내용을 자세히 살펴보면 이것은 직원뿐만 아니라 기업주인 포드 자신에게도 이익이 되는 정책이라는 사실을 알 수 있다. 높은 임금으로 자동차를 살 여유가 생긴 직원들은 좋은 대우를 해 주는 회사에 대한 보답으로 포드 자동차를 구입할 것이다. 그러면 회사의 수익은 더욱 높아지고 수익이 높아진 포드는 더 많은 보너스를 직원들에게 줄 것이다. 이렇게 되면 회사와 직원이 서로 성장하는 선순환이 형성된다. 포드의 정책은 생산자로서의 직원뿐 아니라 소비자로서의 직원도 모두 장려한다는 전제를 깔고 있다. 더욱이 포드 자신도 더 많은 수익을 거둘 수 있으니 회사와 직원 모두에게 이익이 되는 셈이다.

* 포드 자동차의 창시자로 대량 생산 시스템인 포드 시스템과 합리적인 경영 방식을 도입해 포드 자동차를 미국 최대의 자동차 기업으로 키움.

포드가 '프로슈머(Prosumer)'*의 특성을 잘 활용해 공동의 이익을 달성한 반면, 이를 악용해 자신의 사욕을 채우려던 기업도 있다. 몇 년 전 미국에서 한 대형 마트가 많은 소비자들로부터 비난을 샀다. 심지어 소도시들이 연합해 이 대형 마트의 현지 진출을 저지하기도 했다. 대형 마트는 상품의 종류가 많고 가격도 저렴해 소비자들에게 많은 이로움을 주는데 이곳에서는 왜 소비자들에게 외면을 당한 것일까? 또 도시에 대형 마트가 들어서면 현지 주민의 일자리가 늘어나게 되니 주민들은 생산자가 되어 돈을 버는 것이 아닌가? 게다가 이 기업은 다년간의 성공적인 경영을 통해 모범적인 미국 기업으로 불리고 있었다.

소도시들이 이 대형 마트를 거부한 이유는 대형 마트가 도시에 가져올 위험을 알았기 때문이다. 대형 마트는 모든 비용을 최대로 줄여 상품 가격을 낮추는데, 이 중에는 직원들의 임금도 포함되어 있다. 그래서 대형 마트의 직원은 최저 수준의 임금만 받을 뿐 복리 혜택도 받지 못한다. 즉, 대형 마트는 일자리를 제공하지만 그다지 좋은 일자리는 아니며 그저 실업보다 조금 나을 뿐이다.

또한 대형 마트의 싼 가격 때문에 현지의 소규모 상점들은 심한 가격 압박을 받게 된다. 대형 마트와 경쟁하려면 비용을 줄여야 하는데 그렇게 되면 상점 직원의 임금도 대형 마트 수준으로 떨어지게 된다. 그런데 소규모 상점이 비용을 줄인다고 해서 대형 마트와 경쟁할 수 있는 것도 아니다. 아무리

* 생산자를 뜻하는 Producer와 소비자를 뜻하는 Consumer가 합쳐진 말.

허리띠를 졸라매도 대형 마트의 거대한 규모에는 따라갈 수 없기 때문이다. 이런 상태가 계속되면 결국 대형 마트 외에 다른 상점은 모두 문을 닫아야 한다. 결론적으로 대형 마트는 취업의 기회를 제공하지만, 오히려 다른 일자리를 감소시킨다. 또한 소규모 상점들이 경쟁에서 살아남는다고 해도 상점 직원의 임금이 대형 마트 수준으로 낮아지게 된다.

반면, 직원들의 수입이 낮아지면 대형 마트는 두 가지 이득을 얻는다. 직원들의 임금이 낮아진 만큼 지출을 줄일 수 있고, 수입이 줄어든 직원들은 비싼 제품을 살 여력이 없어 대형 마트의 싼 물건만 찾게 된다는 점이다. 대형 마트의 전략은 회사의 수익을 높인다는 점에 있어서 헨리 포드의 전략과 같지만 최종 결과는 전혀 다르다. 포드의 고임금 전략은 서로 윈윈하는 전략으로 포드도 수익을 높이고 직원들도 부유해지지만, 대형 마트의 전략은 대형 마트에만 유리한 전략으로 직원들이 이익을 얻지 못할 뿐만 아니라 현지 주민의 이익까지 침해한다.

물론 이 대형 마트도 기업으로서 이윤을 창출해 주주에게 돌려줘야 하므로 이 같은 전략을 쓴다고 해서 무조건 비난할 수는 없다. 따라서 자신의 이익은 프로슈머 스스로가 지켜야 한다. 소도시들이 대형 마트의 진출을 막은 것도 이런 이유에서였다. 그러나 대부분 프로슈머는 자신의 이익이 무엇인지, 어떻게 해야 이를 보호할 수 있는지 잘 알지 못한다.

이 대형 마트가 처음 진출할 때도 마찬가지였다. 사실 도시들이 처음부터 대형 마트의 진출을 막은 것은 아니었다. 초창기에는 많은 도시들이 일자리 창출과 낮은 가격에 매료되어 앞다투어 그것을 유치하려 했다. 그런데 대형 마트가 들어서자 도시에 여러 가지 경제적 문제가 발생하기 시작했고, 그때서야 점차 많은 도시들이 대형 마트의 진출을 막고 나섰다. 만약 다른 도시의 경험이 없었다면 사람들은 자신의 이익이 무엇인지 알 수 없었을 것이다. 이는 대부분의 사람들이 처음에는 자신의 이익을 제대로 보지 못한다는 사실을 알려준다. 잠시의 이익에 취해 장기적인 손실을 인식하지 못하는 것이다.

사실 모든 사람들이 자신의 이익 관계를 전부 이해하는 것은 불가능하다. 모든 것이 복잡하게 얽혀 있는 글로벌 세계에서 어떤 선택이 자신의 장기적 이익에 도움을 줄지 어떻게 알 수 있겠는가?

포드는 비록 직원과 회사에 모두 이익이 되는 전략을 펼쳤으나 모든 회사가 항상 직원의 이익까지 고려하는 것은 아니다. 위에서 언급한 대형 마트는 직원의 이익을 착취해 세계적인 유통 회사로 성장했다. 그러므로 기업의 이익이 사회 전체의 이익과 충돌한다면 이를 기업 자체의 조정에만 맡겨서는 안 되며 또 다른 기구의 도움을 받게 해야 한다. 이 역할을 하는 기구가 바로 정부다.

같은 배를 탄 운명 – 기업과 직원

과거 미국에는 "GM에게 유익한 것은 미국에도 유익하다"라는 말이 있었다. 이것은 GM이 미국 최대의 기업이라는 것을 보여주기도 하지만, 기업의 효율이 높으면 사람들의 생활도 향상된다는 미국 정부의 신념을 나타낸 말이었다. 당시 상황도 이를 뒷받침했다. 비록 GM의 경영층과 투자자들이 적지 않은 수익을 가져갔지만, 회사 직원들 역시 높은 임금과 완벽한 복리후생을 누렸고, 심지어 아들이 아버지의 자리를 물려받을 수 있었다.

지금은 GM이 몰락해 이런 모습을 더는 볼 수 없지만, 그 이면에 깔린 기본 논리는 아직도 유효하다. 즉, 회사의 성과가 좋고 프로슈머인 직원의 이익이 높을수록 회사는 직원들의 끊임없는 소비를 바탕으로 계속 성장한다는 것이다. 따라서 투자자, 경영층, 소비자 중 어느 한 쪽이 손실을 보면 다른 부분도 연쇄적으로 피해를 보게 되어 전체 경제는 쇠퇴하고 만다.

이러한 경제 시스템에서는 개인의 결정이 전체 경제에 영향을 미친다. 사람들의 소비 관념이 어떻게 경제에 영향을 미치는지 이야기를 통해 살펴보자. 중국인 노부인과 미국인 노부인이 대화를 나누고 있었다. 중국인 노부인이 말했다. "나는 30년 동안 열심히 돈을 모아 늘그막에 큰 집을 한 채 장만했다오." 그러자 미국인 노부인은 "나는 큰 집을 대출로 사서 30년 동안 살았다오. 죽기 전에 대출은 모두 갚을 거 같아요."라고 말했다. 예전에 사람들은 미국인 노부인이 더 똑똑하다고 생각했다. 두 명 모두 좋은 집에 살지만 중국인 노부인은 상대적으로 손해를 본다고 생각했기 때문이다. 하지만 서브프라임 모기지 사태를 맞게 되자 사람들의 생각은 바뀌어 미국인 노부인이

어리석다고 생각했다. 만약 대출을 다 갚지 못하면 결국 집도 없고 빚만 남으니 오히려 중국인 노부인처럼 계속 현금을 보유하는 것이 현명한 방법이라는 생각이다. 그런데 이 문제를 구체적으로 살펴보면, 중국인 노부인의 행동이 맞을 때도 있고 반대로 미국인 노부인의 행동이 맞을 때도 있다.

경제학에는 '절약의 역설(Paradox of Thrift)'이라는 재미있는 현상이 있다. 우리는 보통 절약은 미덕이며 소비는 부도덕한 행위라고 배운다. 하지만 모든 사람이 소비하지 않고 절약한다면 큰 문제가 발생한다. 다음과 같은 경우를 생각해 보자. 겐로쿠가 100위안을 벌었는데 한 푼도 쓰지 않는다면 그의 소비를 기대하던 자동차 회사와 서비스 센터는 수익이 줄어든다. 그러면 그들도 겐로쿠의 상품을 구입할 여력이 없고, 그 결과 더 이상 수익이 늘지 않는 겐로쿠는 소비를 더욱 줄이게 된다. 결과적으로 소비가 계속 줄어드는 악순환이 형성된다. 이처럼 모든 사람들이 소비를 하지 않는다면 경제는 크게 쇠퇴해 세계는 원시 시대로 회귀할 것이다.

고대에 인류가 직면한 가장 큰 문제는 물자 부족, 즉 생산력의 부족이었다. 당시 사람들이 생산한 물품의 양은 겨우 목숨을 연명할 정도여서 한 번 기근이라도 들면 굶어 죽는 사람이 셀 수 없을 정도였다.

하지만 산업 혁명이 일어나자 생산력 문제는 해결되어 풍요로운 물질문명의 시대를 맞이하게 되었다. 비록 산업 혁명이 노동자 착취나 환경 파괴 같은 또 다른 문제를 일으켰지만, 산업 혁명으로 인해 물자 부족 문제만큼은 더 이상 나타나지 않았다. 오늘날 중산층이 중세의 귀족보다 다양하고 풍부한 물자를 사용하는 것도 그 덕분이다.

그래서 현대 사회는 물자 '부족'이 아니라 오히려 물자 '과잉'의 문제에 직면했다. 다시 말해, 수요가 생산을 따라가지 못하는 것이다. 이것이 바로 모든 사람이 절약을 하면 왜 치명적인지에 대한 이유다. 절약은 수요의 감소를 초래하고, 수요가 감소하면 생산력이 떨어진다. 이로써 경제가 쇠퇴하고, 임금은 낮아지고, 실업률이 증가한다.

이처럼 지나친 절약은 좋지 않으므로 정부는 일정 수준의 소비가 일어나도록 장려해야 한다. 이때 가장 필요한 것은 미국인 노부인처럼 돈을 빌려서 미리 소비하는 행위다. 하지만 소비가 너무 늘어나는 것도 좋지 않다. 소비가 과도해지면 물가가 급격히 상승해 돈을 빌려서 소비하고 싶어도 할 수 없게 된다. 수요가 감소하면 생산력이 과잉되어 결국 불경기가 나타나고, 이에 따라 사람들의 임금이 낮아지고 실업률이 증가한다.

하지만 재미있는 사실은 소비 과잉을 소비를 줄이는 방법으로 해결할 수 없다는 점이다. 애니메이션 〈사우스 파크(South Park)〉를 보면 이런 내용이 나온다. 미국 경제가 불황에 빠지자 마을 주민들은 생필품 이외에는 아무것도 사지 않기로 했다. 그 결과 마을은 원시 시대로 돌아갔고, 아이들은 다람쥐를 데리고 놀기 시작했다. 〈사우스 파크〉의 이야기처럼 한 나라의 경제 버블이 붕괴되었다고 해서 소비를 줄여서는 안 된다. 오히려 소비를 더욱 늘리는 것이 문제를 해결하는 방법이다. 그러나 국민은 소비할 자금이 없기 때문에 이때는 정부가 나서서 수요와 공급이 다시 균형을 이룰 수 있도록 수요를 증가시켜야 한다. 또 이러한 과잉 소비를 막기 위해 중국인 노부인처럼 돈을 미리 쓰지 않고 항상 보유하는 사람들도 반드시 필요하다.

물론 정부의 관여가 위기 상황에서 시장을 구제하는 데만 한정되어서는 안 된다. 만약 정부가 총수요와 총생산을 조절해 균형을 크게 벗어나지 않는 수준으로 유지할 수 있다면 가장 바람직하다. 이렇게 되면 경제도 쇠퇴하지 않고 끊임없이 발전할 수 있다. 그러나 정부도 미래를 예측할 수 없기 때문에 각 개인들이 소비와 저축에 대해 정확히 이해하는 것이 경제의 건강을 위해 매우 중요하다.

소비와 저축이 균형을 이루면 저축은 기업의 생산력을 높이는 데 투자되고, 소비는 총수요를 늘리는 역할을 한다. 이렇게 생산력과 총수요가 함께 증가하면 경제는 더욱 발전할 것이다. 기업과 노동자 중 누구 하나라도 손실을 보면 경제는 효율성이 극대화되지 못한다. 또한 정부가 조정의 역할을 하지 못하면 경제에 문제가 나타나고, 위기가 발생해도 이를 해결하지 못한다. 그러므로 가장 이상적인 구조는 기업, 노동자, 정부가 힘을 합쳐 경제를 발전시키는 것이다.

'보이지 않는 손'을 관할한다 - 정부의 역할

애덤 스미스가 '보이지 않는 손'을 제창한 이후, 많은 기업가들은 시장이 모든 문제를 해결해 줄 것이라 굳게 믿었다. 이후 이 이론은 더욱 널리 퍼져 일반 서민들에게도 보편화되었다. 오늘날 서방 국가에서는 "정부는 간섭하지 말고 오직 시장에 맡겨라"라는 자유방임주의가 주류 사상 중의 하나로 자리잡았다. 보수파 및 자유주의 인사들 중 많은 사람들이 정부가 경제 영역에서 물러난다면 세계는 더 나아질 것이라고 생각한다.

이 이론을 지지하는 사람들은 두 부류로 나뉜다. 한쪽은 자신의 이익에 부합하기만 하면 어떤 원칙도 상관없다고 생각하는 사람들이다. 현재 미국에서 인기를 끌고 있는 '티파티(Tea Party)'*가 이 부류에 속한다. 그들은 미국 정부가 세금 징수를 멈춰야 한다고 주장한다. 세금을 거둬 국민에게 복지를 제공하는 것은 시장 원칙에 위배된다는 것이다. 사람은 각자의 능력에 따라 살아야지 여기에 정부가 관여해서는 안 된다는 것이 그들의 생각이다. 그러나 재미있는 사실은 그들 자신도 정부가 제공하는 실업 보조금이나 의료 보험을 절대 포기하지 않는다는 점이다. 결국, 그들의 주장은 정부나 세금 징수에 대한 반대가 아니라 자신이 낸 세금을 다른 사람에게 쓰는 것이 기분 나쁘고 남이 낸 세금을 자신에게 쓰는 것은 좋다는 논리일 뿐이다.

* 2009년 오바마의 경제 회생안에 대한 반발로 출범한 보수주의 정치 단체. 친 공화당적인 성향이며 상당한 정치적 영향력을 행사한다. 이에 반대되는 친민주당 성향의 정치 단체로 무브온이 있음.

또 다른 분파는 정부의 시장 간섭을 철저히 반대하고 '보이지 않는 손'이 모든 문제를 해결할 것이라고 믿는 사람들이다. 설령 대공황 같은 재난이 닥쳐도 시장의 자율적인 조절 기능으로 원래대로 회복할 수 있으며, 정부가 경제에서 완전히 손을 떼도 아무런 문제가 없을 거라고 그들은 주장한다. 이들은 독자적인 사상 체계도 확립했는데, 신오스트리아학파*와 이후 신자유주의 경제를 주창한 시카고학파가 대표적이다.

이들의 학술적 논쟁은 단순한 학계의 지적 대립에서 벗어나 사람들의 실생활에도 큰 영향을 미쳤다. 예를 들면, 미국의 제7대 대통령 앤드류 잭슨(Andrew Jackson)은 평생 정부 권한의 축소에 힘을 쏟았다. 그 일환으로 그는 당시 중앙은행의 역할을 하던 '미국 제2은행(Second Bank of the United States)'을 해산시켰다. 신자유주의의 관점대로라면 정부의 간섭과 조정이 줄었으므로 경제는 더욱 좋아져야 한다. 그러나 1836년에 미국 제2은행이 문을 닫은 이후 미국은 거의 3~5년에 한 번씩 금융위기를 맞았고, 그중 위협적인 몇 차례는 미국을 장기 침체에 빠뜨렸다. 경기 침체 이외에도 미국의 실물 경제는 정부의 통제가 사라진 탓에 상당히 비정상적으로 발전해 트러스트(Trust)**처럼 기업가에게는 유리하나 사회 전체에는 해를 끼치는 기구들이 우후죽순처럼 생겨났다.

사회적 갈등이 갈수록 첨예해지자 시어도어 루스벨트(Theodore Roosevelt) 대통령은 정부의 권한을 확대하고 트러스트 같은 경제 문제를 직접 처리하기 시작했다. 그러나 뒤이어

* 빈학파라고도 한다. 제1차 세계 대전 후, 오스트리아학파에 속했던 젊은 경제학자 그룹이 새롭게 만든 근대 경제학의 한 학파를 말한다.

** 시장 독점을 위해 여러 기업이 하나로 결합하는 것으로, 독점의 가장 강력한 형태임.

찾아온 1907년의 경제 위기로 미국 경제는 크게 휘청거리고 말았다. 당시 막강한 세력을 떨쳤던 J. P. 모건이 아니었다면 금융위기의 결과가 어떻게 되었을지 상상조차 하기 어렵다. 매번 모건 같은 개인 은행가의 도움을 받을 수는 없었기에 미국은 1913년에 결국 새로운 중앙은행을 창설했다. 1913년 연방준비제도(Federal Reserve System)를 도입한 이후 미국 정부는 적극적으로 국내 경제를 통제해 국내의 혼란스러운 상황을 크게 안정시킬 수 있었다.

그러나 자유주의 사상의 반격도 만만치 않았다. 1929년 미국에서 대공황이 일어나자 당시 허버트 후버(Herbert Hoover) 대통령은 적극적인 시장 구제 대신 긴축 재정을 통한 재정 적자 해소 방침을 택했다. 당시 4분의 1이 넘는 사람들이 직장을 잃었지만, 그는 국민에게 참고 견디며 위기를 극복하자고 호소했다. 후버의 적절하지 않은 대응으로 미국 경제는 심각한 위기에 빠졌고, 몇 년이 지나도 경제 상황이 나아지지 않자 시민들은 결국 후버를 포기하고 프랭클린 루스벨트(Franklin Roosevelt)를 다음 대통령으로 선출했다.

비록 루스벨트의 뉴딜 정책이 미국 경제를 완벽하게 살리지는 못했지만 케인스학파의 처방은 자유주의보다 효과적이었고 적어도 상황을 악화시키지는 않았다. 또 루스벨트는 글라스-스티걸법(Glass-Steagall Act)을 통해 효과적으로 금융 기구를 통제함으로써 그들이 더 이상 미국 경제 전체를 위협할 수준의 힘을 가지지 못하게 했다. 실제로 그의 법안이 시행된 후 수십 년 동안 미국 경제는 대공황 같은 전반적 위기를 맞지 않았다.

이처럼 정부의 간섭이 지나치면 기업의 활력이 떨어져 효율을 높이거나 혁신을 일으킬 원동력을 잃게 되지만 정부의 간섭이 전혀 없어도 문제가 된다. '보이지 않는 손'은 만능이 아니다. 인간은 자신의 이익을 먼저 생각하기 때문에 시장을 완전한 자율에 맡길 수는 없다. 아무도 관할하지 않는 시장은 결국 차례로 붕괴될 수밖에 없다. 더욱이 금융업은 한 나라의 경제를 좌우할 만큼 중요한 산업이므로 금융업이 무너지면 사회 전체가 엄청난 타격을 입게 된다.

가장 좋은 선택은 정부가 적절한 수준으로 관여하는 것이다. 그렇게 되면 기업도 활기를 띠고 금융 시스템도 전반적인 위협에서 벗어날 수 있다. 그러나 과연 어느 정도가 적절한 수준인지는 쉽게 판단하기가 어렵다. 그래서 이것은 정부관여파와 자유주의파의 논쟁의 초점이 되었고, 쌍방은 아직도 정부의 관리·감독 수준을 놓고 첨예하게 맞서고 있다. 그러나 극단주의자를 제외하면 어느 누구도 정부가 시장 경제에서 완전히 손을 떼기를 바라지 않는다. 이런 까닭에 오늘날의 신자유주의도 완전한 자유를 주장하는 것이 아니라 정부의 시장 간섭이 필요하다는 사실을 인정한다. 단, 정부의 시장 간섭이 적으면 적을수록 좋다는 것이 그들의 생각이다.

기업가뿐만 아니라 일반 시민도 정부가 관리·감독을 할 때 안전감을 느낀다. 정부가 감독하면 더 이상 엔진이 없는 중고차를 살 일은 없기 때문이다. 정부의 감독이 없을 당시에는 자동차 판매원이 고객을 속이는 일이 비일비재했다. 차의 엔진이 달렸는지 살피는 것은 오로지 고객의 책임이었기 때문이다. 이런 상황이 계속되면 고객은 차를 살 엄두를 내지 못하고 그 결과 자동차 판매원도 차를 팔지 못해 결국 양측 모두 큰 손해를 보게 된다. 그러므로 정부가 관련 규정을 정비해야만 이 문제를 해결할 수 있다. 따라서 어느 정도 자유가 구속된다 하더라도 겐로쿠는 정부의 간섭에 협조하고 이를 혼쾌히 받아들여야 한다.

긍정적 효과와 부정적 효과 - 외부 효과

정부가 시장에 참여해야 하는 또 다른 이유는 바로 '외부 효과(Externality)' 때문이다. 옛날, 마을 앞의 초원은 마을의 공동 재산이어서 누구나 양을 방목할 수 있었다. 이때 한 양치기가 이익을 더 볼 생각으로 남들보다 많은 양을 방목했다. 그러자 다른 양치기들도 경쟁적으로 양을 늘리기 시작했다. 결국, 초원에는 풀 한 포기 남지 않았고 양치기들은 오히려 더 이상 양을 키울 수 없게 되었다.

경제학에서는 이런 현상을 '공유지의 비극(The Tragedy of the Commons)'이라고 부르는데, 이는 자유방임이 어떤 결과를 초래할 수 있는지 상징적으로 보여준다. '보이지 않는 손'에서는 사람들이 자신의 이익을 극대화하려고 노력하면 공공의 이익도 함께 극대화된다고 가정한다. 그러나 '공유지의 비극'에서는 개인의 이익과 공공의 이익은 상충할 수 있다는 사실을 보여줌으로써 이러한 가정을 정면으로 반박한다.

개인의 이익이 공공의 이익과 상충하는 것은 외부 효과가 존재하기 때문이다. 외부 효과란 경제 활동 중에 생산자나 소비자가 다른 사람에게 아무런 대가나 비용 없이 유리하거나 불리한 영향을 미치는 것을 말한다. 상대에게 불리한 영향을 미치는 '부정적 외부 효과'에는 흡연이 대표적이다. 담배 거래는 흡연자와 담배 회사 간의 거래로 국한되고 흡연도 개인적인 행동이지만, 흡연 때문에 많은 사람들이 건강을 잃고 병에 걸려 결국 사회가 이들의 의료비를 부담해야 한다. 지구 온난화가 심각해진 오늘날, 가장 위험한 부정적 외부 효과로는 환경오염을 들 수 있다. 공장은 비록 경제적 이익을 가져다주지만, 환경오염을 일으키는 주범이기도 하다. 이런 환경오염은 엄청난 파괴력을 지녀 이후 사람들의 건강을 해치고, 나아가 지구에 급격한 변화를 일으켜 인류의 멸망을 가져올 수 있다.

 그러므로 이런 부정적 외부 효과를 일으키는 행위를 지속해서는 안 되며, 사람들은 간접적 피해로부터 보호를 받아야 한다. 이때 정부가 최후의 방어선이 될 수 있다. 부정적 외부 효과가 너무 크다면 정부가 직접 나서서 이를 금지해야 한다. 일례로, 마약 흡입은 개인적인 행위이지만 마약 중독자는 사회에 큰 위협을 가할 수 있기에 세계 거의 모든 나라에서는 마약을 금지하고 있다.

 일부 부정적 외부 효과는 세금 징수를 통해서 해결할 수 있다. 정부가 담배 판매나 환경오염 기업에 거액의 징벌성 세금을 거두는 것은 그들의 부정적 외부 효과를 가격을 통해서 보여주기 위함이다. 예를 들면, 담배 한 개비의 가격은 1위안이지만 5위안의 건강 문제를 일으킨다면, 정부는 담배 한 개비마다 5위안의 세금을 부과해 사람들에게 담배의 위험성을 알리고 높은 가격을 통해서 사람들이 타인과 사회에 악영향을 미치는 행동을 최대한 하지 못하도록 저지하는 것이다.

물론 모든 외부 효과가 부정적인 것은 아니다. 애플이 거액을 들여 개발한 아이폰은 애플에 큰 수익을 안겨주었을 뿐 아니라 많은 회사에 이와 관련된 다양한 애플리케이션을 만들 수 있는 환경을 제공했다. 사회적인 관점에서 보면, 아이폰이 일으킨 창조성은 많은 사람에게 유익한 영향을 미친 '긍정적 외부 효과'라 할 수 있다. 대부분의 창조와 혁신이 이에 속한다. 예를 들면, J. R. R. 톨킨(John Ronald Reuel Tolkien)*이 쓴 《반지의 제왕》은 저자에게 큰 수익을 가져다주었을 뿐만 아니라 많은 사람들에게 감동을 선사해 이후 영화와 게임 등 다양한 상품으로 재창조되는 긍정적 외부 효과를 일으켰다.

이런 긍정적 외부 효과를 활성화하려면 이를 뒷받침하는 법률과 규정이 필요하다. "규칙이 없으면 아무것도 이룰 수 없다"라는 중국 격언처럼 이를 장려하는 법률적 보장이 없다면 사회 전체적으로 긍정적 외부 효과의 혜택을 받을 수 없다. 예를 들면, 지적재산권은 긍정적 외부 효과를 보호하는 가장 대표적인 법률이다. 만약 지적재산권이 보호되지 않는다면 사람들은 창조의 욕구를 잃게 된다. 혁신을 위해 많은 돈과 노력을 들여도 정작 이득을 보는 측은 자신이 아니라 빠른 속도로 모방하는 사람들

* 영국의 영문학자이자 소설가. 현대 판타지 소설을 개척한 작가로 꼽힘.

이기 때문이다.

애플이 대규모 자금을 들여 핸드폰을 개발한 이유는 이후 높은 가격으로 투자 비용을 회수할 것이라는 기대 때문이다. 그런데 만약 애플의 지적재산권을 보호해주지 않으면 시장에는 질 낮은 모조품이 넘쳐날 것이다. 모조품은 원가가 얼마 들지 않아 가격이 매우 쌀 것이고, 구매자들도 큰 문제만 없다면 가격이 훨씬 저렴한 모조품을 선택할 것이다. 그러면 결국 애플은 별다른 수익을 얻지 못하고 모조품 생산자와 사용자만 이익을 보게 된다.

장기적으로 보면, 이는 눈앞의 이익에 어두워 장래의 더 큰 이익을 해치는 격이다. 만약 신제품을 출시할 때마다 손해를 본다면, 애플은 더 이상 신제품을 개발하지 않을 것이다. 이렇게 되면 모조품 생산자도 망하고 소비자는 쓸 만한 첨단 제품을 구입할 수 없게 된다. 이러한 사회 전체의 손실 중에서 가장 큰 손실은 아이폰이 가져올 긍정적 외부 효과가 사라진다는 것이다. 즉, 아이폰 애플리케이션의 개발을 통해 차세대 스티브 잡스(Steve Jobs)가 나올 가능성도 사라져 버린다. 이렇듯 긍정적 외부 효과의 상실이 경제에 끼칠 악영향은 막대하다고 할 수 있다. 따라서 정부는 지적재산권에 관련된 법을 엄격히 제정해 사람들의 창조활동을 장려해야 한다.

결국, 부정적 외부 효과든 긍정적 외부 효과든 정부가 개입해야만 대중의 이익을 보호할 수 있다. 부정적 외부 효과는 법률로 이를 금지하거나 높은 비용을 부과해야 하며, 긍정적 외부 효과는 시스템을 구축해 사람들에게 이로움을 주는 활동을 장려해야 한다.

어떤 시장이 효율적인가 – 정부 관리하의 시장

정부가 경제에 참여하면 사람들의 권리를 보장해 줄 뿐 아니라 시장의 효율도 높일 수 있다. 초기에 '보이지 않는 손'을 지지했던 사람들은 아마도 이런 결과를 예상하지 못했을 것이다.

우선 '보이지 않는 손' 이론은 자유 경쟁의 결과로 종종 나타나는 '독점'을 예상하지 못했다. 19세기, 미국에는 철도 건설이 시작되면서 수많은 철강 회사가 등장해 철도 회사에 원자재를 공급했다. 초창기에는 여러 철강 회사가 자유롭게 경쟁하는 상황이었지만, 차츰 일부 대기업이 두각을 나타내기 시작했다. '철강왕' 앤드류 카네기(Andrew Carnegie)의 카네기 철강 회사는 세계 최대의 철강 기업이 되어 연 생산량이 영국 전체 철강 생산량을 뛰어넘기도 했다. 이렇게 되자 당시 철강 시장은 몇몇 대기업이 경쟁하는 과점 경쟁 체제로 바뀌었다.

이때 대은행가인 J. P. 모건은 기발한 생각을 떠올렸다. '철강 회사를 하나로 통합하면 시장을 독점하고 가격을 마음대로 정할 수 있지 않을까?' 그래서 그는 당시로서 전례가 없던 거액의 자금을 모집했고, 이 자금으로 철강 회사들을 하나로 통합해 초대형 철강 회사를 설립했다. 카네기도 5억 달러에 자신의 철강 회사를 넘기고 당시 세계 최고 부자 중의 한 명이 되었다. 훗날 카네기는 모건이 죽으면서 1억 달러의 자산을 남겼다는 소식을 듣고 탄식하며 말했다. "모건이 그토록 가난했던가!"

하지만 이처럼 '가난한' 모건은 세계 최초로 자산 규모가 10억 달러가 넘는 기업인 'US스틸'을 설립했고, 이를 기반으로 그의 세력은 독보적인 위치로 올라섰다. US스틸은 모건에게 큰 이익을 안겨주었지만 사회 전체에는 오히려 좋지 않은 영향을 끼쳤다. 철강업을 독점하자 혁신이나 효율에는 신경 쓰지 않고 독점적인 지위를 이용해 시장을 좌지우지하기 시작한 것이다. 또한 시장에서 그들과 대적할 만한 경쟁자가 사라지자 철강 가격도 크게 상승했다.

이런 상황은 US스틸 주주에게는 유리하나 사회 전체의 발전에는 결코 바람직하지 않았다. 따라서 미국 정부는 반트러스트법을 제정해 독점 기업을 강제 해산하거나 제재하기 시작했다. US스틸의 경우는 아무런 통제가 없는 자유 경쟁에서 사람들이 연합해 독점 기업을 만들 경우 사회와 소비자에게 얼마나 불리한 영향을 미치는지를 보여주는 좋은 사례다.

그러나 법규를 통해 자유 경쟁을 보장한다고 하더라도 '보이지 않는 손'이 반드시 효율적인 것은 아니다. 예를 들어 겐로쿠가 인터넷 회사를 설립해 지역 주민들에게 고속인터넷 서비스를 제공한다고 가정해 보자. 단, 이 지역은 완전 경쟁 상태로 정부가 전혀 관할하지 않는다. 이 경우, 겐로쿠는 인터넷 서비스를 위해 고속 인터넷망을 깔아야 하고, 그의 경쟁자도 고객을 확보하려면 동일한 인터넷망을 구축해야 한다.

이렇게 여러 회사에서 인터넷망을 깔면 이후 자원 낭비의 문제에 부닥친다. 열 곳의 회사에서 100M급 인터넷을 깔았다고 해도 사람들이 사용하는 인터넷망은 한정적이어서 나머지 회사의 설비는 유휴 시설이 되고 만다. 각 회사는 기간 설비를 확보하는 데 많은 자금을 들였지만 높은 가격을 받을 수도 없다. 가격이 비싸면 사람들은 바로 다른 회사로 옮겨 가입을 하기 때문이다. 따라서 인터넷 회사들은 제 살 깎기 경쟁을 할 수밖에 없고, 최후의 승리를 거둔다고 해도 시장에 새로 들어오는 경쟁자와 다시 경쟁을 해야 한다.

결국, 인터넷 회사에 자유 경쟁을 허락하면 모든 시장 참여자가 실패하는 결과를 낳게 된다. 인터넷망이 많아진다고 해서 인터넷 속도가 빨라지지는 않는다. 경쟁에 참여한 모든 회사는 많은 초기 자금을 들여 기초 설비를 확충했지만 이후 치열한 경쟁 탓에 투자 비용을 회수하지 못하고 결국 하나둘씩 문을 닫는다. 사회 전체적으로도 이는 명백한 손실이다. 출혈 경쟁에 사용된 자금을 더욱 효과적으로 사용할 수 있었기 때문이다. 예를 들면, 그 비용으로 1,000M급 인터넷망을 깔아 서비스하면 주민들은 더 빠른 인터넷을 이용할 수 있었을 것이다.

이런 상황에서는 정부가 나서서 시장을 관리하는 편이 더 효율적이다. 예를 들어 겐로쿠 회사를 유일한 인터넷 공급업자로 지정해 설비 투자를 허용하는 것이다. 동시에 겐로쿠의 독점적 지위 남용을 막기 위해 합리적인 가격을 설정함으로써 겐로쿠 회사에는 일정 부분의 수익을 보장하고 주민들도 적당한 가격에 인터넷 서비스를 이용하도록 한다.

이런 상황에서 '보이지 않는 손'의 기능은 정부가 시장을 관리할 때보다 효율성이 훨씬 떨어진다. 이는 미국 역사에서도 쉽게 찾아볼 수 있다. 미국에서 철도업은 초기에 정부의 관리가 없는 대신 이윤이 매우 높았다. 사람들은 철도업이 향후 크게 발전하리라고 생각해 너도나도 철도를 건설하기 시작했다. 이렇게 되자 초기 자본이 많이 들어가는 철도업에도 출혈 경쟁이 나타나기 시작했다. 한 회사가 괜찮은 지역에 철도를 건설하면 경쟁 회사도 몇백 미터 떨어진 곳에 또 철도를 건설하는 것이다. 이런 식의 출혈 경쟁은 전혀 바람직하지 않았다. 승객이 동시에 두 군데 철도를 이용하는 것도 아니고 치열한 경쟁 탓에 가격도 올릴 수 없었기 때문에 결국 두 회사 모두 망하고 말았다. 생산력을 창출해야 할 자금이 이렇게 낭비된 것이다.

철도업에 혼란스러운 국면이 나타나자 자유 경쟁을 굳게 믿고 '보이지 않는 손'을 숭배하던 미국 정부도 생각을 바꾸어 정부 관리하의 독점 기업을 허용했다. AT&T도 이렇게 해서 만들어졌다. 만약 철도의 교훈이 없었다면 미국에서는 지금까지도 수많은 전화 회사가 출혈 경쟁을 벌이고 있을 것이다. 이처럼 젠로쿠 회사 같은 개인 기업들은 사회에 이익을 가져다주는 역할을 하지만 한편으로 정부가 감독을 할 필요가 있다.

정부의 직접적인 운영이 필요한 분야 - 공공시설

지금까지 정부의 개입이 없다면 '보이지 않는 손'도 제대로 운영

될 수 없다는 것을 살펴보았다. 그러나 경제학에서는 여전히 '보이지 않는 손'을 신뢰하며 자유 시장 이론을 고수하는 사람들이 상당히 많다.

많은 국가들이 수도나 전기 같은 공공 분야까지 모두 민영화하는 것도 그러한 사실을 반영한다. 정부는 국민의 삶에 직접적인 영향을 미치는 이런 기업들을 어느 정도 관리할 필요가 있다. 예를 들면, 기업이 받는 비용을 제한해서 기업의 이윤이 일정 수준을 넘지 못하게 하는 식이다. 하지만 이렇게 관리한다고 해서 국민의 이익이 완전히 보장되는 것은 아니다.

전기 회사는 흔히 원가를 이유로 가격 인상을 요구한다. 예를 들면, 기존 설비의 노후화나 전기 공급량 부족을 해결하기 위해 최신 설비로 바꾸는 데 비용이 든다고 주장한다. 즉, 앞으로도 저렴한 가격에 안정적으로 전기를 공급하려면 지금의 가격 인상은 불가피하다는 것이다.

그러나 전기료 인상이 기업이나 개인에게 그리 유쾌한 소식은 아니다. 개인은 더 많은 비용을 부담해야 하므로 기분이 좋을 리 없고, 기업은 제품 단가에 전기료 인상분을 반영해야 하니 제품의 가격이 오르게 된다. 결국 손해를 보는 측은 여전히 소비자다. 심지어는 상품의 수출길이 막힐 수도 있다. 외국 고객들이 더 저렴한 대체품을 선택할 수도 있기 때문이다.

물론 전기 회사는 개인이나 기업의 불만에 이의를 제기할 수 있다. 전기 생산 원가가 오른 것이지 그들이 이익을 챙긴 게 아니라고 말할 것이다. 원가 상승률을 무시하고 낮은 가격으로 전기를 공급하는 것도 해결책이 되지 못한다. 기업으로서는 전기료가 기업의 발전을 좌우하는 결정적인 요소는 아니기 때문이다. 그러므로 기업은 전기료 인상을 받아들이고, 실제 상황에 근거해 이에 상응하는 대책을 수립하는 것이 더욱 현명하다. 개인도 마찬가지로 절전 제품을 사용하는 등의 실질적인 대책을 마련하는 편이 낫다.

이때 정부의 입장은 난처해진다. 전기는 공공재에 속하므로 전기료 인상을 결정하는 것은 결국 정부이기 때문이다. 그러나 정부가 실제로 전기 회사를 운영하는 것은 아니므로 설비 교체가 정말 필요한지, 정확한 원가가 얼마인지 알기 어렵다. 구체적인 원가와 인상 한도 등의 데이터는 모두 전기 회사에서 나오기 때문이다.

전기 회사의 말이 사실이라면 당연히 가격을 인상해야 한다. 설비를 바꾸지 않고 있다가 전력 공급이 부족해지면 국민의 생활과 기업의 발전에 큰 영향을 미치기 때문이다. 또한 실제 원가에 근거한 가격 인상은 반드시 필요하다. 제대로 가격에 반영되지 않으면 무분별한 전력 낭비로 좋지 않은 결과를 빚을 수 있기 때문이다.

문제는 전기 회사의 말이 사실인가 라는 점이다. 모든 것은 전기 회사가 운영하므로 그들이 자신의 권력을 남용하기는 어렵지 않다. 만약 새로운 설비의 수요나 생산 원가를 과장해서 계상한다면 전기 회사는 자신의 이윤을 늘릴 수 있다. 이렇게 높아진 비용을 부담하는 것은 전기료 인상으로 사업 손실을 보는 기업과 늘어난 생활비를 부담해야 하는 대중이다.

그런데 정부는 전기 회사의 말이 사실인지 확인할 수 없다. 이러한 문제가 발생한다면, 이것은 정부가 '보이지 않는 손'에 의존하다가 자초한 일이다. 현대 생활의 필수품인 전기는 수요가 굉장히 비탄력적이다. 가격이 오른다고 해서 사람들이 전기를 쓰지 않을 수는 없다. 게다가 전기 회사의 시스템은 경쟁에 적합하지 않다. 똑같은 전기 회사를 많이 만드는 것은 자원 낭비일 뿐 아니라 출혈 경쟁으로 모든 전기 회사가 문을 닫을 위험성도 크다. 따라서 가장 적합한 전기 회사의 형태는 정부가 관리하는 회사라 할 수 있으며, 원가로 전기를 공급하면 효율을 높이고 부담도 줄일 수 있다.

그러나 '보이지 않는 손'의 기능을 믿고 민간 기업이 운영하는 편이 정부가 운영하는 것보다 효율적이라고 여겨 전기 회사 운영을 전적으로 민간 기업에 넘기는 국가도 있다. 비록 정부가 감사권을 가지고 있지만 그것만으로는 민간 전기 회사의 권력 남용을 막기는 어렵다. 사실 민간 기업과 정부의 목표는 다르다. 정부는 대중의 권익 보호를 목표로 하지만 민간 기업은 자신의 이익 극대화를 우선으로 한다. 이러한 근본적인 이익의 충돌로 기업과 소비자는 전기 회사가 날조한 사실을 이유로 들어 가격을 올려 사욕을 채우지는 않을까 걱정한다.

이러한 걱정이 단순히 기우는 아니다. 미국은 오랫동안 장거리 전화 업무를 AT&T가 독점하게 하고 대신 이윤을 8%로 제한했다. 그러나 AT&T는 온갖 방법을 동원해서 원가를 과장하고 이를 근거로 더 높은 서비스 비용을 요구했다. 또 기자재를 납품하는 회사를 인수하고 기자재를 매우 높은 비용으로 구입하는 방식으로 소비자에게 비용을 전가했다. 이후 이런 수법이 공공연하게 드러날 정도였지만 AT&T의 복잡한 업무 때문에 정부는 회계장부에서 단서조차 찾지 못하고 AT&T의 행동을 두고 볼 수밖에 없었다.

그러므로 수도와 전기 같은 공공 분야가 민영화되면 이러한 위험을 확실히 경계해야 한다. 이 문제를 해결하는 가장 효과적인 방법은 정부가 이들을 직접 관할함으로써 공익과 기업 이익이 충돌하지 않도록 하는 것이다.

정부가 민간 기업에 비해 효율이 떨어지고 자원이 낭비되는 등의 문제는 시장을 통해 해결할 수 있다. 예를 들면, 정부가 수도와 전기를 민간 기업에 위탁하는 방식이다. 이로써 이 분야의 운영을 더 효율적으로 할 수 있다. 더불어 게임 이론을 이용해 경쟁 입찰 방식으로 민간 기업의 횡포를 막을 수 있다. 이는 모두 기술적인 문제일 뿐이다.

정부가 이런 공공 기업을 소유하고 운영하는 데 적합한 진정한 원인은 그 출발점이 이익 극대화가 아니라 국민의 행복 증진에 있기 때문이다.

⌐ 경제적 자유, 경제 효율, 균등 분배 – 경제의 최종 목표

서양 정부와 경제학자들은 외부 효과 등의 요인으로 정부의 시장 간섭이 필요하지만 그래도 정부의 간섭은 적을수록 좋다고 말한다. 물론 다양한 의견들이 존재하기는 하지만, '보이지 않는 손'이 자원을 효율적으로 배분하는 시스템이며, 계획 경제는 이론상으로는 효율적이나 실물 경제의 다양한 변화에 대응하기에는 무리라는 것이 다수의 의견이다. 그러나 일부 학자들은 정부의 개입이 항상 나쁜 것은 아니라고 주장한다.

일본 경제가 비약적으로 발전했을 때 많은 서구 경제학자들은 일본의 경제 모델이 미국의 모델을 앞선다고 평가했다. 정부 주도의 시장이 방향성이 더 정확하고 효율도 더 높으며, 자유경제로 인해 조성되는 수많은 불필요한 낭비를 줄여 준다고 여긴 것이다. 그러나 일본 경제가 붕괴하자 이들의 주장은 힘을 잃었고, 사람들은 다시 자유 경제를 신봉하기 시작했다. 그렇지만 많은 경제학자들은 여전히 정부가 기업을 보호할 필요는 없으나 중요한 순간에는 직접 나서서 경제를 조절해야 한다고 생각한다.

이들은 대부분 케인스학파의 신도들이다. 그들은 '보이지 않는 손'의 힘을 믿지만, 아무런 규율이 없는 시장 경제는 득보다 실이 많아 실패할 것이라고 생각한다. 그래서 누구보다도 강력한 정부의 개입을 주장한다. 케인스학파 중 유명한 경제학자로는 노벨 경제학상 수상자인 폴 크루그먼(Paul Krugman)* 등을 들 수 있다. 그들은 정부가 통화 공급량 확대 등의 방법으로 시장에

* 미국의 경제학자. 국제 무역, 국제 금융, 산업 정책 분야에서 뛰어난 업적을 쌓아왔으며 아시아 경제 위기를 예견하기도 했다. 2008년 국제 무역과 경제 지리학을 통합한 공로로 노벨 경제학상을 받음.

관여해야 하며, 시장에 문제가 생길 경우 시장의 자체 복구 능력에만 기대지 말고 재정 정책 등을 통해 적극적으로 시장 구제에 나서야 한다고 주장한다.

반면, 이들과 정반대 입장을 취하는 '오스트리아학파'도 있다. 루트비히 폰 미제스(Ludwig von Mises)*와 프리드리히 폰 하이에크(Friedrich von Hayek)**로 대표되는 오스트리아학파 학자들은 정부의 간섭은 모두 바람직하지 않고 오히려 정부의 간섭으로 '보이지 않는 손'이 자유자재로 운영되지 못한다고 주장했다. 만약 정부가 경제 영역에서 완전히 물러난다면 경제는 더욱 완벽해질 것이라는 것이 그들의 생각이다. 정부의 완전한 불간섭을 주창한 이들의 이론에 세계 각국의 자유주의자들은 두터운 신뢰를 보냈고, 최근 미국에서 인기가 높은 론 폴(Ron Paul)*** 하원의원도 적극적인 지지를 보냈다. 폴은 자신의 저서 《연준을 폐지하라(End the Fed)》에서 미국 정부는 연방준비제도를 폐지하고 모든 국민에게 화폐 주조권을 부여하라고 주장했다.

오스트리아학파보다는 보수적이지만 '시카고학파' 역시 정부의 최소 간섭을 주장했다. 밀턴 프리드먼(Milton Friedman)****으로 대표되는 시카고학파는 자유 경쟁의 시장 시스템의 중요성을 깊이 강조하고 국

> * 신오스트리아 학파의 선구자로 화폐수량설, 경기순환론, 화폐 이론과 일반 경제 이론의 통합 등에 크게 기여함.
>
> ** 미제스와 함께 오스트리아학파를 대표하는 학자로 화폐적 경기론과 중립적 화폐론을 주창했다. 1974년 화폐와 경제 변동에 대한 연구로 인정을 받아 노벨 경제학상을 받음.
>
> *** 텍사스 주 하원의원으로 자칭 자유주의 신봉자. 독특한 행보로 괴짜로 불림.
>
> **** 자유시장경제 원칙을 중시한 시카고학파의 거두. 자유방임주의와 시장 제도를 통한 자유로운 경제 활동을 주창함. 1976년 소비 이론과 통화 정책 연구로 노벨 경제학상을 받음.

가가 경제에 최소한으로 관여해야 한다고 주장했다. 이를 '신자유주의'라고도 부르는데, 이는 미국이 대내외적으로 신봉하는 이론이다. 신자유주의도 시장의 중요성을 강조하지만 오스트리아학파처럼 극단적이지는 않다. 그들은 '보이지 않는 손'이 완벽하지 않으므로 정부의 간섭이 필요하다는 것은 인정하지만, 정부의 간섭은 최소한이어야 한다고 생각한다.

경제학자마다 주장이 다른 것은 어떠한 경제 시스템도 경제적 자유, 경제 효율, 균등 분배의 세 가지 목표를 동시에 이루기는 어렵기 때문이다.

오스트리아학파와 시카고학파의 경제 이념은 경제적 자유를 더 중시하며, 경제적 자유가 경제 효율을 가져온다고 생각한다. 그러나 경제적 자유가 경제 효율을 가져온다는 사실은 아직까지 실제로 증명되지 않았다. 정부의 간섭이 적었던 19세기에 경제는 크게 발전했지만 재난도 굉장히 많이 발생해 보통 5년에 한 번씩 경제붕괴를 겪었다. 경제가 붕괴할 때마다 사람들은 큰 고통을 겪었고 자원 낭비 또한 극심했다. 자유 경제 시스템하에서의 철도 건설이 바로 이러한 예다.

또한 경제적 자유를 과도하게 중시하면 경제 시스템 내에서 균등한 분배가 이루어지기 어렵다. 돈이 있는 사람은 더욱 돈을 벌고, 가난한 사람은 하루하루 힘들게 지내면서 착취당한다. 또 부자는 자신의 부를 확보하기 위해 불법적이고 부정한 수단까지 사용한다. 이로 인해 경제 시스템은 그 토대가 흔들리게 된다.

그래서 케인스학파의 경제학자들은 정부가 경제의 기반이 되어야 한다고 말한다. 그들의 이론을 살펴보면 다음과 같다. '경제적 자유가 경제 효율을 어느 정도 제고하는 데 유리하게 작용하지만, 자유가 너무 지나치면 이와 반대로 자원이 낭비되고 경제는 위기를 맞게 된다. 이때 정부가 전면에 나서서 새로운 게임의 법칙을 만들고 '구원군'의 역할을 해야 한다. 이렇게 되면 개인의 경제적 자유는 제한되지만, 전체적으로는 효율이 더 높아지고 과도한 자유가 조성하는 폐해를 막을 수 있다.'

그러나 실제로 경제적 자유를 희생해서 효율을 높일 수 있는지는 알 수 없다. 경제적 자유가 지나치게 억압되면 경제 시스템이 경직되어 발전할 수 없기 때문이다. 또 각국의 경제 발전사를 살펴봐도 경제적 자유의 통제 수준이 각기 다르고 효과도 모두 달라 정확한 결론을 내리기가 쉽지 않다.

효율의 문제와 비교하면 균등 분배는 쉬울지도 모른다. 정부가 재산 분배에 참여하는 사회는 비교적 공평하다고 할 수 있다. 현재 대부분의 사회는 '누진세'의 원리를 적용하고 있다. 즉, 돈을 많이 벌수록 세금을 더 많이 내서 가난한 사람들에게 더 좋은 조건을 만들어주는 것이다. 하지만 이런 방법이 더 좋은 사회를 만드는지는 여전히 미지수다. 아인 랜드(Ayn Rand)* 같은 자유주의 신봉자는 부자에게서 세금을 거둬 빈곤층을 구제한다면 결국에는 누구도 열심히 일하려 하지

* 소설가이자 철학자. 이성주의적 객관론과 자유 시장 경제의 우월성을 주창함. 대표작으로는 《아틀라스》가 있음.

않을 것이라고 목소리를 높였다. 돈을 열심히 벌어 봐야 모두 세금으로 나가기 때문이다. 그녀는 이렇게 되면 결국 모든 사람이 가난해질 거라고 생각한다.

위의 분석을 통해서 경제는 '불확실성의 과학'임을 알 수 있다. 경제학 대가들도 어떻게 경제를 조절하고 통제해야 '사회의 구성원들이 더 나은 삶을 살게 한다'는 목표에 도달할 수 있는지 알지 못한다. 오늘날 대다수 경제학자들은 경제적 자유, 경제 효율, 균등 분배의 세 가지가 함께 발전해야 한다는 점에 인식을 같이한다. 그러나 어느 수준에서 균형을 맞춰야 할지는 여전히 해결하지 못한 수수께끼다. 이런 상황에서 경제에 문제가 발생하거나, 경제가 붕괴한다고 해도 그리 놀랄 일은 아닐 것이다.

제4장

거시 경제의 논리

───────●────────────────●───────

전체 경제를 보여주는 데이터 - GDP

GDP는 한 지역에서 생산되는 모든 제품과 서비스를 시장가격으로 평가한 합계다. GDP를 계산하는 가장 간단한 방법으로는 한 나라의 개인 소비, 투자, 정부 지출, 수출 등의 총계를 합산하면 된다. 이를 통해 한 나라의 경제 활동 수준을 알 수 있다.

GDP 지수의 역사는 100년이 채 되지 않는다. GDP의 역사를 알려면 먼저 미국의 대공황 시기로 거슬러 올라가야 한다. 1929년 미국 주가가 폭락한 뒤 미국 경제는 크게 쇠퇴하기 시작했다. 그러나 당시 대다수가 이를 인식하지 못했다. 당시 경제를 나타내는 지표는 주가지수가 유일했는데, 주가지수가 1929년 폭락한 이후 잠시 소강 상태를 보이다가 다시 반등했기 때문이다.

당시에 사람들은 몇 년 동안 투기 과열로 이성을 상실했던 주가가 이번 폭락을 계기로 조정기를 거치는 것이라고 생각했다. 폭락으로 피해를 본 것은 비이성적인 투기꾼과 원래 문제가 많았던 유령 회사들뿐이고, 진정한 블루칩(Blue Chip, 우량주)과 그들이 대표하는 미국의 실물 경제는 아무런 손실 없이 여전히 튼튼하다고 여겼던 것이다. 당시 경제학계의 최고 권위자이자 예일대 교수였던 어빙 피셔(Irving Fisher)*는 대공황이 일어난 몇 년 동안 "주가 폭락으로 주식 가격은 합리적으로 회귀할 것이며, 지금이 주식을 살 적기"라고 투자자들을 계속 고무했다.

학술계뿐만 아니라 대형 금융 회사들도 미국의 경제 상황을 낙관하고 있었다. J. P. 모건의 파트너였던 토마스 라몬트(Thomas Lamont)는 줄곧 '미국 경제 낙관론'을 믿었고, 그의 친구인 후버 대통령에게도 이를 적극적으로 피력했다. 피셔 교수와 라몬트의 의견에 고무된 후버 대통령은 미국 경제는 문제없으며 잠깐의 위기만 넘기면 곧 좋아질 것이라고 굳게 믿었다.

그러나 사람들은 곧 사태가 심상치 않다는 것을 깨달았다. 은행이 모두 파산해 은행에 맡긴 돈은 날려 버렸고, 잇달아 기업들이 무너져 일자리마저 잃었기 때문이다. 1932년이 되자 미국의 실업 인구는 수천만 명에 달했고, 200만 명에 이르는 사람들이 먹고살기 위해 미국 전역을 떠돌았다. 전국 각지에는 빈민들이 건설한 '후버촌(Hooverville)'이라고 불린 빈민촌이 형성되었다. 심지어 월스트리트도 매주 직원들에게 '애플데이'라는 휴가를 주어 직원들이 길거리에서 사과를 팔아 부족한 생활비를 보태게 했다. 정부와 금융 기구, 그리고 학계는 이때서야 비로소 미국 경제에 큰 문제가 발생했다

* 계량 경제학의 창시자 중 한 명으로 경제 분석에 수학적 방식을 도입했다. 근대 경제 이론의 개척자로 다양한 분야에 업적을 남김.

는 사실을 알게 되었지만, 상황은 이미 되돌릴 수 없는 지경까지 이르러 수습하기에 역부족이었다. 새로 당선된 루스벨트 대통령도 상황이 더 악화되지 않도록 막는 것 이외에는 어떤 조치도 취할 수가 없었다.

미국 경제가 이 정도로 악화된 가장 큰 원인은 당시 실제 경제 상황을 알려주는 확실한 지표가 없었기 때문이다. 피셔나 라몬트 같은 이들은 단지 상황을 추측할 뿐이었고, 심지어 학계 전문가들도 미국 경제의 실상에 어두웠다. 한 나라의 경제를 책임지는 지식계와 정치계, 산업계 리더들조차 경제에 대한 정확한 이해가 없었던 것이다.

참담했던 대공황이 지나가자 미국인들은 이를 교훈 삼아 경제를 측정하는 방법을 찾기로 했다. 마침내 미국 상무부가 수시로 수집하는 전국의 각종 경제활동 데이터를 이용해 GDP를 산출했고, 이를 통해 미국의 경제 상황을 파악하고 경제 발전과 위기 방지를 위해 정부가 어떤 정책을 취해야 하는지 알게 되었다. 이후 미국 경제에 위기가 끊이지 않았지만 대공황 같은 대형 위기는 더 이상 나타나지 않았다. 이러한 사실을 통해 GDP가 경제 정책을 수립하는 데 매우 유용한 참고 자료라는 것을 알 수 있다.

GDP 지수가 50여 년 이상 사용되자 GDP 산출 방법은 작은 책자에 담을 정도로 규범화되었고, 경제학자들은 책에 담긴 표준 측정 방법에 따라 정확한 GDP 수치를 산출할 수 있었다. 오늘날 GDP는 경제를 측정하는 가장 권위 있는 지표가 되어 세계 각국에서 자국의 경제 발전 현황을 측정하는 데 사용된다.

한 지역의 경제가 성장 단계인지 쇠퇴 단계인지를 알려면 GDP의 변화를 살펴보면 된다. GDP가 큰 폭으로 증가했다면, 이것은 그 지역의 경제가 고속으로 발전하고 있다는 의미다. 이는 물론 좋은 현상이지만, GDP의 증가 속도가 너무 빠르면 경기 과열로 경제버블이 형성될 수 있다. 이때 중앙은행은 금리 인상, 통화공급 축소 등을 통해 경기 과열을 통제할 수 있다. 이와 반대로 GDP가 감소했다면, 이것은 그 지역의 경제가 쇠퇴하고 있음을 의미한다. 이때 중앙은행은 금리 인하, 통화공급 확대 등을 통해 경제 성장을 자극할 수 있다.

결론적으로, 가장 바람직한 것은 한 나라의 GDP가 지속적인 고속 성장 상태를 나타내는 것이다. GDP 증가가 너무 빠르거나 느린 것은 모두 좋지 않고, 이때 정부가 개입하지 않으면 경제는 극단적인 상황에 놓일 수 있다. 대공황 이전에 미국 경제가 과열된 양상을 보였지만 정부는 이를 제지하지 않고 오히려 계속 금리를 낮췄다. 대공황 이후에도 미국 정부는 정확한 정책을 취하지 못했다. 즉, 금리를 올리고 세금을 늘리며 화폐 공급을 축소하는 등의 조치를 취해 경제를 더욱 악화시켰다. 이 모든 것은 당시 미국에 정확한 경제 지표가 없어서 실제 경제 상황이 어떠한지 몰랐기 때문에 생긴 일이다. 그러니 정부가 경제 조절을 할 수 없었던 것은 당연하다.

한 나라의 경제 상황을 보여주는 것 이외에도 GDP는 사람들의 생활수준을 반영한다. 다시 말해, GDP가 높아질수록 국민의 소비력이 높아지고 생활수준이 향상된다. 그래서 GDP는 국민의 생활수준을 측정하는 표준으로 활용되기도 한다. 이런 의미에서는 GDP가 높으면 높을수록 좋다. GDP가 높아질수록 나라와 국민의 부가 늘어나기 때문이다.

데이터가 지닌 한계 – GDP의 문제점

GDP는 매우 유용한 경제 지표이지만, 문제점 또한 상당히 많다. 한 나라의 경제 상황을 충분히 반영하지 못하기 때문이다. 많은 사람들이 GDP는 너무 대략적이고 생략하는 부분이 많아서 경제 상황을 정확하게 보여주기에 한계가 있다고 지적한다.

우선 GDP는 국민이 생산하는 금액의 총합만 중시하고 현지 주민이 무엇을 생산하는지는 신경 쓰지 않는다. GDP의 관점에서 보면, 마이크로소프트 같은 세상을 바꾸는 신기술을 개발하는 회사를 설립하는 것과 건물을 한 채 짓는 것이 전혀 다르지 않다. 게다가 사회에 피해를 주는 행위가 GDP에 포함되는 경우도 많다. 예를 들어 흡연은 수많은 흡연자와 간접 흡연자의 건강을 해치는 반면 유기농 식품은 소비자의 건강을 지켜주지만, GDP의 관점에서 보면 두 가지는 똑같다. 오히려 흡연이 더 좋을 수 있다. 사람들이 흡연으로 병에 걸려 병원에 가서 치료를 받으면 이 또한 GDP에 포함되기 때문이다. 그래서 GDP 분석을 통해서는 이 경제 활동이 효율적이고 유익한지 아니면 해롭고 소모적인지 전혀 알 수 없다.

또한 금액의 총합만 중시하는 GDP는 금액으로 환산할 수 없는 수

많은 경제 활동을 등한시한다. 마이크로소프트가 윈도우즈와 익스플로러를 개발해서 판매하면, 직원의 임금과 제품 판매 수익이 GDP에 반영된다. 하지만 리눅스(Linux)*나 파이어폭스(Fire Fox)**처럼 무료로 만들고 쓸 수 있는 프로그램은 계산할 금액이 없다는 이유로 GDP에 반영되지 않는다. GDP가 보수를 받지 않는 노동을 반영하지 못하는 문제는 가정주부의 경우에도 잘 드러난다. 만약 부부가 모두 일을 해서 청소하고 요리하는 파출부를 고용했다면 파출부의 수입은 모두 GDP에 반영된다. 그러나 남편은 직장에서 일하고 아내는 집에서 청소, 요리 등 집안일을 한다면 아내는 집안일에 대한 비용을 받지 않기 때문에 아내의 노동은 GDP에 반영되지 않는다.

GDP는 금전적 가치에 기초하기 때문에 과학 기술의 발전도 나타낼 수 없다. 1990년대의 핸드폰과 2010년의 아이폰은 기술적으로 큰 차이가 있음에도 GDP에는 동일하게 반영될 뿐이다. 이렇듯 GDP를 통해서는 삶의 질 향상이나 과학 기술의 발전을 알 수 없다.

그리고 GDP의 가장 큰 문제점은 한 지역에 사는 사람들의 생활상이나 경제적 수입을 공정하게 나타내지 못한다는 것이다. 일반적으로 GDP가 높아지면 그 지역 사람들의 수입도 높아진다고 말하지만 반드시 그렇지는 않다. 1인당 GDP의 증가는 빈부 격차의 문제를 간과하는 경향이 있다. 예를 들면, 한 지역에 거지 500명과 501억 달러를 가진 빌 게이츠가 1명 있다면 그곳의 1인당 GDP는 1억 달러로 매우 살기 좋은 곳이라는 결과를

* 개인컴퓨터용 운영체제.
** 공개용 웹브라우저.

나타낼 것이다.

이러한 극단적인 경우를 피하고 정확한 빈부 격차를 알려면 '중간 소득'을 주목해야 한다. 즉, 501명 중 소득 랭킹이 256번째인 사람의 소득이 얼마인지를 살펴보는 것이다. 중간 소득이 높다면 적어도 그 지역의 절반은 큰 문제 없이 살고 있다고 할 수 있다.

GDP가 갖고 있는 이런 맹점은 국민을 현혹하는 데 이용되기도 한다. 미국 정부는 항상 국민 소득이 높아지고 생활도 나아졌다고 선전하지만 국민 대다수는 사는 형편이 점점 힘들어진다고 느낀다. 이때 정부는 1인당 GDP 증가를 예로 들며 자신의 말이 틀리지 않았다고 설득한다. 사람들은 처음에는 수긍하지만 이후 점차 깨닫기 시작한다. "월스트리트 고액 연봉자의 소득이 높아지면 내 소득이 아무리 낮아져도 1인당 GDP는 상승하는구나!"

그러므로 GDP만 계속 추구하면 부자는 더욱 부유해지지만 서민들은 더욱 가난해지는 양극화 현상이 심화될 수 있다는 문제가 있다.

소득 불균형보다 심각한 문제는 GDP가 향후의 지속적인 성장은 반영하지 않는다는 점이다. GDP의 관점에서 보면 환경보호 기업과 환경오염 기업은 모두 똑같은 기업으로 단지 창출하는 금액만 다를 뿐이다. GDP로는 환경보호 기업이 가져다주는 지속적인 경제 성장 효과를 보여줄 수 없다. 또한 환경오염 기업으로 인해 유발되는 부정적 외부 효과로 경제가 크게 쇠퇴하거나 심지어 지구의 생명체가 위협받는 위험성도 나타낼 수 없다.

이렇게 많은 문제점들 때문에 적지 않은 경제학자들이 GDP만으로는 한 지역 경제의 전면적인 상황을 알기 어렵다고 비판한다. 설령 GDP가 한 국가의 경제 상황 전반을 모두 나타낸다고 하더라도 GDP만을 유일한 경제 목표로 삼아서도 안 된다. 경제학자들은 일찍이 GDP가 건강이나 행복, 삶의 질과 반드시 일치하는 것은 아니라는 사실을 발견했다. 즉, GDP가 높다고 해서 모든 사람이 행복한 것은 아니라는 것이다. 그래서 과학자들은 기존보다 많은 데이터를 투입해 국민의 실질적인 상황과 발전 수준을 반영할 수 있는 지표를 만들고자 했다.

노벨 경제학상 수상자인 아마르티아 센(Amartya Sen)*은 유엔개발계획(United Nations Development Programme)**을 위해 '인간개발지수(Human Development Index)'라는 평가 기준을 만들었다. 인간개발지수에는 GDP에 포함된 경제 활동, 소득 수준 등의 항목 이외에도 한 나라의 국민 교육 수준과 건강 지수 등이 포함된다. 센 교수는 이런 다양한 요소가 포함되어야만 한 나라의 진정한 발전 수준을 평가할 수 있다고 생각했다.

또한 센은 같은 노벨 경제학상 수상자인 조지프 스티글리츠(Joseph Stiglitz)***, 프랑스 경제학자 장 폴 피투시(Jean-Paul Fi toussi)****와 함께 니콜라 사르코지(Nicolas Sarkozy) 프랑스 대통령이 설립한 경제위원회에 참여해 한 나라의 수준을

* 인도의 경제학자이자 철학자. 불평등과 빈곤 연구의 대가이며 후생경제학의 대표적인 학자로 1998년 아시아 최초로 노벨 경제학상을 받음.

** 유엔의 개발도상국에 대한 원조 계획을 담당하는 기구.

*** 정보경제학에 큰 업적을 남긴 미국의 경제학자. 2001년 '비대칭 정보의 시장 이론'이라는 새로운 영역을 개척한 공로로 노벨 경제학상을 받음.

**** 프랑스의 대표적인 케인스학파로 미테랑 대통령 시절부터 프랑스 정부의 경제 브레인 역할을 담당함.

더 정확히 측정하는 지표를 개발하고자 노력했다. 위원회는 GDP의 단점은 지나치게 경제에만 집중하는 것으로, 이로 인해 GDP를 맹신하는 국가의 리더들이 삶의 질 등 다른 중요한 요소는 무시한 채 오직 경제 발전에만 치중하는 결과를 불러온다고 비판했다.

GDP의 궁극적인 목표가 사람들의 삶의 질 향상이라면, 지금의 GDP 지수는 건강, 교육, 환경, 행복, 사교, 정치 참여 등의 요소가 충분히 반영되지 않아 한 지역의 진정한 생활수준을 나타낼 수 없다. 그러므로 새로운 데이터와 지표는 이런 항목들을 모두 포함해야 하며, 경제 정책도 국민의 소득 격차 해소와 경제의 지속적인 발전 등에 더욱 초점을 맞춰야 비로소 사람들의 진정한 생활수준을 반영하고, 국가 리더는 이를 바탕으로 국민의 행복한 미래를 위해 무엇을 해야 할지 알게 된다는 것이 위원회의 생각이다.

GDP는 한 나라의 경제 상황을 측정하고 정책 결정에 도움을 주는 유용한 지표이지만 문제점 또한 적지 않다. 따라서 GDP를 너무 맹신한 나머지 '실물 경제를 잘 이해해야만 국민의 삶을 더 행복하게 개선할 수 있다'라는 GDP의 원래 목적마저 잊어서는 안 된다.

GDP 이외의 경제 지표들 - CPI와 취업률

정부는 경제에 대한 이해를 바탕으로 경제 문제를 해결할 정책을 수립한다. 경제 정책을 수립하는 것은 경제 관련 법규를 만드는 것

못지않게 중요한 정부의 역할이다. 이 임무를 완성하려면 정부는 GDP 이외에도 다양한 데이터를 활용해 국내 경제 상황을 상세히 파악해야 한다. 앞서 살펴본 대로 GDP 지수는 여러 가지 문제점을 안고 있어 이것만으로는 적합한 화폐 정책이나 재정 정책을 수립할 수 없다. 경제 전반에 대한 깊은 이해가 선행되어야만 정부는 경제 문제에 대한 정확한 대책을 수립할 수 있다.

GDP 이외에 경제를 분석하는 중요한 데이터로는 가격과 취업률을 들 수 있다. 이 두 가지는 정부가 경제 정책의 목표로 삼는 것이기도 하다. GDP가 보여주는 경제 성장률은 경제가 발전해야만 모든 사람이 혜택을 볼 수 있다는 점에서 매우 중요한 경제 지표라 할 수 있다. 그러나 정부가 과도한 인플레이션을 방지해 사람들의 자산 손실을 막고, 동시에 사람들에게 일자리를 제공해 가족을 부양하게 하는 것도 경제 성장 못지않게 중요하다.

가격 측면에서 정부가 주로 사용하는 데이터는 '소비자물가지수(Consumer Price Index, CPI)'다. CPI란 매월 소비자가 자주 구매하는 상품과 서비스의 가격 변화를 비교해 소매 물가의 변동을 측정한 지수를 말한다. 만약 경제 발전과 임금 상승 속도가 인플레이션을 쫓아가지 못하면 노동자의 실질 소득은 계속 줄어들고, 자산 가치도 떨어지게 된다. 이런 상황에서 금리 인상이 경제 성장 속도를 떨어뜨린다고 하더라도, 정부는 금리를 인상해 우선 인플레이션 문제를 해결할 필요가 있다.

취업률은 사람들이 일자리를 찾을 수 있는지를 측정한다. 일반적으로 100%의 취업률은 존재하지 않는다. 경제가 '창조적 파괴'를 통해 발전하는 까닭에 항상 일부 사람들은 실업 상태에 놓이기 때문이다. 그래서 보통 실업률이 5% 정도로 유지되면 정부의 고용 정책이 성공했다고 할 수 있다. 하지만 5%가 넘어가면 여전히 많은 사람들이 일자리를 찾지 못했음을 의미한다. 이때 정부는 공공사업을 확대해서 취업 기회를 늘리거나, 금리 인하를 통해 민간 기업을 활성화하여 더 많은 일자리를 창출해야 한다.

두 가지 방법 중에 정부가 보다 선호하는 방법은 민간 기업이 취업 문제를 해결하는 것이다. 물론 정부가 직접 나서는 편이 더 효과적이지만 파급 효과가 오래 지속되지 않는다. 정부가 제공하는 일자리는 대부분 임시직이고 자금 확보를 위해 채권을 발행해야 하는 부담이 크기 때문이다. 이에 반해 민간 기업이 활성화되면 일자리가 자연스럽게 늘어나고 전체 경제 발전에도 좋은 영향을 미친다.

취업률로 경제 상태를 분석하는 방법 이외에도 소매업계 분석을 통해 경제 상황을 살펴볼 수 있다. 소매업계가 호경기이면 사람들이 기본적인 생활 외에도 소비할 여력이 충분하다는 의미로 전체 경제 상황이 나쁘지 않음을 뜻한다. 더욱이 소비가 계속 이어진다면 사람들이 앞으로 경기가 더욱 좋아질 것이라고 낙관하고 있음을 알 수 있다. 사람들이 경제를 낙관적으로 전망해 소비를 더욱 늘리면 경제가 이에 자극받아 끊임없이 발전하고 더 많은 일자리를 창출하여 사람들은 더욱 경제를 낙관하게 된다. 이렇게 되면 경제에 대한 믿음이 계속해서 소비를 이끄는 선순환이 형성된다.

물론 소비뿐만 아니라 저축률도 상당히 중요하다. 소비는 경제 발전을 이끄는 원동력이지만, 소비의 비중이 높아서 투자할 자금이 부족해지면 경제의 효율이 떨어진다. 국민 개인들도 저축한 돈이 부족하면 실업이나 수술을 해야 하는 등의·긴급한 상황에서는 정부에 의지할 수밖에 없다. 그런데 정부도 이를 해결하려면 자본 시장에서 돈을 빌려야 하는데, 사람들의 저축이 부족하면 충분한 돈을 빌릴 수 없어 결국 외국 자본을 빌리거나 IMF 등에서 자금을 융통해야 한다. 만약 이마저도 힘들다면 정부도 사태를 해결할 수 없다.

이처럼 다양한 데이터는 정부가 경제를 살피는 데 도움을 주지만 때로는 정부의 정치적 목적에 이용되기도 한다. 정부가 불리한 사실을 감출 목적이라면 데이터를 손쉽게 조작할 수 있기 때문이다. 그런 가능성의 기미가 보일 때는 데이터 자체보다 어떤 목적으로 이용되느냐를 자세히 살펴봐야 한다. 19세기 영국 수상인 벤저민 디즈레일리(Benjamin Disraeli)*는 "세상에는 세 가지 거짓말이 있다. 거짓말, 새빨간 거짓말, 그리고 통계 데이터다"라고 말했다. 미국에서는 《새빨간 거짓말, 통계(How to Lie with Statistics)》라는 책이 출간되어 베스트셀러가 되었다.

미국은 경제통계학이 매우 발달한 나라 중의 하나임에도 취업지수는 오히려 현실을 제대로 반영하지 못한다. 미국의 실업 인구에는 정규직으로 일하다가 현재 일자리를 잃고 실업 수당을 받는 사람만 포함될 뿐 일자리를 찾지 못해서

* 영국의 정치가. 빅토리아 시대의 번영을 이끌었고 양당 정당제에 의한 의회 정치를 실현함.

아르바이트를 하거나 오랫동안 일자리를 찾지 못해 실업 수당이 끊긴 사람, 업무 시간이 아르바이트 수준으로 줄어든 정규직은 포함되지 않는다. 그러므로 현재 미국의 실업 통계는 국민의 취업 현황을 제대로 반영한 것이 아니라 정부의 체면 살리기용으로 활용되고 있다. 미국 정부는 이런 식으로 '실업'의 정의를 수정함으로써 국내 실업률을 임의대로 조절한다.

비록 이러한 위험성이 있지만, 데이터가 없어서 상황을 파악할 수 없는 것보다는 있는 편이 훨씬 낫다. 하지만 데이터가 충분하다고 해서 항상 정확한 판단을 내릴 수 있는 것은 아니다. 과거 미국 부동산 가격이 급등할 때 일부 투자자들과 학자들은 부동산 시장의 버블을 우려했지만, 앨런 그린스펀(Alan Greenspan)*과 연방준비제도이사회(FRB)**는 이를 오히려 경제발전의 긍정적 현상으로 보고 금리인하라는 잘못된 정책을 채택했다. 이것은 결국 데이터의 문제가 아니라 인간의 판단력 문제라고 봐야 할 것이다.

⌐ 화폐 가치 하락은 바람직하지 않은 현상인가?
– 인플레이션의 장단점

정부가 경제를 조절하고 통제하는 이유는 무엇일까? 대다수가 인플레이션을 억제해 국민의 재산을 보호

* '미국의 경제 대통령'이라 불린 경제 각료로 1987년부터 2006년까지 FRB 의장을 맡아 미국 경제를 이끌었다. 재임 당시 실업과 재정 문제를 성공적으로 해결했다고 평가받음.
** 연방준비제도의 결정 기구.

하기 위해서라고 대답할 것이다. 재산이 하루아침에 사라지는 것보다 두려운 일은 없기 때문이다. 인플레이션은 투자와 정반대되는 개념이라 할 수 있다. 우리는 투자를 통해 부를 더욱 늘릴 수 있지만, 인플레이션이 일어나면 우리 자산의 가치가 계속 떨어지게 된다.

인플레이션은 시중에 유통되는 화폐량이 재화와 서비스의 공급량을 초과할 때 발생한다. 예를 들어 한 나라에 100위안이 유통되고 초콜릿 10개가 있다고 가정해 보자. 이때 초콜릿 한 개의 가격은 10위안이 된다. 이후 화폐 유통량은 200위안으로 늘었지만 초콜릿은 여전히 10개뿐이라면, 초콜릿의 가격은 20위안으로 상승한다.

화폐 유통량이 늘어나면 사람들은 자신이 더 부유해졌다고 느낀다. 예전에 열 명에게 10위안씩 돌아갔다면 이제는 열 명에게 20위안씩 돌아가 소득이 2배로 늘어났기 때문이다. 그러나 실제로 사람들의 구매력은 증가하지 않는다. 자신이 가진 돈으로 살 수 있는 초콜릿은 여전히 10개뿐이기 때문이다. 예전에는 20위안으로 초콜릿 2개를 살 수 있었지만 이제는 초콜릿 가격이 올라서 1개밖에 살 수 없다. 인플레이션 때문에 자산의 가치가 절반으로 줄어든 것이다.

그래서 자산가들에게 인플레이션은 마치 악몽과도 같다. 돈 한 푼 없는 거지는 아무런 영향을 받지 않겠지만 돈 많은 부자는 자신이 보유한 자산의 가치가 크게 떨어지기 때문이다. 이러한 비극이 일어나는 것을 막기 위해 후진국의 부자들은 자산 대부분을 달러 등의 선진국 화폐로 바꿔서 보관한다.

과거에는 인플레이션을 결코 통제할 수 없는 현상이라고 생각했다. 정부도 거시 경제에 대한 이해가 깊지 못해 화폐 발행량과 수요 공급 사이의 관계를 알지 못했다. 당시 인플레이션은 언제 세상에 떨어질지 모르는 천재지변이나 다름없었다.

근대에 들어서면서 인플레이션에 대한 인식이 바뀌기 시작했다. 정부가 화폐를 과도하게 발행하면 인플레이션이 발생한다는 사실을 알게 된 것이다. 그러나 많은 경우 정부는 화폐 발행을 통해 재정 문제를 해결하려는 욕망을 억누르지 못했다. 힘들게 생산력을 높이는 것보다 화폐를 발행하는 편이 훨씬 쉬웠기 때문이다. 그래서 정부는 재정 상태가 나빠지면 항상 화폐를 발행해 채무를 갚을 생각만 했고, 사람들은 그때마다 자신이 보유한 자산의 가치가 떨어지는 것을 바라볼 수밖에 없었다.

그러나 인플레이션이 무조건 나쁜 것만은 아니다. 크루그먼 등의 경제학자들은 일정 수준의(물론 너무 높지 않은) 인플레이션은 경제 발전에 도움을 준다고 말한다. 돈의 가치가 그대로라면 사람들은 굳이 소비할 필요를 못 느끼지만, 인플레이션을 통해 화폐의 가치가 천천히 떨어지면 사람들은 오히려 저축이나 투자를 줄이게 된다. 저축해봐야 돈의 가치가 떨어질 뿐이고 투자에도 리스크와 불확실성이 존재하기 때문이다. 이때 가장 좋은 선택은 곧바로 소비하는 것이다. 소비는 총수요를 증가시키고, 이를 통해 경제도 활성화된다.

만약 정부가 법률을 동원해서 강제로 소비를 늘린다면 결코 좋은 결과를 얻을 수 없지만, 인플레이션을 이용하면 이처럼 자연스럽게 소비를 늘릴 수 있다. 그래서 근대에는 정부가 급격한 물가상승을 막고 인플레이션을 방지하는 이전의 노선에서 약간의 인플레이션은 허용해 경제를 성장시키고 취업률을 높이는 방향으로 정책을 선회하기 시작했다. 경제학자들은 인플레이션이 경제에 미치는 영향력이 매우 크지만 결코 통제할 수 없는 문제는 아니라고 생각했다.

사실 인플레이션보다 더 무서운 것은 디플레이션(Deflation)과 스태그플레이션(Stagflation)이다.

디플레이션은 생산력 과잉으로 제품과 서비스의 가격이 하락하는 현상을 말한다. 얼핏 듣기에는 좋은 현상인 것 같지만, 실제로 디플레이션은 수요를 계속 떨어뜨려(사람들은 가격이 계속 하락할 것이라고 생각해 소비하지 않음) 경제를 악화시키고 경제 불황을 유발한다. 스태그플레이션도 마찬가지다. 인플레이션은 보통 수요가 공급을 초과하는 경제 성장기에 발생하지만, 스태그플레이션이 일어나면 경제가 침체하는 중에도 물가가 급격하게 상승한다. 이렇게 되면 인플레이션의 혜택(경제 성장)은 받지 못하고 오히려 인플레이션의 나쁜 결과(가격 급등)만 겪게 된다.

디플레이션과 스태그플레이션은 인플레이션보다 더 큰 문제를 초래하고, 해결하기도 훨씬 어렵다. 경제에서 수요와 공급을 완전히 일치시키는 것은 불가능하기 때문에 어느 한 쪽을 희생해야 한다면 인플레이션을 선택하는 것이 바람직하다. 경미한 인플레이션은 적어도 경제 성장에 도움이 되기 때문이다. 인플레이션을 피할 수 없다면 기업의 수익률을 인플레이션보다 높여야 한다. 그래야만 기업은 자본 손실을 면할 수 있다.

게임 규칙을 만드는 사람 - 중앙은행

정부 기관 중 경제를 자극하고 인플레이션을 방지하는(경제 성장을 방해하지 않는 수준에서) 역할을 담당하는 곳은 중앙은행이다. 중앙은행은 다른 기관에서는 하지 못하는 다양한 업무를 담당한다.

형식적으로 보면, 중앙은행의 역할은 거시 경제를 조절해 경제적 위기를 막고 지속적인 성장을 유지하는 것이다. 17세기가 되자 영국처럼 일찍 자본주의를 시작한 나라들은 자유 시장을 통제하지 않으면 시장이 혼란에 빠져 붕괴할 수도 있다는 사실을 깨달았다. 그래서 1694년 잉글랜드은행(Bank of England)이 설립되었고, 잉글랜드은행은 이후 300여 년 동안 영국과 대영제국 전체의 중앙은행을 담당했다. 그 뒤 많은 나라들이 잉글랜드은행을 본떠 자국에 중앙은행을 설립했다.

미국 역시 중앙은행을 두 차례 세워 운영했지만 모두 실패하고 말았다. 중앙은행을 반대하고 자유 시장을 지지하는 사람들이 대다수였기 때문이다. 알렉산더 해밀턴(Alexander Hamilton)*이 설립한 미국 제1은행(First Bank of the United States)은 20년 동안 운영되다가 1811년 제임스 메디슨(James Madison) 대통령에 의해 폐지되었다. 이후 미국 제2은행이 건립되었지만 역시 20년 후인 1836년 앤드류 잭슨(Andrew Jackson) 대통령에 의해 폐지되었다.

> * 미국 법률가이자 정치가로 '건국의 아버지' 중 한 명으로 꼽힌다. 미국 헌법 제정에 공헌하고 초대 워싱턴 정부 시절 재무부 장관을 지냄.

미국인들이 중앙은행을 폐지한 원인은 중앙은행은 자유 시장을 통제하고 이로 인해 개인의 권리가 침해당한다고 굳게 믿었기 때문이다. 그러나 중앙은행이 없었던 수십 년 동안 사람들의 생활은 더 좋아지지 않았다. 결국 자유 시장을 가장 지지하던 사람들조차도 경제 위기가 끊이지 않자 중앙은행의 필요성을 인정하고 말았다.

미국 최대 은행가인 J. P. 모건 또한 자유 시장 신봉자였다. 그는 스스로 시장의 위기를 막는 최후 방어선이 되었다. 시장이 붕괴 위기에 놓일 때마다 월스트리트 사람들은 모두 그의 사무실로 달려가 도움을 청했다.

1907년, 미국 경제를 또 한 차례 구하고 나서 모건은 이제 이 일이 힘에 부친다는 사실을 깨달았다. 경제 규모가 커지고 복잡해짐에 따라 개인이 경제에 영향을 미치던 시절은 지나가 버린 것이다. 경제 위기가 다시 찾아온다면 최후의 방어선인 모건은행도 견디기 어려운 상황이었다. 그리하여 미국 정부는 중앙은행 시스템을 다시 구축하기로 했고, 자유 시장의 충실한 신봉자였던 모건도 정부의 결정을 지지했다.

미국 정부와 민간 기업의 노력 끝에 1913년 연방준비제도 시스템이 설립되었다. 다른 중앙은행과 마찬가지로 연방준비제도이사회(Federal Reserve Board, FRB)도 화폐 유통량과 금리를 조절하는 화폐 정책을 통해서 경제를 조절하고 통제한다. FRB와 다른 중앙은행들의 최종 목표는 세 가지다. 금리를 조절해 경제 성장을 유지하고, 인플레이션이나 디플레이션을 억제하며, 환율을 안정시켜 투자와 무역을 활성화하는 것이다.

중앙은행의 정책 중 사람들의 관심을 가장 많이 끄는 것은 바로 금리 정책이다. 경제 성장이 완만하면 중앙은행은 금리 인하를 통해 유동성을 증가시켜 경제를 자극한다. 반면, 경제 성장이 너무 빨라 인플레이션이 발생하면 금리를 인상해서 경제 성장 속도를 늦춘다. 이렇듯 중앙은행의 역할은 한 나라의 총수요와 총생산력을 동반 성장시키고 격차가 벌어지지 않게 조절하는 것이다.

이론적으로 보면, 중앙은행은 오직 경제에만 관여하는 독립 기관이 되어야 한다. 제1차 세계대전이 끝난 뒤 잉글랜드은행의 몬태규 노먼(Montagu Norman)* 등은 정부로부터 완전히 독립된 중앙은행 시스템을 만들고자 했다. 그들은 정치권력은 항상 경제에 간섭하려 하지만 경제를 이해하지 못할 뿐만 아니라 근시안적이라고 생각했다. 그래서 정치권이 경제에 간섭하지 못하게 하는 것이 가장 효율적인 방법으로, 이렇게 해야 각국 중앙은행은 세계 경제의 번영을 이끄는 데 힘쓰고, 각국의 경제도 크게 발전할 수 있다고 생각했다.

그러나 정치가 주도하는 세상에서 중앙은행이 경제를 독자적으로 조절해야 한다는 노먼의 생각은 그저 희망사항일 뿐이었다. 영화 〈대부 3〉을 보면 금융과 정치의 관계가 잘 묘사되어 있다. "금융은 한 자루 권총이고, 정치는 언제 방아쇠를 당겨야 하는지 아는 것이다."

노먼의 이론이 나온 지 몇 년 지나지 않아 각국 경제는 제1차 세계대전이 남긴 부채로 인해 큰 어려

> * 영국 금융가로 1920년부터 1944년까지 잉글랜드은행 총재를 지냄.

움을 겪었다. 하지만 중앙은행들은 이 문제를 해결할 수 없었다. 이를 해결하려면 독일의 전후 배상 문제가 해결되어야 하는데 그것은 정치적인 문제여서 중앙은행이 해결할 수 있는 일이 아니었다. 결국, 각국의 경제 문제는 정치 문제로 비화돼 마침내 전쟁으로 해결되었고, 이로써 중앙은행들은 더욱 무력감에 빠졌다.

오늘날 중앙은행은 정치 시스템의 일부, 즉 정부의 연장선이 되었다. 이를 가장 잘 보여주는 예가 바로 오랜 역사를 지닌 잉글랜드은행이다. 잉글랜드은행은 설립 이후부터 줄곧 영국의 중앙은행을 담당했지만 소유주는 항상 민간인이었다. 그러나 제2차 세계대전이 끝난 뒤 정치 시스템에서 경제가 차지하는 비중이 커지자 국유화되었다.

미국의 경우 연방준비제도이사회는 정치적으로 독립되어 있으나 정부와 긴밀한 관계를 유지한다. 연구에 따르면, 연방준비제도이사회는 보통 대통령 선거를 전후해서 금리를 내린다. 금리 인하를 통해 경제를 활성화해 국민이 현 정부에 호감을 느끼게 하려는 것이다. 연방준비제도이사회 의장은 대통령이 임명한다는 사실을 보아도 정치와 경제가 긴밀하게 연결되리라는 사실을 짐작할 수 있다.

경제가 정치화되면 많은 경우 경제에 불리하다. 중앙은행이 금융 경제와 자본 시장의 규칙을 제정하는 주체이기 때문이다. 실제로 시장의 투자자들은 중앙은행의 정책에 따라 움직인다. 금리가 떨어지면 더 많은 돈을 빌려서 투자하고, 반대로 금리가 올라가면 돈을 저축하기 시작한다.

이처럼 중앙은행은 현대 경제의 '보이지 않는 손'이라 할 수 있다.

그러나 중앙은행의 등장으로 순수한 자유 시장은 사라졌다. 그래서 오늘날 경제 시스템은 자유경제주의 진영의 비난을 받고 있다. 순수한 자유 시장이 없다면, 중앙은행이 판단 실수나 정치적 간섭으로 잘못된 결정을 내리면 경제는 치명적인 타격을 입게 된다.(뒤에 자세히 설명함)

왜 은행마다 이자가 다를까? - 각양각색의 금리

중앙은행은 보통 이자율이라고 불리는 금리를 통해서 경제를 조절하고 통제한다. 우리는 이 금리를 통해 자금의 가격을 알 수 있다. 금리가 높으면 자금을 획득하는 가격이 높은 것이고, 금리가 낮으면 당시의 자금이 상대적으로 값어치가 없다는 뜻이다.

세계의 다양한 금리 중에서 가장 중요한 것은 각국 중앙은행이 결정하는 금리다. 이 금리는 각종 금리의 기준이 된다. 중앙은행이 금리를 결정하면 은행은 자신의 원가(예를 들어 중앙은행에서 자금을 빌리는 금리)를 알 수 있고, 이를 바탕으로 고객에게 얼마의 금리를 적용해야 수익을 얻을 수 있을지 판단한다.

이 밖에 은행은 마이클 루이스(Michael Lewis)*의 처녀작 《라이어스 포커(Liar's Poker)》를 통해 세상에 알려진 '런던 은행 간 대출 금리 (London Inter-Bank Offered Rates,

> * 미국 저널리스트로 현재 〈뉴욕타임스 매거진〉의 칼럼니스트로 활동 중이다. 저서로는 《머니볼》 《빅숏》 등이 있음.

LIBOR)'도 참고해야 한다. 리보금리(LIBOR)는 은행 간에 단기 자금을 대출할 때 적용되는 금리다. 은행도 일반인들처럼 자금 회전이 원활하지 않을 때가 있는데 이때는 다른 은행에서 자금을 빌려 부족한 부분을 메운다(예를 들어 중앙은행이 지정한 지급준비율). '대출 금리(Offered Rate)'는 은행이 대출할 때 적용하는 금리를 말한다. 이 금리는 중앙은행이 설정한 금리를 기준으로 해서 시시각각 오르내린다.

런던을 기준으로 삼은 까닭은 런던이 세계 최대의 금융 중심지이며 오늘날에도 상당한 영향력을 지녔기 때문이다. 은행은 런던의 대출 금리를 통해서 시장의 기준 금리를 알 수 있다. 신용이 좋은 은행 간의 단기 자금 대출은 민간 기업 간에 가장 리스크가 적은 금융 거래를 하는 것으로 볼 수 있으므로 금리도 가장 낮다. 다른 각종 금리는 모두 리보금리를 기준으로 설정된다(대출 금리가 리보금리보다 높으면 이윤을 얻을 수 있음). 그래서 리보금리는 국제 금융시장에서 대다수 변동 금리의 기준 금리가 된다.

루이스의 저서에 따르면, 그는 당시 잘나가던 투자은행인 살로몬 브러더스(Salomon Brothers)에 채용되어 인턴 교육을 받았다. 이때 그는 월스트리트의 수많은 경제학 박사와 MBA 출신 대부분이 리보금리나 금융 경제의 운영 원리도 모른 채 일을 시작했으며, 그런 사람들이 매일 수십억 달러를 운영해 실물 경제를 지탱하고 있다는 사실을 알게 되었다. 이에 루이스는 월스트리트가 조만간 붕괴될 것이라고 예측했고, 20년이 채 안 되어 그의 예측은 현실화되었다.

자신의 원가를 알고 난 뒤 은행은 얼마의 이자를 받아야 이윤을 극대화할 수 있는지 따져 봐야 한다. 은행의 입장에서는 고객에게 가능한 한 높은 이율을 받고 싶겠지만, 고객이 그 정도의 이자를 감당할 수 있는지 반드시 확인해야 한다. 무턱대고 높은 이율로 대출했다가 고객이 파산하면 양측 모두에게 큰 손해이기 때문이다.

이 문제를 해결하는 가장 좋은 방법은 고객의 대출액과 신용에 따라 각기 다른 금리를 적용하는 것이다. 예를 들면, 은행에서 자주 돈을 빌리는 우량 고객에게는 우대금리(Prime Rate)를 적용한다. 우대 금리는 중앙은행의 금리에 따라 변동하지만, 은행은 우량 고객에게 가장 좋은 조건으로 금리를 제공한다. 일반 고객에게는 우대 금리보다 높은 변동 금리를 적용하고, 신용이 좋지 않은 고객은 그보다 높은 금리를 적용한다.

변동하는 금리와 달리 고정적인 금리도 있다. 그중 가장 유명한 고정금리는 미국 국채 금리다. 사실, 국채의 표면 금리는 고정되어 있지만 시장에서 거래되는 국채 가격이 변동하므로 실질적으로는 변동 금리라 할 수 있다. 따라서 투자자들이 국채를 사는 것은 선택의 문제가 된다. 예를 들어 표면 금리 3%, 액면가 100위안인 국채를 산다고 하면 투자자는 만기일까지 매년 3위안의 이자를 받을 수 있다. 따라서 국채를 선택한 투자자의 손실은 기회비용, 즉 국채보다 수익이 높고 리스크가 적은 자산에 투자할 기회를 잃는 것이다.

국채와 마찬가지로 많은 대출도 고정금리를 적용한다. 대개 상환 기간이 15년이나 30년인 장기 대출이다(예를 들면 주택 담보 대출). 개인의 신용은 미국 정부보다 낮으므로 대출 금리는 국채보다 높아야한다. 그래서 미국 국채 금리는 모든 고정 금리의 기준 금리가 되고 (가장 안전한 자산이므로), 다른 각종 금리(예를 들면 대출 금리)는 모두국채 금리를 기준으로 설정된다.

이렇게 다양한 금리의 진정한 용도는 무엇일까? 금리가 변동하면사람들의 수익도 바뀐다. 그래서 사람들은 금리의 변동에 따라 미래에 대한 기대와 함께 행동도 바꾼다.

금리가 높다면 자금을 빌리는 것이 오히려 손해가 될 수 있다. 예를들어 젠로쿠가 사업 확장을 위해 은행에서 1,000위안을 빌린다고 생각해 보자. 그의 계획은 1,000위안을 추가 투입해서 연수익을 500위안늘리고 그 돈으로 2, 3년 안에 빌린 원금과 이자를 모두 갚는 것이다.

하지만 은행 금리가 5%에서 10%로 오른다면 젠로쿠는 투자 계획을 다시 생각해야 한다. 이자 부담도 2배로 늘지만 이보다 심각한 문제는 금리가 상승하면 사람들이 소비나 투자 대신 저축을 선택한다는점이다. 저축 수익률이 높아지니 사람들이 서둘러 소비할 이유가 없어진다. 이런 상황이 되면 1,000위안을 투자한다고 해도 매년 500위안의 추가 수익을 올리기가 어렵다. 따라서 금리가 상승하면 자금 차입은 늦추는 편이 현명하다. 젠로쿠뿐만 아니라 다른 사람들도 모두이렇게 생각할 것이기에 사람들의 소비 속도와 경제 발전 속도는 자연히 완만해진다.

반면, 은행 금리가 5%에서 2.5%로 떨어지면 젠로쿠는 투자 계획을 더 확대하는 편이 바람직하다. 수익이 크게 늘지 않더라도 차입 비용이 싸기 때문에 자금을 넉넉히 빌려서 이후의 상황에 대비하는 것이 더 좋은 선택이다.

이렇게 금리는 모든 경제 참여자의 행동을 조정하고 통제하는 효과가 있다. 따라서 금리를 적절히 조절하면 경제를 크게 발전시킬 수 있지만, 반대로 금리 조절에 실패하면 경제에 큰 혼란을 가져올 수 있다.

글로벌화 이후의 경제

중앙은행은 한 나라의 경제를 상당 부분 조절하고 통제하지만, 세계 경제에 미치는 영향은 그만큼 크지 않다. 따라서 정부가 세계 경제에서 영향력을 발휘하려면 우선 전 세계의 형세를 이해해야 한다.

현재 우리는 글로벌화 시대를 살고 있지만 각국의 경제 발전 수준은 아직도 큰 차이를 보인다. 선진국 가운데 가장 앞선 나라는 미국이다. 천혜의 자연환경을 갖추고, 수백 년 동안 정부와 국민이 열심히 노력한 결과 이제는 세계 최고의 소비력을 가진 나라가 되었다(비록 대부분 대출이지만). 일본이나 독일 같은 선진국들도 주로 대미 수출을 통해서 자국의 경제 성장을 자극한다. 미국은 세계에서 가장 큰 소비 시장일 뿐만 아니라, 대규모 자산을 바탕으로 세계에서 가장 큰 자본 시장이 되었다. 그 밖에 과학과 금융 방면에서도 세계 최고 수준을 자랑한다.

미국 다음의 선진국은 일본과 유럽이다. 일본은 제2차 세계대전 이후 열심히 노력해 일순간에 세계 제2의 경제 대국으로 올라섰고, 한때 미국과 어깨를 나란히 하기도 했다. 비록 1980년대 말 버블이 붕괴되면서 경제가 오랜 불황을 맞았으나 일본의 경제 기반은 여전히 흔들림이 없다. 다만 일본인들은 전통적인 기업 경영에 매우 능해서 미국인들도 놀랄 정도이지만, 금융 산업에서는 아직 전통 산업만큼 큰 효과를 거두지 못하고 있다.

이와 달리 유럽의 금융 산업은 상당히 발달해 있다. 과거 자본 시장의 중심지였던 대영제국은 오늘날 그 위세를 찾아볼 수 없지만, 런던은 여전히 세계 최대의 금융 중심지 중 하나다. 한편, 미국은 고도의 자유시장경제를 추구하는 반면에 유럽은 정부의 간섭을 어느 정도 인정하는 편이다. 예를 들면, 미국은 의료 보험 같은 복지 혜택이 부족한 편이나 유럽에서는 그것이 인간이라면 당연히 누려할 권리라고 생각한다. 영국, 프랑스, 독일 등 수많은 유럽 국가 가운데 경제력이 가장 뛰어난 나라는 독일이며, 유럽연합이 성립된 이후 유럽의 총자산은 이미 미국과 대등한 수준으로 올라섰다.

이러한 선진국 이외에 아직도 수많은 나라들이 개발도상국 수준이다. 개발도상국은 두 부류로 나뉘며, 그중 하나는 중국을 필두로 하는 고속으로 발전하는 나라들이다. 이들은 자국 제품과 서비스에 대한 선진국의 소비를 통해 부를 쌓고, 이후 경제 발전을 바탕으로 더욱 빠른 속도로 성장해 나간다. 이런 성장이 지속된다면 개발도상국은 축적된 자본을 바탕으로 선진국으로 도약할 수 있다. 현재 중국 같은 나라는 아직 선진국 대열에 끼지는 못했지만, 세계에서 경제적 지위는 결코 무시할 수 없는 수준이다.

또 다른 하나는 영원히 개발도상국을 벗어나지 못하는 나라들이다. 오늘날 비약적으로 발전하고 있는 브라질도 예전에는 이런 부류였다. 당시 브라질은 '미래가 없는 나라'로 불렸다. 이러한 나라들의 문제는 경제가 발전할 조건을 충분히 갖췄지만 여러 가지 문제로 자신의 잠재력을 계속 낭비한다는 것이다. 고속 발전하는 나라들과 비교해 보면, 이들에게 부족한 것은 하드웨어(예를 들면 천연자원)가 아니라 소프트웨어(예를 들면 정치 시스템의 안정성)다. 만약 경제 성장을 이끌 추진력만 얻는다면 이들도 오늘날의 브라질처럼 크게 발전할 수 있을 것이다. 문제는 많은 나라들이 수십 년이 지나도록 이런 추진력을 얻지 못하고 있다는 것이다. 바로 아르헨티나가 좋은 예라 할 수 있다.

그러나 이들이 가장 비참한 것은 아니다. 세계에는 선진국과 개발도상국 이외에도 '블랙홀' 같은 나라가 존재한다. 글로벌 무역 체계에서 완전히 이탈해 자급자족하는 나라들이 이에 해당한다. 그러나 세계가 점점 글로벌화 되고 있어서 이런 나라들은 계속 줄어들고 있다. 원시적인 모습을 유지하고 싶다면 몰라도, 그렇지 않다면 어쨌든 '글로벌화'라는 게임에 참여해야 하기 때문이다.(뒤에 자세히 설명함)

각국 간의 모노폴리 게임 - 글로벌 무역 체계

세계 각국은 보유한 자원이나 경제 발전 수준이 서로 다르기 때문에 무역을 통해 과잉 생산된 제품을 필요한 물건으로 바꾸려고 한다. 이렇게 하면 무역 당사자 양측 모두 이익을 얻을 수 있다.

무역이 발전할 수 있는 원인은 거래를 통해서 자신에게 없는 물건을 얻을 수 있기 때문이다. 예를 들어 중국에서 신발을, 그리고 미국에서 컴퓨터를 만든다고 생각해 보자. 중국인에게 컴퓨터가 필요하거나 미국인에게 신발이 필요하면 양측은 무역을 통해서만 필요한 물건을 얻을 수 있다. 그러나 양측이 컴퓨터와 신발을 모두 생산한다고 해도 무역을 통해서 서로 이익을 취할 수 있다. 중국인은 신발을 더 잘 만들고 미국인은 컴퓨터를 더 잘 생산한다면, 쌍방은 거래를 통해 효율성을 높일 수 있다. 그런데 이런 경우는 일대일 거래에만 해당하는 예이고 현실 세계는 이보다 훨씬 복잡하다. 일례로, 중국 신발을 일본 핸드폰으로 바꾸고, 핸드폰을 다시 벨기에 맥주로 교환한 다음, 맥주를 다시 미국 컴퓨터로 바꾸는 식이다.

물론 중국인이 신발을 잘 만든다고 해서 미국인에게 공짜로 만들어주지는 않는다. 무역은 쌍방 모두의 이익을 전제로 하기 때문이다. 따라서 만약 중국인이 신발과 컴퓨터를 모두 잘 만든다고 해도 중국인은 신발만 만들어서 자신에게 필요한 컴퓨터로 교환하는 편이 더 낫다. 만약 중국인이 두 가지를 모두 만들어서 팔면 미국인이 중국인에게 줄 수 있는 것이 아무것도 없어 결과적으로 중국인은 공짜로 일해준 셈이다.

그럼, 우리는 어떤 제품을 만들어 외국인과 교환해야 할까? '비교 우위(Comparative Advantage)' 이론에 의하면, 남보다 생산성이 뛰어난 물건을 만들어서 자신이 남보다 생산성이 떨어지는 물건과 바꿔야 한다. 또 이 이론에서는 무역을 하지 않으면 생산성이 떨어지는 물건은 구할 수가 없으므로 결국 모두 손해를 입는다고 말한다. 그러나 무역을 할 때 상대보다 생산 우위가 없는 제품으로는 경쟁하기가 어렵다. 그러므로 전기(田忌)*의 말 경주 이론을 참고할 필요가 있다. 그는 다음과 같이 역설했다. "하급의 말을 상대의 상급 말과 경주시키는 대신, 상급 말은 상대의 중급 말과, 중급 말은 상대의 하급 말과 경주시켜야 한다."

이것은 기업가의 이익에도 부합한다. 신발은 잘 만들지만 컴퓨터는 잘 만들지 못하는 겐로쿠가 컴퓨터를 잘 만드는 미국에 컴퓨터를 수출한다면 이것은 마치 계란으로 바위를 치는 것과 같다. 기술도 부족하고 규모나 가격도 비교가 안 되기 때문에 이런 식의 경쟁으로는 손해만 볼 뿐이다. 겐로쿠가 돈을 벌고 싶다면 신발이라는 본국의 경쟁 우위를 잘 활용해야 한다. 그런데 다른 기업가들도 모두 그처럼 생각할 것이 분명하므로 중국은 신발을 더욱 잘 만들게 되고 컴퓨터는 더욱 미국을 따라잡지 못하게 된다. 비교우위 이론에서는 이것이 가장 이상적인 결론이다.

그런데 역사를 살펴보면, 많은 나라들이 비교우위 이론을 믿지 않는

* 춘추 전국 시대 제(齊)나라의 대장군.

다는 사실을 알 수 있다. 더욱 특이한 점은 비교우위 이론을 믿지 않을수록 더 성공한다는 것이다. 19세기 독일과 미국은 각자 철강업을 발전시켜 당시 시장을 지배하던 영국과 치열한 경쟁을 벌였고, 20세기 일본도 자동차와 전자 산업을 육성해 당시 시장을 선도하던 미국과 치열하게 경쟁했다. 이들은 비교우위 이론에서 말하는 "선도자와 경쟁해서는 안 된다"라는 금기를 깨뜨렸지만 모두 큰 성공을 거뒀다. 미국과 독일은 철강업을 발전시켜 영국을 뛰어넘어 세계 1, 2위의 산업 대국으로 성장했다. 일본도 미국을 뛰어넘는 자동차와 전자 산업 강국으로 발전했다.

이와는 달리 자신의 비교우위 부문만을 고집스럽게 발전시킨 나라는 문제를 겪었다. 식민지 시기에 유럽인들에게 자원을 착취당했던 라틴 아메리카 국가들은 독립 이후 모든 자원을 국유화하고 자원 판매를 통해 적지 않은 부를 쌓았다. 비교우위 이론에 의하면, 풍부한 자원을 이용한 라틴 아메리카의 전략은 정확한 것이다. 산업을 발전시킨다고 해도 유럽 국가들을 따라잡을 수 없기에 자원을 활용해 자신의 강점을 부각시킨 것이 훨씬 현명한 선택이었기 때문이다.

그러나 자신의 강점만 고집한 탓에 라틴 아메리카에서는 경제 쇠퇴와 붕괴가 잇달아 나타나기 시작했다. 물론 라틴 아메리카 국가들에는 복잡한 문제가 얽혀 있었지만, 자세히 분석해 보면 비교우위만 고집했던 것이 문제의 근원이었다. 자원 판매만을 고수한 탓에 라틴 아메리카의 경제는 지극히 단순화되어 산업화된 나라들에 완전히 의존하게 되었다. 라틴 아메리카 국가들은 산업화된 나라에서 원자재를 대량 구입하면 호황을 맞았지만, 산업화된 나라들이 경제가 침체해 원자재를 사지 않으면 경제 붕괴를 겪었다.

또한 라틴 아메리카 국가들의 비교우위는 지속적으로 발전할 가능성도 없었다. 산업화된 나라들은 추가적인 투자와 과학 기술 연구 등 끊임없는 자기 개발을 통해 효율과 생산성을 향상시켰다. 이에 비해 자원 판매는 반복되는 단순한 일이고, 게다가 자원은 한정적이어서 그 양도 점차 줄어들었다.

이때 국가의 역할이 더욱 중요해진다. 국제 무역이 개인적인 활동이라면 겐로쿠는 자신에게 가장 유리한 방향으로 행동하면 된다. 예컨대 그가 라틴 아메리카에 있다면 비옥한 토지를 사들여 그곳의 자연자원을 채취해 파는 것이다. 그러나 이런 행위는 국가의 이익을 해치기 때문에 이때는 정부가 나서서 겐로쿠가 다른 산업에 투자하도록 유도해야 한다.

그러나 겐로쿠의 미약한 힘으로는 선진국의 기업과 경쟁해서 이길 수가 없다. 이때 겐로쿠의 발전을 도우려면 정부는 '보이지 않는 손'의 규칙을 바꿔야 한다. 예를 들어 겐로쿠에게 보조금을 지급하는 것도 한 가지 방법이다. 겐로쿠는 오로지 기업의 발전에만 힘을 쏟고, 모든 손실은 정부에서 보조하는 것이다. 혹은 국내 시장을 겐로쿠가 독점하게 할 수도 있다. 이는 모든 소비자에게서 세금을 거둬 국내 산업을 보조하는 것과 같은 효과를 낼 수 있다.

단기적으로는 이 방법이 겐로쿠와 정부, 소비자에게 가장 효율적이고 유익한 방법은 아니다. 그러나 장기적으로 보면 지속적으로 발전하는 산업을 육성하는 것이 모든 구성원에게 이익이 된다. 국가의 공동 이익이라는 관점에서 보면 국제 무역이라는 '보이지 않는 손'에도 정부의 간섭이 필요하다고 할 수 있다.

└ 각국의 화폐는 어떻게 교환되는가 - 환율

국제 무역이 발달하면서 중요성이 크게 부각되고 있는 것이 바로 환율이다. 오늘날 화폐의 유통 없이 성공적인 경제 시스템을 이룬 나라가 없을 정도로 화폐는 경제에 결정적인 영향을 미치고 있다. 그래서 각국의 정부는 화폐 관리 권한을 수중에 단단히 쥐려고 한다.

이런 이유로 세계 각지에는 다양한 화폐가 유통되고 있고, 나라와 지역마다 제각각의 특색과 역사를 갖고 있다. 유럽에서는 많은 나라들이 단일 화폐를 사용하고 있다. 일본에서는 현지 통화인 엔화만 사용된다. 미국에서 발행한 달러는 미국 50개 주와 해외의 여러 나라뿐 아니라 파나마 등 주권 국가에서도 법정 통화로 사용된다. 다양한 화폐가 있는 곳에는 반드시 환율이 존재한다. 세계 각국의 화폐는 이름도 다르고 시장 가치도 다르기 때문에 각국은 자국 화폐와 타국 화폐 간의 교환 비율을 정해야 한다. 이 교환 비율이 바로 환율이다. 환율은 한 화폐를 다른 화폐로 교환하는 비율로, 다른 화폐로 표시되는 한 화폐의 가격이라 할 수 있다.

사람들이 화폐를 거래하고 화폐의 시장 가격을 정하는 곳이 외환 시장이다. 이곳에서 사람들은 자신이 보유한 화폐로 자신에게 필요한 다른 화폐를 구입한다. 이러한 화폐 거래가 활성화되면 각종 화폐의 시장 가격이 형성된다. 우리가 매일 신문에서 보는 것이 보통 이런 환율이다. 신문에 1달러 대비 10위안으로 공고되면 우리는 이 비율에 따라 달러를 구입할 수 있다.

사람들이 수중의 돈을 달러로 바꾸려는 목적은 무역, 투자, 신념의 세 가지 이유에서다. 미국이 우리가 필요로 하는 물품을 생산하면 우리는 원화를 달러로 바꿔서 그 물품을 구입할 것이다. 또는 미국에 매우 좋은 투자 기회가 생기면 자금을 달러로 바꿔서 미국에 투자할 것이다. 마지막으로, 앞으로 달러의 가치가 떨어지지 않고 계속 오른다고 믿는다면 원화를 달러로 바꿔 자산으로 보유할 것이다.

세계 각국 화폐 간의 환율도 사람들이 각종 화폐의 이해득실을 따진 뒤 그것에 기준하여 결정된다. 사람들이 저마다의 이유로 달러를 구매하면 달러의 시장 수요가 공급보다 많아져 가치가 올라간다. 같은 이치로 사람들이 일제히 달러를 투매하면 달러의 시장 공급이 수요를 초과해 가치가 떨어진다.

환율은 한 나라가 다른 나라와 관계를 갖고 있을 때만 중요하다. 만약 한 나라가 문호를 막고 교류하지 않는다면 환율은 의미가 없다. 사실 환율이 활성화된 것은 최근 100년 사이의 일이다. 세계 경제의 글로벌화에 맞춰 환율도 점점 중요성을 더해 왔다.

오늘날 한 나라가 다른 나라로부터 투자를 끌어들이지 못하거나 자국에서 생산한 제품을 수출하지 못한다면, 그 나라의 경제는 온전하게 발전할 수 없다. 이렇듯 경제 발전에 큰 영향을 미치는 무역과 해외의 투자를 위해서는 무엇보다 자국에 가장 적합한 환율 시스템을 만드는 것이 중요하다.

정부가 환율을 어떻게 관리하든 그 목적은 모두 같다. 자국의 경제 발전에 유리한 환율 시스템을 만들어 환율을 안정시키는 것이다. 이를 통해 투자를 유인하고 무역을 촉진함으로써 각지의 자본이 자유롭게 이동하게 하고, 정부가 독립적인 화폐 정책을 유지하도록 해 필요시에는 화폐를 추가 발행함으로써 유동성을 높이는 것이다.

그런데 이 세 가지 목표를 동시에 달성하기는 어렵다. 1960년대에 거시 경제학을 이끌던 로버트 먼델(Robert Mundell)*과 마커스 플레밍(John Marcus Fleming)은 세 가지 목표는 서로 충돌하기 때문에 이중 두 가지 목표가 한 나라가 선택할 수 있는 최대치라고 밝혔다.

각국의 국내 상황과 정책이 모두 다르므로 각국 정부는 세 가지 중 선택할 수밖에 없다. 유럽 각국은 환율 안정과 자본의 자유로운 이동을 선택하는 대신 독립적인 화폐 정책을 포기했다. 미국은 자본의 자유로운 이동과 독립적인 화폐 정책을 선택하는 대신 환율 안정을 포기했고, 중국은 환율 안정과 독립적인 화폐 정책을 선택하는 대신 자본의 자유로운 이동을 포기했다.

이러한 화폐 시스템의 차이는 시장의 수많은 투자자들이 화폐를 평가하는 데 영향을 미친다. 그

* 캐나다 출신의 경제학자. '먼델-플레밍의 법칙'으로 서로 다른 환율 시스템에서 각국의 통화와 재정 정책이 다른 나라에 어떤 영향을 미치는지를 명확히 규명했다. 1999년 노벨 경제학상을 받음.

러나 근본을 따져 보면, 화폐의 가치 결정에 반영되는 것은 복잡한 경제 이론이 아니라 한 나라에 대한 사람들의 평가다. 만약 한 나라가 사람들이 원하는 제품을 생산하면 보유 화폐를 그 나라의 화폐로 교환하려는 사람이 늘어나 해당 국가 화폐의 가치는 자연히 상승한다. 같은 이치로 한 나라에 투자 기회가 많아지면 투자자들은 보유 화폐를 그 나라의 화폐로 교환해 투자를 통한 수익 창출을 꾀한다.

물론 무역이나 투자를 하기 전에 투자자들은 안전성 문제를 고려한다. 만약 한 국가의 경제가 주기적 붕괴를 겪거나 또는 화폐 가치가 자주 절하된다면, 설사 해당 국가의 상품이 우수하고 투자 예상 수익이 아무리 높아도 사람들은 그 나라의 화폐를 구매하려 하지 않을 것이다. 그러나 안전자산으로 사람들에게 인식되는 화폐의 경우, 그 나라의 경제 상황이 좋지 않더라도 사람들은 해당화폐를 구매하려는 경향이 있다.

일례로, 이번 서브프라임 모기지 사태로 큰 타격을 받은 미국은 경제가 쇠퇴기에 접어들었고 오랫동안 무역 적자(다시 말해 미국인은 외국 물건을 많이 사지만 외국인은 미국 물건을 잘 사지 않는다)를 겪고 있기 때문에 달러 가치는 크게 떨어져야 정상이다. 그러나 실제로는 다른 현상이 나타나고 있다. 이는 미국 경제가 붕괴 직전까지 갔음에도 투자자들은 여전히 달러가 가장 안전하다고 여기기 때문이다. 그들은 다른 불안전한 화폐를 사는 것보다 달러를 사는 편이 여전히 가치가 있다고 생각하는 것이다.

투자자들의 이런 결정은 화폐뿐만 아니라 전 세계 여러 곳에도 영향을 미친다. 예를 들면, 유로화 대비 달러가 강세를 보이면 유로화 대비 위안화도 강세를 보인다. 이렇게 되면 중국 제품의 가격이 상승해 유럽 수출이 감소하게 되고, 결국 주장 강 삼각주(珠江三角洲)* 의 기업과 노동자들에게 영향을 미치게 된다.

또한 환율의 변화는 세계 경제뿐 아니라 사람들의 실생활에도 많은 영향을 미친다. 예를 들면, 달러 가치가 많이 오르면 미국 여행비와 미국 제품의 가격도 올라 이에 대한 소비를 줄이게 된다. 달러 가치 상승은 또한 달러로 표기된 자산을 보유한 사람은 수익을 얻지만 상대 통화로 표기된 자산을 보유한 사람은 손해를 본다는 것을 의미한다.

이렇게 환율의 영향력은 막대하고 광범위하기 때문에 환율의 효율적인 관리는 정부가 직면한 중요한 과제 중의 하나다.

나비 효과의 파급력 – 글로벌화의 장단점

글로벌화를 통해 세계가 점점 단일화되고 밀접해진 까닭에 정부가 관할해야 하는 일이 더욱 많아졌다. 한 나라가 세계 경제 시스템에서 완전히 동떨어졌다고 해도 세계 경제 흐름의 영향을 받지 않을 수 없다. 생활에 필요한 자원을 전부 자급자족할 수는 없기 때문이다.

예를 들어 세계의 희토류** 자

* 중국 주장 강 하구의 광저우, 홍콩, 마카오를 잇는 경제 특구.

** 란탄, 세륨, 디스프로슘 등 희귀 광물을 일컫는 말로, 안정적이면서 열을 잘 전달하는 특성이 있어 다양한 전자 제품에 사용됨.

원은 대부분 중국에 집중되어 있다. 그러므로 희토류가 없는 나라들은 중국에서 희토류를 수입하지 않으면 전자, 석유화학, 금속 가공, 기계, 에너지 등 분야의 산업을 발전시킬 수 없다. 그러나 풍부한 희토류 자원을 보유하고 있어도 중국은 가격을 마음대로 정하지 못한다. 희토류의 가격은 유럽, 미국, 한국, 일본 등 희토류를 많이 사용하는 나라의 수요에 의해 결정된다. 그리고 이들의 희토류 수요는 전 세계의 경제 상황에 따라 결정된다. 희토류를 사려면 세계와 격리된 나라라도 수출품을 육성해 희토류를 사기에 충분한 외화를 획득해야 한다. 이를 위해서는 먼저 세계 무역을 충분히 이해해 자국에 이익을 안겨줄 시장을 찾아야 한다. 그러므로 세상과 격리된 나라라도 발전하고자 한다면 한 발 한 발 글로벌화 시스템으로 편입해야 한다.

세계 각국이 이렇게 밀접한 관계를 맺게 되면서 거대하고 영향력이 큰 네트워크가 서서히 형성되었다. 네트워크의 구성원들은 서로 필요한 것을 공급하면서 자신의 수요를 충족시킨다. 예컨대 중국은 땅이 넓고 물자도 풍부하며 희토류도 많이 보유했지만, 석유 등의 자원은 서아시아나 아프리카, 라틴 아메리카, 러시아 등에서 수입해야 한다.

오늘날처럼 고도로 산업화된 세상에서 세계와 동떨어져 살아가려면 미국과 캐나다에 사는 아미시(Amish)*인처럼 생활해야 한다. 독일 이주민의 후예인 그들은 선조의 오래된 신앙을 고수하며 세상과 격리된 채 살고 있다. 전 세계가 빠르

* 주로 미국 동부에 거주하는 기독교 일파로 엄격한 규율에 따라 18세기 모습 그대로 생활함.

게 앞으로 나아갈 때 아미시인은 자동차나 전기 시설 같은 현대의 이기(利器) 일체를 거부하고 농사를 지으며 소박하게 살아간다.

아미시인이 되지 않으려면 유일한 방법은 글로벌화에 참여하는 것이다. 한편, 이렇게 사람들의 관계가 가까워질수록 국가의 개념은 점점 희미해진다. 예를 들어 어떤 기업을 외국 기업으로 부를 수 있을까? 외국인이 소유한 기업이나 외국인이 운영하는 기업? 혹은 외국인이 설립한 기업? 만약 외국인이 중국에서 만두집을 열고 운영하면서 중국인 직원을 고용해 중국인 고객에게 서비스한다면 이 만두집은 외국 기업이라고 할 수 있을까? 중국인이 외국에서 커피와 케이크를 파는 카페를 차리고 외국인 직원을 고용해 외국인 고객에게 서비스한다면 이 카페를 중국 기업이라 할 수 있을까?

곰곰이 생각해 보면, '외국'이라는 단어의 정의가 점점 모호해지고 있다. 우리가 말하는 외국이란 모든 사람의 국적이나 인종을 말하는 것일까? 혹은 노동자의 국적이나 인종? 아니면 또 다른 사람의 국적이나 인종을 가리키는 것일까? 게다가 자국과 외국을 구별하는 논리는 글로벌화가 진행되면서 대부분 무너지고 있다. 한 요식업체를 예로 들어 보자. 이 회사는 미국에서 한국인이 설립했으며, 주주는 대부분 멕시코인이다. 회사는 중국에 사업체를 열어 많은 직원을 고용했고, 회사의 CEO는 캐나다인이다. 또 이 회사의 주 업종은 스시 등 일본 전통 요리를 판매하는 것이다. 이 회사는 과연 어느 나라의 기업이라고 해야 할까?

이처럼 풀기 어려운 문제를 해결하려면 국가라는 관점에서 벗어나 더욱 자세하게 분석해 볼 필요가 있다. 회사에 관한 문제도 모든 사람의 관점에서 생각해 봐야 한다. 예를 들어 이 일본 요리 기업이 경영을 잘하면 중국 지점의 직원과 손님, 캐나다 CEO, 멕시코 대주주, 한국 주주와 미국 본사까지 모두 이익을 볼 수 있다. 반대로 경영을 잘하지 못하면 모두 피해를 본다.

전 세계에서 온 많은 사람들의 이익이 긴밀하게 연관된 것이 바로 글로벌화의 최대 장점이라 할 수 있다. 이들의 이익이 하나가 되면서 서로 간의 다툼보다는 협력이 훨씬 많아지고 더욱 효율적인 협력이 가능해졌다. 국경을 넘어 돈이 있는 사람은 출자하고, 능력이 있는 사람은 경영을 맡았다. 효율적으로 협력한 결과 모든 참여자는 이익을 얻고 이들의 국가도 이익을 얻어 진정한 윈-윈을 이루게 되었다.

그러나 이처럼 모든 참여자가 하나로 연결되는 것은 한편으로 글로벌화의 최대 단점이기도 하다. 연구에 따르면, 가변 요인이 많은 복잡한 시스템일수록 한 요인이 잘못될 때 전체 시스템에 문제가 발생할 확률이 훨씬 높다. 일반적으로 이처럼 방대하고 복잡한 시스템은 시스템적인 타격은 받지 않는다. 그러나 한 요인에서 문제가 발생하면 그것이 도미노처럼 영향을 미쳐 전체 시스템이 붕괴되는 결과로 이어진다.

앞에서 언급한 일본 요리 기업도 어느 한 쪽에서 문제가 나타나면 다른 참여자들에게 피해를 입힌다. 예를 들어 멕시코 경제가 환율 문제로 쇠퇴하면 멕시코 주주는 타격을 입게 되고, 이로 인해 자신의 주식을 팔아야 한다. 멕시코 주주의 자금이 빠져나가면 회사의 경영이 어려워져 문을 닫을 수밖에 없다. 이렇듯 멕시코의 경제 문제가 전 세계로 파급되어 중국, 캐나다, 한국, 미국의 참여자들까지 모두 피해를 보게 된다.

사실 글로벌화되지 않았던 과거에는 이런 문제가 존재하지 않았다. 중국인은 중국인으로 구성되고 중국 시장의 수요를 만족시키는 기업에 참여했기 때문에 멕시코에 경제 문제가 발생해도 그로부터 받는 영향은 매우 미미했다. 그러나 글로벌화된 세계에서는 멕시코 중앙은행이 실책을 범하면 그 영향이 멕시코뿐만 아니라 바다 건너 중국의 직원들에게도 영향을 미친다.

이처럼 글로벌화가 가져다주는 협력과 효율에는 상응하는 대가가 존재한다. 이는 더욱 복잡한 시스템으로 인해 생겨나는 더 큰 리스크와 불확실성이다. 세계 각국이 정상적으로 운영된다면 모든 참여자는 예전보다 훨씬 높은 수익을 얻을 수 있지만, 참여자 중 누구에게라도 문제가 발생하면 수많은 죄 없는 사람들이 같이 피해를 보게 된다. 금융위기가 발생하기 전 세계 각국은 글로벌화의 혜택을 누렸지만, 금융위기가 발생하자 금융위기는 마치 바이러스가 퍼지듯 세계로 퍼져 나가 세계 각지에 재난을 안겨 준 것도 바로 이런 맥락이다.

제5장
자본 시장의 논리

실물 경제의 반대편 - 금융 경제

　사업을 시작해 자본을 운용하면서부터 글로벌 시장에 진입해 크게 성공할 때까지 줄곧 실물 경제를 접하게 된다. 실물 경제를 무술에 비유하면 신체와 근육을 단련하는 '외공'과 같아서 경영 전략이나 제품 생산 등 모든 과정을 직접 보고 만질 수 있다. 그런 한편으로 실물 경제와 공존하면서 자본 시장의 모습으로 등장하는 금융 경제가 있다. 금융 경제는 내부의 기와 에너지를 단련하는 '내공'과 같아서 직접 보거나 만질 수 없지만 모든 사람이 이를 느낄 수 있다.

　무공이 절정에 달하기 전 자기 자본으로 작은 규모의 사업을 할때는 외공만 익혀도 큰 상관이 없다. 그러나 사업 규모를 확대하려면 반드시 자본 시장에 뛰어들어 금융 경제라는 내공을 익혀야 한다. 즉, 사업이 발전하는 과정에서 자본 시장에 언제 진입할지를 결정해야 하는 결단의 순간을 맞게 된다.

　금융 경제는 실물 경제와 긴밀한 관계를 맺고 병행하는 시스템이라 할 수 있다. 금융 경제는 마치 실물 경제의 만능 보완재와도 같다. 실물 경제의 부족한 부분을 완벽히 메우고 이를 더욱 튼튼하게 해 주기 때문이다. 다른 한편으로 금융 경제는 실물 경제의 다양한 변화를 충실히 반영하는 거울이기도 하다. 단, 금융 경제에 문제가 발생하면 실물 경제에 반영되는데, 이때 실물경제의 흐름을 바꾸고 파괴하는 사악한 거울이 될 수도 있다.

그 성격이 어떻든 간에 금융 경제는 사회에 큰 영향을 미친다. 자본 시장에서 자금 융자와 같은 직접적인 거래를 하지 않는다고 해도 겐로쿠의 회사는 금융 경제와 다양한 관계를 맺게 된다. 예를 들면, 자본 시장은 기업이 구입하는 원재료의 가격을 낮추기도 하지만 투자와 투기를 통해 원재료의 가격을 끊임없이 변동시킨다. 또한 겐로쿠의 수익도 자본 시장의 변화에 적지 않은 영향을 받는다. 기업은 시장에 자금이 풍부해 유동성이 높으면 더 많은 수익을 올릴 수 있고, 반대로 시장에 자금이 부족하면 더 높은 수익을 올리기 어렵다.

한편, 이처럼 금융 경제의 영향을 받는 것 이외에 겐로쿠는 사업이 어느 정도 커지면 자본 시장에 적극적으로 뛰어들어야 한다. 기업이 성장하는 과정에서 자금의 끊임없는 유입이 필요하기 때문이다. 자금이 투입되지 않으면 겐로쿠는 직원을 추가로 고용하거나 경영을 확대하고 더 좋은 제품을 연구 개발하기 위한 투자를 진행할 수 없다. 기업은 충분한 자금이 있어야 더 효율적인 경영을 할 수 있는데, 이때 기업에 자금을 조달해 주는 곳이 바로 자본 시장이다.

그러나 자본 시장은 자금을 제공하기 전에 과연 겐로쿠의 사업이 자금을 투자할 가치가 있는지 판단한다. 투자자들은 한정적인 자본으로 최고의 수익을 얻기 위해 가장 발전 가능성이 큰 사업을 선택할 수밖에 없다. 겐로쿠도 필요한 만큼 자금을 얻으려면 투자자들에게 자기 회사의 가치를 증명해야 한다. 그렇지 않으면 자본 시장에서 인정하는 만큼의 자금밖에 얻을 수 없다. 자본 시장 시스템은 이처럼 각 구성 요소가 각자의 중요도에 따라 그에 적합한 자금을 얻어 발전하도록 도와주는 역할을 한다.

시장의 인정을 받으면 겐로쿠는 여러 가지 수단을 통해 자금을 모을 수 있다. 예를 들면, 상장을 통해 회사의 주권 일부를 투자자들에게 팔거나 회사 자산을 담보로 은행에서 융자를 받을 수 있다. 또 은행의 중개 없이 투자자에게 직접 채권을 발행해 자금을 빌릴 수도 있다. 겐로쿠가 확보한 자금이 많을수록 회사가 창출할 수 있는 이윤이 높아지고, 이윤이 높아질수록 회사의 가치와 투자자의 수익률도 상승한다.

자본 시장 참여자들은 자금을 제공하는 것 이외에도 다양한 방법으로 겐로쿠를 도울 수 있다. 일례로, 은행은 기업의 사무적인 문제(예를 들면 무역에 필요한 외환 서비스 제공)를 해결해 줄 수 있고, 보험회사와 투자은행은 각종 리스크를 피하도록 도와줄 수 있다.

이렇게 필요한 자본과 관련 업체의 도움을 얻으면 겐로쿠는 향후 크게 성장할 수 있으며, 자신과 회사 직원들뿐 아니라 투자자들에게도 많은 혜택을 되돌려줄 수 있다.

이렇게 경제활동에 참여하면서 기업은 '어떻게 하면 자산의 가치를 최대로 높일 수 있는가'라는 고민에 빠진다. 이를 해결하는 가장 본질적인 방법은 새로운 제품을 개발하여 이를 바탕으로 새로운 시장을 개척하는 것이다. 더욱 품질이 좋고 효율적인 제품을 개발함으로써 기업은 새로운 고객 수요를 창출하고 이를 통해 투자자의 자산 가치도 높일 수 있다. 이렇게 되면 투자자들은 유동성이 필요할 때 자산을 현금화해 투자나 소비에 투입할 수 있어 더욱 안심하고 자본 시장에 자산을 투자할 것이다.

회사가 발전하면 겐로쿠와 회사 직원들은 더욱 부유해져서 새로운 투자자와 소비자로 성장한다. 그들은 자신의 자금을 운용해 기업의 새로운 발전을 자극하고, 소비를 통해 기업의 실적 상승을 돕는다. 이렇게 해서 전체 경제에 선순환이 형성되고, 모든 사람들이 이득을 얻게 된다.

이처럼 금융 경제를 잘 운용하는 것은 실물 경제와 전체 사회의 발전에 매우 중요한 요소다. 겐로쿠가 자신의 이익을 극대화함과 동시에 사회적 책임도 완수하려면 금융 경제와 자본 시장을 잘 이해하고 이를 잘 이용해야 한다. 또 우리는 더욱 많은 사람들이 참여하도록 금융 경제의 주요 참여자들과 그들이 수행하는 다양한 역할과 그로 인한 효과를 널리 알릴 필요가 있다.

가장 일반적인 금융 기관 – 상업은행

수많은 금융 기관 중에서 사람들에게 가장 익숙한 기관은 '상업은행(Commercial Bank)'일 것이다. 우리는 상업은행에 가서 돈을 맡기거나 찾는 등 서비스를 이용하고, 기업은 상업은행을 통해 외환 거래와 신용장 개설 등 다양한 업무를 처리한다. 이렇듯 상업은행은 경제가 원활하게 돌아가게 하는 윤활유 역할을 한다.

초창기의 상업은행은 도매은행과 소매은행으로 나뉘었다. 모건은행 같은 대형 은행은 개인을 상대로 하지 않고 주로 대기업과 거래하며 대규모 자금만 담당했다. 소액 거래는 보통 소매은행에서 취급했다.

그러나 지금은 상황이 바뀌어 상업은행들이 자금을 모으기 위해 서로 경쟁한다. 자금이 많은 은행일수록 더 많은 수익을 낼 수 있으므로 요즘 은행들은 고객이 돈을 맡기도록 다양한 방법을 동원한다. 여러 방법 가운데 가장 직접적이고 효과적인 것은 많은 이자를 제공하고 고객의 여유 자금을 끌어오는 것이다.

오늘날 돈을 맡기면 이자를 주거나 경제 상황에 따라 이자율이 바뀌는 것 등은 당연한 일이지만, 은행업이 시작되고 나서 초기에는 이자를 주지 않았다. 서양에서 가장 오래된 은행은 사실 금은방이다. 이곳에는 가장 안전한 금고가 있었기 때문에 돈 있는 사람들은 여유 자금을 자신의 침대 밑 대신 금은방의 금고에 보관했다. 이때 금은방은 오히려 돈을 맡긴 사람들에게서 보관료를 받았다.

근대에 들어서도 모건 등의 은행은 대규모 예금을 예치하는 고객에게조차 이자를 주지 않았다. 돈을 보관해주는 데다 모건의 고객이 되는 영예까지 얻었으니 오히려 자신들에게 비용을 지불해야 한다는 것이 모건이 내세우는 이유였다.

오늘날 은행이 이렇게 관대해진 이유는 당시의 금은방과는 다른 상황에 놓여 있기 때문이다. 이제 은행은 돈을 받으면 금고에 넣어 보관하지 않고 대출을 통해서 이자 수익을 얻는다. 이렇게 은행과 고객의 관계는 초기와는 정반대가 되었다. 초창기의 은행은 사람들에게 돈을 받으면 리스크(금고 도난)만 늘어날 뿐 아무런 수익이 없었다. 그래서 사람들이 은행을 이용하려면 은행에 그에 따른 비용을 지불해야 했다. 그러나 요즘의 은행들은 대출을 통해서 수익을 얻으므로 오히려 은행이 고객을 찾는 상황으로 바뀌었다. 고객의 돈을 많이 확보할수록 은행이 벌어들이는 수익은 더욱 많아진다.

또한 은행은 자금을 빌려줄 곳이 많으므로 기업이 대출금을 갚지 못할 리스크만 제거하면 기업에 자금을 빌려주고 받는 이자를 고객에게 돌려주는 이자보다 높게 책정해서 수익을 올릴 수 있었다. 이후 은행 간의 경쟁이 치열해지면서 은행 이자는 점점 높아졌다. 돈을 맡기는 사람들도 모건 같은 유명 은행의 고객이 되어도 별 소득이 없었지만 다른 은행에 돈을 맡기면 확실히 수익을 올릴 수 있었다. 이렇게 되자 모건처럼 브랜드 효과만 믿고 이자를 주지 않는 은행은 점차 사라지고, 높은 이자를 주는 은행으로 사람들과 자본이 몰렸다. 1950년대 말이 되자 모건 역시 자금의 유혹을 견디지 못하고 대중에게 대문을 활짝 열었다.

상업은행은 예금과 대출을 통해 자본의 효율을 높이고, 실물 경제에 중요한 유동성을 제공했다. 방치되어 있던 자금들은 상업은행의 운용을 통해서 자금이 급히 필요한 겐로쿠 같은 기업가에게 유입되었다. 이를 통해 은행에 자금을 맡긴 고객은 이자 수익을 얻고, 겐로쿠 같은 기업가는 사업을 발전시켰으며(경제를 자극하고 취업 기회를 제공), 상업은행도 이윤을 얻어 사회 전체가 이익을 얻는 구조가 형성되었다.

자본을 필요한 곳으로 이동하게 하여 경제의 효율을 높이는 것 이외에 상업은행이 하는 중요한 역할은 중앙은행이 정한 화폐정책을 집행하여 경제 내에 유통되는 화폐량을 조절하는 것이다. 중앙은행이 화폐 정책을 수립하면, 이를 최종적으로 집행하는 곳은 중앙은행 자신이 아니라 대형 상업은행들이다.

중앙은행이 화폐의 유통량을 조절하는 방법 중 하나는 은행의 지급준비율*을 정하는 것이다. 예를 들어 중앙은행이 지급준비율을 20%로 정하면, 은행은 100위안의 예금 가운데 80위안만 대출할 수 있고 나머지 20위안은 미래의 수요를 위해 남겨 놓아야 한다. 은행이 이렇게 남겨 두는 자금이 많을수록 경제에 유통되는 자금은 더욱 줄어들고, 은행에 남겨지는 자금이 적을수록 경제에 운용되는 자금은 더욱 늘어난다.

이 밖에 은행 대출에 적용하는 기준 금리를 조절할 수도 있다. 중앙은행이 금리를 올리면 상업은행도 이에 맞춰 금리를 올려야 한다. 금리가 올라가면 저축하는 사람이 늘어나 경제 내에 유통되는 자금이 줄어든다(유동성 축소). 반대로 중앙

* 은행이 고객으로부터 받은 예금 중에서 중앙은행에 의무적으로 예치해야 하는 비율.

은행이 금리를 내리면 상업은행도 금리를 내려야 하고, 이렇게 되면 저축하려는 사람보다 자금을 외부로 유통해 더 높은 수익을 추구하는 사람이 늘어난다(유동성 확대).

이 두 가지 방법을 통해 중앙은행은 화폐의 유통량과 유통 속도를 조절할 수 있다. 화폐 유통량이 많고 유통이 빠를수록 경제 발전은 더욱 빨라지고, 화폐 유통량이 적고 유통이 느릴수록 경제 발전은 완만해진다.

상업은행은 이렇게 중요한 사회적 책임(자금 이동과 화폐 유통 조절)을 담당하고 있기 때문에 모든 나라에서는 각종 규정을 제정해 중앙은행과 은행 감독 기관을 통해 상업은행의 운영을 엄격히 관리한다. 이후 상업은행이 글로벌화됨에 따라 각국은 은행 감독에 관한 국가 간 협력 증대를 위한 바젤은행감독위원회(Basel Committee on Banking Supervision, BCBS)를 출범시켰다. 바젤은행감독위원회는 시대적 요구에 부응하고자 매년 서너 차례 회의를 열고 상업은행 관리 방안을 논의한다.

그러나 상업은행이 이런 기관에 둘러싸여 있는 것이 반드시 좋은 일만은 아니다. 상업은행은 사회적 책임을 지는 '공공시설'이면서 동시에 이익을 추구하는 민간 기업으로, 이 두 가지 목적은 상충된다. 예를 들면 다음과 같다. 사람들이 은행에 저축을 하면 은행은 자금을 최대한 대출해 예금 이자와 대출 이자 사이의 차익을 거두려 한다. 그런데 은행에 남아 있는 자금이 너무 적은 상태에서 갑자기 예금 인출 사태가 일어나면 지급할 돈이 없는 은행은 문을 닫을 수밖에 없다. 은행이 문을 닫으면 실물 경제 운용에 필요한 공공시설이 하나 없어지므로 예금자와 자금 수요자 모두 피해를 보게 된다.

그러므로 공공의 이익을 지키기 위해 정부는 은행의 도산을 막아야 한다. 정부는 이를 위해서 은행이 일정한 지급준비금을 남기도록 요구함으로써 은행의 안정성을 확보한다. 그러나 너무 엄격한 관리로 인해 남아 있는 자금이 지나치게 많으면 은행은 수익을 낼 기회를 잃고, 겐로쿠처럼 자금이 필요한 창업자도 자금을 얻지 못해 사업을 포기하게 된다. 결과적으로 실물 경제에 좋지 않은 영향을 미치게 되는 것이다. 그래서 공공 이익과 상업은행의 상업적 이익이 어떻게 해야 균형을 이룰 수 있을지는 정부에게 난제가 아닐 수 없다.

자금과 관련된 모든 서비스를 제공하다 - 투자은행

투자은행도 자본 시장에서 없어서는 안 될 중요한 요소다. 투자은행은 주식 시장에 투자하는 것 이외에도 각종 금융 상품을 만드는 일을 한다. 이를 통해 투자자들은 다양한 금융 상품을 이용할 수 있다. 만약 소비자의 요구를 충족시키는 금융 상품이 없으면 투자은행은 소비자의 요구에 부합하는 맞춤 서비스를 제공한다. 이 밖에 금융 상품을 사려는 구매자와 이를 팔려는 판매자를 연결해주고 중개 수수료를 받아 수익을 얻는다.

이렇게 보면 투자은행은 시장 안의 수요자와 공급자 양측의 수요를 만족시키는 중개인이라 할 수 있다. 이것은 사실 부동산 중개와 별반 다를 것이 없는데 단지 부동산 중개보다 관여하는 업무가 훨씬 많을 뿐이다. 투자은행은 시장에 관련된 대부분의 업무에 관여한다.

그러나 실질적으로 투자은행은 부동산 중개보다 훨씬 중요한 역할을 한다고 볼 수 있다. 부동산 중개업자가 없어도 사람들은 직접 살 건물이나 세입자를 찾을 수 있지만, 투자은행이 없으면 사업가는 사업을 크게 발전시킬 수 없다. 일례로, 겐로쿠가 상장해서 자금을 모집한다면 투자은행에 의뢰해 투자 의향이 있는 투자자를 찾아야 한다. 자금을 빌리려고 할 때도 겐로쿠는 투자은행을 통해 채권자를 물색한다. 또 여유 자금으로 투자하려고 해도 투자은행을 찾아야 하고, 손실을 보아 채무를 재조정할 때도 투자은행을 찾아야 한다.

투자은행은 이러한 금융 업무에 정통해 각 상황을 관리하거나 투자자를 찾는 데 별 어려움이 없지만, 겐로쿠가 직접 이 일들을 처리하려고 하면 여러 가지 어려움에 부닥칠 것이다. 따라서 자금과 관련된 일은 처음부터 끝까지 투자은행에 위탁하는 것이 좋다. 물론 서비스 비용이 만만치 않게 든다는 문제가 있다.

한편, 투자은행에는 여러 종류가 있다. 골드만삭스(Goldman Sachs) 같은 대형 투자은행은 대부분 모든 서비스를 동시에 제공한다. 어떤 투자은행은 상업은행의 일부가 되어 일반적인 투자은행의 업무 외에 상업은행의 각종 서비스까지 제공한다. 예를 들어 메릴린치 증권은 뱅크 오브 아메리카에 인수되어 상업은행 서비스도 함께 제공한다. 또 일부 투자은행은 한 가지 서비스만 제공하고 다른 업무는 하지 않는다. 일례로, 라자드 투자은행은 M&A 컨설팅만 전문적으로 취급한다.

투자은행은 종류도 많고 업무도 다양하지만 그들이 담당하는 업무는 크게 '컨설팅'과 '매매' 두 종류로 나눌 수 있다. 예를 들어 겐로쿠가 투자은행을 찾아가서 앞으로의 사업 방향에 대해 자문을 하면 투자은행은 컨설팅을 해주고 그 대가로 컨설팅비를 받는다. 또 라자드처럼 M&A 컨설팅에 정통한 은행은 고객을 위해 M&A 전략을 수립하고 인수 자금까지 모집해 이에 대한 컨설팅비와 수수료를 함께 받는다.

주식 매매의 경우, 투자은행은 자신이 직접 투자하거나 투자자에게 거래 관련 서비스를 제공하고 수수료를 받는다. 예를 들면, 주식 거래를 원하는 겐로쿠가 골드만삭스에 계좌를 개설하고 그곳 서비스를 이용해서 주식을 매매하면 골드만삭스는 서비스 제공에 대한 수수료를 받는다. 또 골드만삭스가 직접 주식을 거래하기도 하는데, 이때는 수익과 손실 모두 자신의 몫이 된다.

이렇게 겸업이 늘어나자 '차이니즈월(Chinese Wall)'*이라는 자본시장법이 만들어져 내부 거래로 정보가 교환되는 것을 금지했다. 이것은 투자은행이 다양한 업무를 취급하여 서로 연관된 부서 간의 내부 거래를 통해서 부당한 이익을 취할 수 있기 때문이다.

예를 들어 겐로쿠가 주류 회사를 설립하고 골드만삭스를 M&A 자문사로 선임했다고 가정해 보자. 골드만삭스는 겐로쿠에게 성장 잠재력이 크고 회사 전략과도 부합하

* 투자은행이나 증권 회사의 사내 정보 교류 차단막.

는 왕샤오얼(王小二) 주점을 인수하라고 조언한다. 골드만삭스의 제안이 괜찮다고 생각한 겐로쿠는 다시 그들에게 왕샤오얼 인수를 위한 세부 전략을 위탁한다.

이때 누군가가 겐로쿠보다 먼저 왕샤오얼을 인수한 후 다시 겐로쿠에게 판다면 중간에서 큰 이익을 챙길 수 있을 것이다. 따라서 겐로쿠는 최대한 인수 사실을 숨겨 다른 사람이 중간에서 폭리를 취하지 못하게 한다.

그런데 이미 겐로쿠의 인수 계획을 잘 알고 있는 골드만삭스 M&A 팀이 주식 팀에 해당 사실을 알리고 왕샤오얼 주식을 사들이게 한다면, 골드만삭스는 겐로쿠에게서 큰 이득을 취할 수 있다. 반대로 골드만삭스 주식 팀이 먼저 기업 몇 곳을 인수한 후 M&A 팀이 겐로쿠에게 이 기업들을 비싼 가격에 사게 할 수도 있다. 왕샤오얼 주점도 미리 싼 가격에 인수했다가 겐로쿠에게 몇 배, 혹은 수십 배의 가격에 넘길 수 있다.

그러나 이런 거래는 매우 불공정한 거래로 사기나 다름없다. 따라서 각국은 투자은행의 M&A 팀과 주식 팀이 공모하지 못하도록 '차이니즈월'을 운영하고 관련 법률을 통해 해당 부서들의 분리를 강제한다. 정보 교류 차단막을 차이니즈월이라고 부르는 이유는 이 차단막이 중국의 만리장성처럼 견고하고 빈틈없이 막아줄 것이라고 생각하기 때문이다. 중간에 차이니즈월이 있기 때문에 투자은행의 각 부서는 불공정한 내부 거래를 하지 않고 각자 맡은 바 임무를 다할 수 있다.

물론 이런 법적인 장치가 있다고 해서 투자은행이 절대로 불공정 거래를 하지 않는다고 장담할 수는 없다. 최근 미국 금융 당국이 골드만삭스를 사기 혐의로 고소한 것도 불공정거래에 기인한 것이다. 손실을 볼 수 있는 파생상품을 투자자들에게 제대로 알리지 않고 판매해 고객들에게 수억 달러의 손실을 입혔기 때문이다. 그러므로 겐로쿠는 투자은행이 제공하는 다양한 서비스를 이용하면서 이런 낭패를 당하지 않도록 항상 주의해야 한다.

만능형, 교제형, 제갈량형 – M&A 컨설팅

M&A 컨설팅은 투자은행의 중요한 업무 중 하나다. 겐로쿠가 다른 기업을 인수하거나 다른 기업에 인수되는 M&A의 상황에 처하면 반드시 M&A 컨설팅 회사의 도움을 받아야 한다. 이들의 도움 없이는 아무리 자금이 많다고 해도 다른 기업을 인수하기가 쉽지 않다. 게다가 M&A 전략을 충분히 이해하지 못하면 어떤 기업을 인수해야 할지 알 수 없다. 자본 운용에 대한 확실한 이해가 없으면 인수 대상 기업의 가치를 정확히 판단할 수 없고, 주위의 충분한 협조가 없다면 많은 사람들의 적대감과 반발을 불러일으킬 것이다. 즉, 전문가의 도움이 없다면 일련의 인수 과정을 원활히 진행할 수 없고, 자신에게 필요한 법률을 파악하고 상대를 제압할 인수 전략을 세울 수 없다. 더욱이 자금 조달 방법이 없다면 더 큰 대상 기업을 인수할 수 없다.

이때 M&A 컨설팅 능력이 뛰어난 투자은행을 찾는다면 위의 문제를 모두 해결할 수 있다. 이런 의미에서 보면 그들이 받는 수백만, 수천만의 비용이 전혀 터무니없는 것은 아니다. 기업 인수에 성공해 수십억, 수백억의 이익을 창출하면 그 비용은 오히려 아무것도 아니기 때문이다. 그렇다면 어떤 M&A 컨설팅이 좋은 컨설팅일까? 사회가 발전하면서 투자은행의 M&A 컨설팅도 끊임없이 변화했지만 보통 세 가지 스타일로 나눌 수 있다.

첫 번째 스타일은 '만능형'이다. 자본 시장이 형성되고 나서 초창기에는 기업의 수요 증가로 자금이 부족해 자금 조달 능력이 뛰어난 투자은행이 절대적 우세를 차지했다. 이들은 자금에서 전략까지 모든 과정을 담당했는데, 이 스타일의 가장 대표적인 은행이 바로 J. P. 모건이다. 19세기 말부터 20세기 초까지 기업들은 자금이 필요하거나 사업 확장, M&A를 하려고 할 때 제일 먼저 월스트리트 23번가의 모건은행을 떠올렸다. 만약 J. P. 모건과 협력을 통해 좋은 관계를 유지하면 빠르게 발전할 수 있었다. 모건이 모든 일을 완벽히 처리하여 그를 세계 제일의 사업가로 만들어주었기 때문이다. 당시 모건의 영향력은 이처럼 막강해서 기업가들은 그의 고객이라기보다는 오히려 부속품과도 같았다.

두 번째 스타일은 '교제형'이다. 제2차 세계대전 이후 이런 형식의 투자은행이 주류를 이루었다. 당시 사람들은 좋은 인간관계가 성공을 가져온다고 생각해 중간에서 다리를 놓아 주는 사람을 선호했고, 투자은행들은 이를 위해 뛰어난 정보력과 친화력을 갖추었다. 이 중 가장 대표적인 인물은 펠릭스 로하틴(Felix Rohatyn)이다. 그는 프랑스의 명문 유대 가문 출신으로 어머니는 당시 라자드 투자은행의 전 CEO 앙드레 마이어의 정부였다. 마이어는 그녀를 무척 아껴서 로하틴이 대학을 졸업하자 그를 제자로 받아들였다.

마이어의 밑에서 한동안 일을 배운 로하틴은 뛰어난 능력을 발휘해 M&A 업계의 일인자로 올라섰다. 로하틴의 특기는 누구와도 쉽게 친해지는 친화력이었다. 이런 능력 덕분에 기업을 인수하려는 사람은 모두 로하틴을 찾아왔고, 기업주들 대부분을 아는 로하틴은 양측에 모두 이익이 되는 계약을 성사시켜 모든 이의 신뢰를 얻었다. 그는 유럽의 기반을 바탕으로 타 대륙의 현지 대기업이나 그룹과 친밀한 관계를 맺어 영향력을 전 세계로 넓혔다.

세 번째 스타일은 '제갈량형'이다. 1970년대 이후 자본 시장은 점차 인맥을 중시하던 국면을 벗어나 무한 경쟁 시대로 돌입했다. 이런 상황에서 기업가들은 승리를 돕는 투자은행을 가장 선호했고, 이런 류의 투자은행은 다양하고 뛰어난 전략을 보유했다. 그중 가장 대표적인 인물은 브루스 바서스타인(Bruce Wasserstein)이다. 제갈량형의 특징은 남들이 생각하지 못하는 기발한 방법으로 상대를 인수하거나 상대에게 인수되는 것을 막는 것이다. 이를 위해서는 경쟁 상대보다 관련 법률이나 금융 데이터, M&A 전략에 훨씬 밝아야 한다.

바서스타인은 이런 요구 사항에 모두 부합했기에 제갈량형의 대표 주자가 될 수 있었다. 그는 퍼스트 보스턴(First Boston)에서 변호사로 일하며 수많은 M&A 경험을 쌓았고, 곧이어 독창적인 M&A, 반 M&A

전략으로 명성을 떨쳤다. 그의 수많은 전략 중에서 가장 유명한 것은 '역매수 전략(Pac-Man Defense)'이다. 보통 인수 기업이 대상 기업의 주식을 매수하면 대상 기업은 활력을 잃거나 누군가가 자신을 구해주기를 바란다. 그러나 역매수 전략은 매우 공격적인 전략으로 대상 기업이 역으로 인수 기업을 인수하려고 나선다. 만약 인수 기업이 이를 방어할 자금이 부족하면 오히려 대상 기업에 인수되거나, 그렇지 않더라도 쌍방 모두 큰 피해를 보게 된다. 이후 이 전략은 광범위하게 사용되어 바서스타인의 대표적인 전략이 되었다.

M&A가 성행하던 1980~1990년대에 바서스타인과 같은 뛰어난 전략가들은 독립해 창업을 했고, 많은 기업들은 그들의 서비스와 자문을 얻고자 기꺼이 수천만 달러를 지급했다. 그러나 이후 상황이 바뀌어 지금은 이러한 전략만으로 고액의 비용을 받기는 어렵다. 오늘날 고객들이 원하는 것은 모든 서비스를 제공하면서도 친절한 투자은행이다. 고객은 투자은행이 자신을 위해 M&A 전략을 세워 대상 기업을 인수하거나 자신이 인수되는 것을 막고, 이후 필요한 자금을 조달해 주기를 바란다. 그래서 전면적인 서비스를 제공하는 투자회사나 투자은행이 다시 기업들의 환영을 받기 시작했다.

단, 겐로쿠가 투자은행을 선택할 때에는 이러한 전면적인 서비스 외에도 반드시 투자은행의 신용을 살펴봐야 한다. 투자은행은 맡은 업무에 최선을 다하기보다 자신의 이익을 위해 고객의 이익을 희생할 유혹에 쉽게 넘어갈 수 있기 때문이다. 그중 가장 흔히 볼 수 있는 유형은 고객에게 별 필요도 없는 대기업을 비싼 가격에 사게 하는 것이다.

만약 고객이 빚을 안고 대기업을 산다면 득보다 실이 더 많고 이
자 비용만으로도 큰 부담이 될 수 있다. 반면, 투자은행은 인수 금액
이 높을수록 자신이 받을 수 있는 서비스 비용이 많아진다. 인수의
성공 여부는 대부분 몇 년이 지나야 알 수 있기 때문에 투자은행은
이러한 불확실성을 이용하여 고객이 장기적으로는 손해를 볼 수 있
는 결정을 내리게끔 계속 설득한다.

그러므로 겐로쿠는 투자은행의 업무 능력 이외에도 그들의 직업
적 윤리의식을 잘 살펴봐야 한다. 물론 가장 좋은 방법은 겐로쿠 자
신이 M&A 분야에 대한 지식을 갖추거나 이를 잘 아는 직원을 채용
해 이런 문제를 사전에 방지하는 것이다.

미지의 리스크를 막아주는 보호막 - 보험 회사

보험 회사는 자본 시장의 중요한 구성체 중 하나다. 2008년 보험
업계에서 다룬 금액이 4조 3,000억 달러에 이르러 규모 면에서 이미
무시할 수 없는 세력으로 성장했다.

보험은 리스크를 다수가 분담함으로써 개인의 파산 위험을 피하
려는 데서 유래했다. 또한 불확실성에 대한 두려움도 보험 수요가
늘어나는 데 한몫했다. 예를 들어 대항해 시대 초기에 사람들은 배
를 타고 바다로 나가면 언제 무사히 돌아올지 장담할 수 없었다. 그

래서 일부 사람들은 출항한 배가 사고를 당할 확률을 계산해 가격을 산출한 다음 이를 토대로 출항하는 상인에게 보험을 제공했다.

예나 지금이나 사람들이 보험을 드는 이유는 뜻하지 않은 사고로 발생하는 손실이 너무 커서 개인이 감당할 수 없기 때문이다. 이는 보험 회사의 이익에 부합한다. 사람들이 너무 작은 일에 보험을 들면 수납한 보험비로는 회사 운영비도 충당할 수 없기 때문에 보험업계는 사람들이 일정한 조건에 해당하는 일에 대해서만 보험을 들도록 한다. 그 조건을 보면, 우선 일정 규모 이상의 자주 접할 수 있는 일이어야 한다. 그래야만 보험 회사가 사람들의 자금을 모으고 사고가 동시에 발생하지 않는 확률을 이용해 이익을 취할 수 있기 때문이다.

사람들은 보험 기간에 계속 보험금을 납입하고, 사고가 발생하면 보험 회사에서 일정한 보상을 받는다. 예를 들어 매일 차를 모는 운전자는 일정 금액의 보험료를 내야 한다. 만약 계약 기간에 아무런 사고도 일어나지 않으면 보험금은 모두 보험 회사로 넘어가지만, 사고가 발생하면 보험 회사는 계약자에게 약속된 보험금을 지급해 주고 사고 처리를 모두 대행해 준다.

이론상으로 보험 사고가 일어날 확률은 모두 계산할 수 있다. 개인의 차량 햇수, 과거 교통사고 경험 등의 데이터를 통해 운전자의 운전 숙련도를 평가하고 이에 따라 보험료를 산출하면 된다. 물론 그렇다고 해서 운전자가 사고를 내지 않는다고 단정할 수는 없다. 수십 년 무사고 운전자도 100% 안전한 것은 아니다. 그러나 보험 회사가 각 개인의 사고를 낼 확률을 일일이 알 필요는 없고 평균 사고 발생률이 어느 정도인지만 알면 충분하다. 예를 들어서 보험 회사가 100명당 1명 정도 교통사고를 낼 확률이 있고 보상금이 1,000위안 필요하다는 것을 알면 가입자들에게 10위안씩 보험료를 받음으로써 손해를 보지 않을 수 있다. 이는 개인에게도 이익이 된다. 미래는 불확실성으로 가득 차 있기 때문에 사람들은 자신의 구체적인 리스크를 알지 못한다. 이러한 상황에서 보험이 있으면 불확실성의 위험을 줄이고 일정 금액의 보험료로 갑작스러운 사고로 인한 재정적 위험을 없앨 수 있다.

어떤 보험 회사는 대담한 결정을 내리기도 한다. 아메리칸 인터내셔널 그룹(American International Group, Inc., AIG)은 특수한 케이스도 단독으로 보상해주며, 영국 로이드사(Lloyd's)는 스타의 신체 부위 보험 같은 각양각색의 보험을 다룬다. 이런 회사들은 재정 상태가 튼튼해서 어떤 상황에도 대처할 수 있어 보험 가입자를 최대한 끌어모아 리스크를 분산하려고 할 필요가 없다.

한편, 단체 보험이든 개인 보험이든 간에 보험 회사는 보험 사고에 대해 명확한 정의를 내려야 한다. 예를 들면, 정신적 손상 같은 경우는 보험에 가입할 수 없다. 이것은 개개인이 생각하는 사고의 범위가 제각기 다르기 때문이다. 반면 교통사고 같은 경우는 누구나 한눈에 알 수 있어 보험료나 보상금을 손쉽게 규정할 수 있다. 또 보험 사고는 반드시 우연히 일어난 일이어야 한다. 그렇지 않으면 보험 회사가 산출하는 일반적인 사고 확률은 의미가 없어진다. 보험 가입자들이 보험 사고의 가능성을 필연으로 만들 수 있기 때문이다. 그래서 상해 보험은 불의의 사고에 대해서만 보장하고 자살의 경우에는 보장하지 않는다. 그렇지 않다면 많은 사람들이 보험을 든 뒤 고의로 사고를 일으켜 높은 보험금을 받아 낼 것이다.

우연한 사고에 대해서만 보상한다는 것 이외에 보험 회사가 가장 주의하는 점은 보험 가입자층의 구성이다. 자동차 보험 가입자가 운전 초보자 이외에도 다양한 사람으로 구성된다면 사고발생으로 인한 보험금 지급은 그만큼 줄어들 수 있다. 만약 가입자층의 다양한 구성에 실패한다면 보험 회사는 보험료를 아무리 많이 받아도 항상 적자일 것이다. 또 수해, 태풍, 지진 같은 자연재해는 일반적인 사고 확률로 계산할 수 없다.

이론적으로는 보험회사가 다양한 지역에 보험을 제공해서 리스크를 분산할 수 있으나 그것은 현실에서는 실현되기 어렵다. 예를 들어 중국 시안(西安)에서는 태풍이 거의 발생하지 않아 사람들이 태풍 발생에 대한 리스크에 대비할 필요가 없지만, 플로리다(Florida)는 태풍이 자주 발생하는 지역이어서 모든 사람들이 태풍 발생에 대한 리스크에 대비하기를 원한다. 이렇듯 자연재해에 대해서는 각 지역에서 직면하는 리스크가 모두 다르므로 자동차 보험처럼 일률적으로 보험 가입을 요구하기가 쉽지 않다.

만약 보험 회사가 플로리다에만 태풍 보험을 제공한다고 해도 고객들은 달가워하지 않을 것이다. 태풍 피해를 전부 감당하려면 상당히 비싼 보험료를 내야 하기 때문이다. 보험료가 재난 손실액과 별 차이가 없다면 보험 회사에서 서비스를 제공한다고 해도 보험을 드는 사람은 별로 없을 것이다. 그래서 많은 보험 회사들은 아예 천재지변에 대해 보험을 제공하지 않고, 미국에서는 연방 정부가 천재지변에 의한 피해를 보상한다.

한편, 보험 회사는 대규모 보험금을 통해 자본 시장에서 중요한 역할을 한다. 그들은 고객의 보험료를 단지 사고의 보상을 위해 금고에 쌓아 두지는 않는다. 보험료 1,000위안을 10%의 수익 상품에 투자하면 이후 1,000위안을 보험금으로 지급하더라도 보험회사는 100위안의 수익을 얻을 수 있다. 물론 수익은 높을수록 좋지만, 그렇다고 아무 데나 투자할 수 없다. 손실이 발생하면 보험금의 공백을 메울 수 없기 때문이다. 게다가 수익률이 높은 상품은 대부분 리스크가 크기 때문에 대부분의 나라에서는 보험 회사가 손실을 보지 않도록 리스크가 낮은 자산에 투자할 것을 요구한다. 또 만일의 손실에 대비해 보험 회사의 보험을 전문적으로 다루는 재보험 회사도 등장했다. 이를 통해서 보험 회사는 보험 가입자에 대한 책임을 모두 감당할 수 있다.

리스크 회피를 위해 많은 보험 회사들이 채권 시장에 자금을 투자했고, 이 자금은 금리를 좌지우지하는 강력한 자본이 되었다. 일부 자금은 자본 시장으로 흘러들어갔는데, 버핏 같은 투자자는 자신의 보험 회사의 이윤을 이용해 더 많은 기업을 인수하기도 했다. 그 밖에 보험 회사는 다른 많은 기업들의 리스크를 부담한다. 이처럼 보험 회사는 여러 부문에서 전체 경제의 운영에 영향을 미치고 있다.

뛰어난 후발 주자 – 헤지펀드

앞서 살펴본 전통적인 금융 기관 외에 '헤지펀드(Hedge Fund)'도 기업의 운명에 많은 영향을 미친다. 1950년대에 발전하기 시작한 헤지펀드는 주로 고액 투자자나 기관으로부터 자금을 모집했기 때문에 일반 투자자와는 관련이 없었다. 또 많은 헤지펀드들이 조세와 정부의 규제를 피할 목적으로 카리브해의 버뮤다와 같은 조세 회피의 천국에 회사를 설립했기 때문에 대중화되지 못했다. 그러나 그들이 운용하는 자금은 약 2조 달러에 달해 이미 자본 시장의 주요 세력으로 성장했다. 만약 겐로쿠가 큰 수익을 얻었다면 이후 헤지펀드에 투자할 기회가 생길지도 모른다.

헤지펀드는 운영상 몇 가지 특징이 있다. 사람들은 대부분 높은 레버리지(Leverage)*를 이용해 수익률을 높인다. 세부적으로 보면, 헤지펀드의 운영 방식은 융통성이 뛰어나고 다양한 전략을 구사한다. 또 폐쇄적으로 운영되어 펀드매니저 외에는 펀드의 구체적인 전략을 알 수 없고, 심지어 투자자들도 대략적으로 알 뿐이다. 펀드는 보통 매우 복잡하게 운영되는데, 공매도, 금리 재정 거래(Interest Arbitrage)**, 파생상품 거래 등의 방식을 통해 헤징(Hedging)***이나 차익 거래****, 스프레드 거래* 등을 진행한다.

* 차입을 통해 투자 수익률을 높이는 투자법.
** 국가 간에 금리 차이가 존재할 경우 저금리국에서 고금리국으로 자금을 이동해 금리 차익을 얻는 거래.
*** 현물 가격의 변동으로 발생하는 손실을 줄이고자 현물과 반대되는 선물 거래를 설정하는 것.
**** 현물 가격과 선물 가격의 차이를 이용한 거래.

펀드의 구체적인 운영 방식을 모른다고 해도 해당 펀드의 전략의 효과는 자금의 수익률을 통해서 금방 알 수 있다. 헤지펀드는 수익을 내면 운영 보수와 수익에 따른 성과 보수를 취하는데, 보통 각각 2%와 20%를 받는다. 즉, 겐로쿠가 헤지펀드에 100위안을 투자하면 수익과 상관없이 매년 펀드매니저에게 2위안을 주고, 100위안에서 1위안의 수익을 올리면 추가로 2자오(角)의 수수료를 내야 한다.

이는 운영 보수가 1% 미만인 뮤추얼펀드(Mutual Fund)와 비교하면 굉장히 비싸다. 그래서 펀드매니저는 투자자들에게 헤지펀드에 그만한 가치가 있다는 것을 알려주기 위해 또 다른 조건을 내걸기도 한다. 예를 들어 많은 헤지펀드들이 '하이 워터마크(High Water Mark)' 규정을 채택하는데, 이는 투자자가 수익을 올렸을 때에만 성과 보수를 받는 것이다. 다시 말해, 겐로쿠가 초기에 투자한 100위안이 120위안으로 오르면 펀드매니저는 20위안에 대한 성과 보수로 4위안을 받고, 120위안이 하이 워터마크가 된다. 그리고 이후 겐로쿠의 투자 수익률이 하락해 다시 100위안이 되면, 펀드매니저는 하이 워터마크인 120위안으로 다시 오르기 전까지는 운영 보수를 받지 못한다. 겐로쿠의 투자가 하이 워터마크 이상으로 상승해야만 그는 성과 보수를 챙길 수 있다. 일부 헤지펀드는 하이 워터마크 이외에도 '최소 기대수익률(Hurdle Rate)'을 설정하기도 한다. 예를 들면, 펀드에 최소 기대수익률을 5%로 설정한 경우 수익률이 5% 이상이 되지 못하면 펀드매니저는 성과 보수를 받을 수 없다.

* 거래 대상 상품 간의 가격 차이(스프레드)를 이용해서 수익을 얻는 거래.

이런 조건이 붙는다고 해도 헤지펀드 비용이 다른 많은 투자의 수수료보다 굉장히 비싼 것은 사실이다. 따라서 헤지펀드가 많은 투자자들을 끌어들이려면 펀드매니저는 반드시 뛰어난 운영 능력을 갖추고 있어야 한다. 그러나 불행히도 모든 펀드매니저가 능력이 뛰어난 것은 아니다. 통계에 의하면, 헤지펀드 중 4분의 3이 장기적으로 일반 주가지수의 수익률을 뛰어넘지 못하고 있다. 게다가 높은 비용까지 고려하면 헤지펀드는 일반 다른 투자보다 수익률이 훨씬 떨어진다. 그래서 대부분의 헤지펀드가 3년도 되지 않아 파산하거나, 파산하지 않더라도 투자자들이 자금을 전부 회수해 간다.

미국의 투자 전문가이자 베스트셀러 작가인 나심 니콜라스 탈레브(Nassim Nicholas Taleb, 《블랙 스완(The Black Swan)》의 저자)는 주가지수보다 높은 수익률을 거둔 펀드는 운영이 뛰어나서가 아니라 단지 운이 대단히 좋았을 뿐이지만 투자자들은 이런 펀드에 투자하려고 앞다투어 몰려간다고 비판했다. 물론 운에 기대어 돈을 벌려고 하는 것을 탓할 수는 없다. 게다가 복리의 위력은 대단해서 정확한 펀드를 고르면 순식간에 서민층에서 부유층으로 도약할 수도 있다. 예를 들어 겐로쿠가 1970년에 조지 소로스(George Soros)*의 퀀텀펀드(Quantum Fund)에 10만 달러를 투자했다면 오늘날 개인 자산이 수억 달러에 달할 것이다.

능력 있는 펀드매니저는 놀랄 만한 성과를 내기 때문에 수수료가 2%/20%로 높아도 투자자들은 이를 전혀 아까워하지 않는다. 실제로 일부 유명한 펀드매니저는 2%/20% 이상의 높은 수수료를 요구하기도 한다. 요 몇 년 간 펀드매니저 중 개인 소득 1위를 차지한 제임스 사이먼스(James Simons)는 2%/20%의 두 배에 달하는 수수료를 받았다. 그가 운영하는 르네상스 테크놀로지스(Renaissance Technologies)의 운영 보수는 5%이고, 수익에 따른 성과 보수는 40%에 달했다. 물론 그의 펀드는 이렇게 높은 비용을 낼 충분한 가치가 있다. 1988년 회사를 설립한 사이먼스는 수수료를 제외하고 연평균 34%의 수익을 올렸다. 만약 그해에 겐로쿠가 사이먼스에게 10만 달러를 투자했다면, 현재 그 금액은 2,000만 달러로 불어났을 것이다.

그러나 이렇게 우수한 펀드를 찾는 것은 사실 굉장히 어렵다. 이제 막 시작한 펀드가 소로스나 사이먼스처럼 큰 수익을 안겨 줄지 또는 3년 안에 망하게 될지는 아무도 알 수 없다. 또 사람들이 좋은 펀드라는 것을 알았어도 그 펀드가 더는 새로운 투자자를 받지 않는 경우도 많다. 실제로 많은 펀드들이 자신의 높은 수익률을 유지하기 위해 투자자들의 자금을 모두 돌려주었다. 게다가 그들은 수익을 외부 사람과 나누지 않으려고 하는 경향이 강하다. 일례로, 르네상스 테크놀로지스는 펀드가 크게 성공한 이후 고객의 투자금을 모두 돌려주고 현재는 대부분 자사 직원과 매니저 자신의 자금으로 펀드를 운영한다.

그래서 겐로쿠가 좋은 펀드매니저를 찾으려면 가능한 한 빨리 시작하는 것이 좋다. 그렇다면 어떻게 해야 좋은 펀드를 찾아낼 수 있을까? 성공한 헤지펀드를 살펴보면, '뛰어난 이론가가 뛰어난 성과를 낸다'는 사실을 알 수 있다. 성과가 좋은 펀드는 대부분 수학에 뛰어난 사람들이 운영하기 때문이다. 예를 들어 르네상스 테크놀로지스의 제임스 사이먼스는 유명한 수학자이고, 그가 고용한 사람들도 대부분 수학, 물리학, 통계학 등에 정통한 과학자들이다. 이렇게 뛰어난 학술계 인물들이 모여서 매우 정밀한 컴퓨터 거래 프로그램을 만들었고, 이 프로그램을 통해서 사이먼스의 고객들은 상상하기 어려운 부를 얻었다. 물론 사이먼스 자신도 매년 십억 달러 이상의 수익을 거두었다.

그러나 펀드의 성공 여부는 학술적 배경과 거래 방법의 복잡성만 가지고 예측할 수 없다. 펀드를 수년간 관찰해도 정확히 알지 못할 수 있다. 살로몬 브러더스의 뛰어난 인재들과 노벨 경제학상 수상자가 만든 롱텀캐피털 매니지먼트(Long-Term Capital Management, LTCM)는 창립 이후 수년간 40%에 달하는 수익률을 올렸으나 1998년 한 해에 투자 자금을 모두 잃고 파산하고 말았다. 이처럼 대부분의 헤지펀드 매니저들은 미래의 투자 상황이 어떻게 변할지 알지 못한다. 하물며 겐로쿠가 이를 어찌 알 수 있겠는가?

서민들의 돈이 더 중요하다 – 쿡의 국채 판매

현대 자본 시장이 과거와 가장 다른 점은 헤지펀드 등 새로운 투자 방식이 발전했다는 것이다. 이전까지 시장에서 영향력을 행사하던 존재는 줄곧 부유층과 귀족이었다. 초창기 이탈리아의 메디치 가문에서 이후 로스차일드 가문, 모건 가문, 베어링은행 등의 부호는 모두 한 나라의 정치, 금융 지도자들과 교류했으며 일반 시민과는 별로 접촉하지 않았다. 모건은행은 처음부터 자금 규모가 큰 부자 고객과 기업, 기관에만 금융 서비스를 제공한다는 규정을 명시했다. 또 돈이 많다고 해서 모건은행과 거래할 수 있는 것도 아니었다. 모건은행은 벼락부자를 상대하지 않았기 때문에 유명한 기업가였던 조지프 케네디(Joseph Kennedy, 케네디 대통령의 아버지)도 모건은행에서 거래를 거절당한 적이 있다. 모건은행과 거래하려면 자금뿐 아니라 사회적 지위도 높아야 하고 모건은행의 기존 고객이 제공한 추천서도 있어야 했다.

그래서 로스차일드은행, 모건은행, 베어링은행 등은 자금 모집이나 증권 판매, 기타 자본의 운영 시에 대중에게 알리거나 참여를 유도하지 않았다. 자금이 필요하면 자신의 부유한 고객들과 다른 은행에 연락하면 모두 해결할 수 있었기 때문이다.

그러나 이렇게 대중의 참여를 거절하는 방식은 많은 개인들의 자금을 자본 시장으로 끌어올 수 없다는 폐단이 있다. 개개인의 자본은 그리 많지 않았지만 이를 모두 합하면 막대했고, 심지어 모든 대형 은행이 보유한 자본의 총합보다 훨씬 많은 금액이었다. 하지만 사람들의 자본이 유입되지 않자 자본 시장의 유동성은 줄어들었고, 그렇다 보니 대형 투자도 진행할 수 없어 결국 은행의 자금도 제대로 투자할 수 없었다.

이 문제를 제일 먼저 해결한 사람은 필라델피아(Philadelphia)에서 온 은행가 제이 쿡(Jay Cooke)이었다. 이 은행가가 진정한 두각을 나타낸 것은 미국 남북전쟁(American Civil War) 시기였다. 당시 링컨(Abraham Lincoln) 대통령이 이끌던 북군은 남군과 치열한 전쟁을 치르고 있었고, 군비 지출이 기하급수적으로 늘어났다. 이렇게 끊임없이 증가하는 군비를 확충하기 위해 연방 정부는 급히 채권을 팔아야 했다. 그러나 부호들의 자금만으로는 필요한 군비를 충당할 수 없었고, 개인들은 한 치 앞도 알 수 없는 전쟁을 지원하는 모험을 하려고 하지 않았다.

연방 정부는 어쩔 수 없이 쿡을 찾았다. 쿡은 이때 새로운 자금 조달 방법을 생각해 냈다. 그는 은행과 금융 기관에만 팔던 기존의 방식을 바꿔 채권을 마치 일상용품처럼 크게 선전하며 팔기 시작했다. 그는 신문에 계속해서 국채 매입이 애국적인 행위이자 높은 수익을 올리는 투자 방법이라고 알리는 글을 실었다. 또 고액의 국채를 잘게 분할해 자산이 적은 일반인들도 투자할 수 있게 했다. 쿡의 효과적인 선전과 원래는 부자들만 누리던 투자 방식에 대한 호기심에 힘입어 미국 국민은 너도나도 국채를 매입하기 시작했고, 금세 연방 정부의 수요를 만족시킬 만큼의 자금이 모였다.

국채의 성공적인 판매로 쿡은 미국 제일의 부호가 되었다. 당시 '제이 쿡만큼 부유한'이라는 유행어는 오늘날 '빌 게이츠만큼 부유한'이라는 말과 같았다. 그러나 이처럼 잘나가던 쿡도 몇 년 후 철도 회사 투기 실패로 파산하고 말았다.

그러나 쿡이 자본 시장 형성에 미친 영향은 실로 대단해서 아직도 그 영향력이 지속되고 있다. 국채 판매의 성공으로 민간 자본의 중요성이 부각되자 월스트리트는 이제 몇몇 거대 은행의 아지트가 아닌 모든 국민이 참여하는 넓은 마당으로 변모했다.

사람들의 참여로 자본 시장의 유동성이 크게 향상되자 기업들은 자본 시장에서 손쉽게 자금을 빌릴 수 있었다. 그들은 힘들게 돈을 벌어 서서히 회사를 키우는 것보다 자본 시장에서 필요한 자금을 빌려 단시간에 발전하는 편이 훨씬 낫다고 생각했다. 월스트리트도 민간 자본의 유입을 반겼다. 운영하는 자본이 많을수록 보수도 높아지기 때문에 그들은 힘껏 대중에게 다양한 금융 상품을 추천하고 투자 혜택을 끊임없이 선전했다.

곧이어 채권만으로는 수요를 충족할 수 없었고, 사람들은 주식과 펀드에 투자하기 시작했다. 장기적으로 보면 이는 정확한 선택이었다. 최근 100년 동안 주식, 채권 등의 누적 수익률은 다른 어떤 투자보다도 높았다. 이러한 추세는 현대에 최고조에 이르렀고, 컴퓨터와 인터넷이 보급되면서 누구나 집에서도 손쉽게 거래할 수 있게 되었다. 이후 주식 열풍이 불자 사람들은 너도나도 일확천금을 노리며 주식에 직접 투자했다.

주식에 직접 투자해 돈을 번 사람들도 있지만, 확률적으로 보면 돈을 번 사람은 적고 손실을 본 사람이 훨씬 많았다. 또 주식에 투자하려면 온 정신을 집중해야 하는데 일이 바쁘고 자금도 적은 개인 투자자에게 이는 쉬운 일이 아니었다. 그래서 대부분의 자금은 결국 전문 투자자들에게 위탁되었다.

전문 투자자들은 대규모 자금을 운영하지만 과거의 모건은행처럼 이를 마음대로 사용하지는 못한다. 그들은 투자자의 자금을 책임지며 리스크를 줄이고 높은 수익을 통해 사람들의 투자를 계속해서 끌어들여야 한다. 결국 제이 쿡이 이룬 국채 혁신은 자본 시장의 통제권을 일반인들에게로 넘기는 결과를 낳았다. 이는 "민심을 얻는 자가 천하를 얻는다"라는 말과도 통한다. 서민들의 자금이 자본 시장으로 유입될 때 표면적으로는 전문 투자자 세력이 시장을 좌지우지하는 것 같지만, 그 힘의 원천은 바로 서민들이다. 물은 배를 띄우기도 하지만 배를 뒤집기도 하듯이, 전문 투자자도 사람들의 신뢰를 잃으면 결국 아무것도 할 수 없게 된다. 따라서 월스트리트는 기업들이 자금을 쉽게 구할 수 있고 일반 투자자들이 높은 수익을 얻을 수 있는 선순환 구조를 구축해야만 사람들의 자금을 지속적으로 자본 시장으로 끌어들일 수 있을 것이다.

자본의 원천 – 서민들

헤지펀드 등 새로운 투자법은 대부분 시장에 새로 참여한 서민들의 자금을 통해서 발전했다. 그러나 이러한 자금은 일반적으로 서민들이 직접 헤지펀드에 투자하는 것이 아니라(자금이 상당히 많지 않은 이상) 정부가 중간에서 매개 역할을 한다.

각국의 정부는 국민의 생로병사와 의식주 문제 해결을 복지의 기본 정책으로 삼고 있다. 한 나라나 사회가 진보했는지의 여부는 첨단 기술이나 상류층의 삶이 어떠한지가 아니라 가난한 사람들이나 사회 하류층이 어떠한 대우를 받고 있는지를 통해 드러난다.

그러나 정부도 자금을 임의대로 만들 수 있는 것은 아니기에 정부가 국민이 원하는 복지 혜택을 제공하기 위한 충분한 자금을 확보하려면 일반인들과 마찬가지로 수익을 창출하고 자금을 저축해야 한다.

그런데 정부의 수입 원천은 세수가 유일하다. 정부가 세수를 통해 국민의 행동을 통제할 수 있다면 이는 매우 이상적인 시스템이 된다. 예를 들어 석탄처럼 전통적으로 오염이 심한 에너지원에 대해서는 세금을 높이고, 태양에너지 같은 친환경 에너지원에 대해서는 세금을 낮춰 사람들이 가능한 한 환경오염을 줄이도록 유도하는 것이다. 이 밖에 세수는 정부의 수익을 보장해야 하며 동시에 기업의 생존에 영향을 미쳐서는 안 된다. 즉, 세금이 너무 낮아 정부의 운영에 문제가 발생하는 일이 없어야 하며, 반대로 세금이 너무 높아 사람들이 창업이나 일할 의욕을 잃도록 만들어서도 안 된다. 가장 합리적인 방법은 정부가 경제 발전을 촉진하는 것이다. 국민이 부유해지면 세수가 늘어 정부도 재정을 넉넉히 유지할 수 있다.

정부는 의료, 교육, 사회 기초시설 건설 등 다방면에 지출을 해야 한다. 때로는 이러한 일상적인 지출 이외에 추가 지출이 발생한다. 예를 들어 경제가 쇠퇴하면 정부는 적극재정을 통해 경기 회복을 자극해야 한다. 이때 정부에 자금이 충분하지 않으면 정부도 개인이나 기관과 마찬가지로 돈을 빌려야 한다.

정부가 돈을 빌리는 것은 자신의 미래 수익을 현재의 돈으로 바꾸는 것이다. 채권자가 돈을 빌려주는 이유도 정부가 미래의 세수로 지금의 채무를 갚을 수 있다고 믿기 때문이다. 일반 채무와 마찬가지로 채권자가 정부의 상환 능력을 신뢰할수록 대출 이자는 낮아진다. 정부의 재정수입은 계속 이어지기 때문에(나라가 망하지 않는 이상 사람들이 계속 세금을 내므로) 자본 시장에서 정부 채권은 가장 안전한 자산으로 인식된다. 그러나 가끔 변화가 있을 때가 있다. 한 나라의 수입이 너무 적고 부채가 지나치게 많으면 점점 부채에 의존할 가능성이 높아진다. 이렇게 되면 투자자는 자금 대출을 중지한다. 역사적으로도 지금까지 정부가 파산한 사례가 적지 않다. 그 원인은 예외 없이 정부의 부담이 너무 커서 수입이 지출을 지탱하지 못한 것이다. 따라서 어떤 국가든 수입과 지출의 균형을 유지하는 것은 매우 중요하다.

정부가 국민에게 제공하는 복지 혜택은 정부가 직면한 가장 무거운 책임 중 하나다. 정부가 파산하거나 경제 위기가 발생하는 이유는 대부분의 경우 국민에게 너무 다양한 복리 혜택을 약속했는데 정작 이를 실행할 자금은 부족했기 때문이다. 이는 단지 정부에만 해당하는 문제가 아니라, 기업도 직원들에게 너무 많은 복리 혜택을 약속하면 똑같은 위험에 직면할 수 있다.

수지 균형을 맞추는 가장 좋은 방법은 국민에게 먼저 세금을 걷은 다음 나중에 복리 혜택을 제공하는 것이다. 하지만 이렇게 되면 국민이 짊어져야 할 부담이 굉장히 크다. 정부가 징수하는 세금이 너무 많으면 국민은 달가워하지 않을 것이다. 또 정부가 돈을 빌려서 복지를 제공한다고 해도, 국민은 이에 잠시 만족할지는 모르나(복지를 누리면서 비용은 부담하지 않으므로) 어차피 미래에 그 채무를 모두 갚아야 하기에 그때 가서 결국 달가워하지 않을 것이다.

이런 문제를 해결하기 위해 각국 정부는 '복리기금(Welfare Fund)'을 설립하고 국민에게 일부 자금을 받아 투자하기 시작했다. 복리기금을 효율적으로 운영해 큰 수익을 올린다면 앞서 살펴본 문제도 모두 해결하고, 국민에게 적은 세금을 거둬 많은 복지 혜택을 제공할 수 있기 때문이다. 이후 기금에 많은 자금이 몰리면서 복리기금은 오늘날 시장에서 무시할 수 없는 세력으로 성장했다. 실제로 시장을 호령하는 헤지펀드와 소형 투자 그룹들의 자금은 대부분 이런 복리기금에서 나온다.

복리기금 외에 '국부펀드(Sovereign Wealth Fund, SWF)'도 국민의 자금에서 비롯된다. 국부펀드는 이름에서 알 수 있듯이 정부와 국민을 위해 운영되는 펀드다. 펀드 자금은 주로 국가 운영을 통한 수익으로 마련된다. 복리기금과 마찬가지로 정부는 이 자금을 이용해 더 많은 수익을 올려 미래의 수요에 대비하려고 한다. 그래서 정부는 자신의 국부펀드를 개설하고 자금을 전문적으로 운영한다.

초창기의 국부펀드는 대부분 가장 안전한 외국 국채에만 투자했다. 예를 들어 중국이 외환을 축적하던 초기에는 대부분의 자금이 미국 국채를 매입하는 데 사용되었다. 그러나 점차 이 정책의 단점이 드러나기 시작했다. 우선 모든 자금을 한 종류의 자산에만 투자하는 것은 리스크가 컸다. 해당 자산의 가격이 하락하면 국민이 피땀 흘려 번 돈에 큰 손실이 생기기 때문이다. 게다가 미국 국채는 가장 안전한 자산으로 인식되어 수익률도 굉장히 낮았다. 오랜 시간이 흐르자 중국 정부는 무역 잉여금 전부를 미국 국채에 투자하는 것은 좋은 방법이 아니라는 사실을 깨달았다.

그래서 최근 각국의 국부펀드는 자본 시장에 적극적으로 뛰어들어 더 높은 수익을 거두고 있다. 이번 금융위기 때 월스트리트 은행들의 주식을 매입한 측도 대부분 각국의 국부펀드였다. 복리기금과 국부펀드는 정부가 직접 투자하기도 하지만 헤지펀드를 통해서 투자하기도 한다.

자본 시장 자금의 대부분은 일반 서민들로부터 나오며, 단지 형식만 다를 뿐이다. 시장을 주름잡는 거물들도 결국 사회의 각 구성원이 투자한 자금을 이용해서 수익을 내는 것이다.

부실기업에만 투자하다 - 벌처펀드

수익을 좇는 펀드들이 점차 늘어나면서 펀드의 형식도 더욱 다양해졌다. 그중에서 독특한 펀드가 있는데 바로 벌처펀드(Vulture Fund)다. 대머리 독수리(Vulture)가 썩은 고기를 찾는 것처럼 벌처펀드도 부실한 기업을 찾아다닌다.

벌처펀드는 사모펀드(Private Equity Fund, PEF)*의 형태로 운영되며, 투자자에게서 받은 대규모 자금을 이용해 경영 상태가 부실한 기업에 투자한다. 먼저 부실기업의 증권이나 불량 자산에 투자한 다음 기업이 부채를 상환하지 못하면 소송을 걸어 거액의 배상금을 요구한다. 이때 기업이 상환할 돈이 없으면 주식으로 대신 상환해야 하는데, 이를 통해 벌처펀드는 해당 기업의 주식을 싼 가격에 사는 방법으로 그 기업을 인수한다. 이 밖에도 다른 사람이 처리할 수 없는 채무나 불량 자산을 대량으로 인수해 재조정, 구제, 청산 등의 방법으로 자산 가치를 높임으로써 투자 수익을 얻는다. 벌처펀드가 처리하는 채무와 불량 자산은 기업에만 국한되지 않고 각국 정부의 채무와 불량 자산도 모두 포함한다. 즉, 채무 상환 능력이나 경영이 부실하면 언제든지 벌처펀드의 목표가 될 수 있다.

운영이 뛰어난 벌처펀드는 죽어가던 자산과 기업도 정상적으로 살려 낸다. 다른 사람에게는 아무런 가치가 없는 채무와 불량 자산도 그들의 손 안에서는 이윤을 창출하는 것이다. 그래서 우수한 벌처펀드의 투자 수익률은 상당히 높은 편이다. 그러나 경영이 부실한 기업이나 채무를 갚지 못한 정부와 교섭하는 것이 그들의 장기이기 때문에 사람들은 벌처펀드를 남들이 처리하지 못하는 골칫거리를 수습하는 해결사 정도로 생각한다.

한편, 벌처펀드가 항상 문제 있는 기업이나 국가와 교섭하기 때문

* 소수의 투자자에게서 자금을 모아 주식·채권 등에 투자하는 펀드.

에 사람들은 벌처펀드가 일부러 문제를 일으켜 약자에게서 부를 약탈한다고 생각하기도 한다. 자유 시장을 지지해온 영국 정부조차 부당한 방법으로 약자를 착취했다는 이유로 2010년 4월에 벌처펀드의 운영을 잠시 금지한 적이 있다.

그러나 실제로는 벌처펀드가 주목한 기업이나 정부는 스스로 문제를 만들었고, 벌처펀드는 단지 사후에 그들의 실책을 통해 이익을 얻었을 뿐이다. 게다가 벌처펀드가 개입해 상황이 호전된 사례도 매우 많다. 아시아에 금융위기가 닥쳤을 때 벌처펀드가 많은 채무를 처리한 덕분에 아시아 각국은 신속히 다시 일어설 수 있었다. 이 밖에도 불량 자산을 통해 이익을 얻는 것만이 벌처펀드의 목적이나 숙명은 아니다. 미국의 서버러스 캐피털 매니지먼트(Cerberus Capital Management, L.P.)가 그 좋은 예다. 벌처펀드에서 발전한 이 사모펀드 기업은 현재 월스트리트에서 가장 막강한 세력을 가진 기업 중 하나다.

서버러스의 현 대표이사는 존 스노우(John Snow) 전 재무부 장관이며, 댄 퀘일(Dan Quayle) 전 부통령도 요직을 맡아 주로 해외 시장개척을 책임지고 있다. 서버러스의 경영 상황은 베일에 싸여 있어 알려진 것이 거의 없지만, 대략 계열사 10여 곳에서 직원 10여만 명이 일하고 있으며 계열사의 연간 총매출액은 맥도날드나 코카콜라를 넘어서는 것으로 추산된다.

서버러스에는 많은 거물급 인사가 포진해 있지만, 실질적으로 회사를 이끄는 이는 창립자이자 CEO인 스테판 파인버그(Stephen Fein berg)다. 파인버그는 근로자 가정 출신으로 아버지는 철강회사의 영업 사원이었다. 하지만 프린스턴대를 졸업한 이후 그는 연소득이 수천만 달러에 달하는 월스트리트 최고의 금융가로 출세했고, 1992년에 동료들과 함께 서버러스를 창립했다. 서버러스는 그리스 신화에 나오는 지옥의 문을 지키는 개 '케르베로스'의 이름에서 따왔다. 케르베로스는 머리가 세 개여서 항상 깨어 있었다고 한다. 파인버그가 이 이름을 사용한 것은 항상 깨어 있으면서 투자자의 돈을 지키겠다는 의미에서였다. 그러나 그가 회사를 시작했을 때 회사의 자산은 고작 1천만 달러였다.

서버러스도 초기에는 다른 벌처펀드와 마찬가지로 주로 경제적으로 어려운 기업의 채권을 매매해 수익을 올렸다. 당시 파인버그는 부채를 상환하지 못한 기업들에게 주식을 양도하도록 압박을 가했고, 그의 이러한 강경한 태도 때문에 많은 기업들이 그를 두려워했다. 그래서 파인버그에게 관심을 받는 기업은 마치 사신을 만난 것처럼 절대 살아나지 못할 거라고 말하는 사람도 있었다. 회유와 협박을 통해 주식을 얻는 것 외에도 파인버그는 직접 경영에 참가해 기업의 강도 높은 개혁을 촉구했다. 그는 경영이 부실한 기업의 경영층을 바꾸고 최단 시간 내에 경영을 개선할 것을 요구했다. 이 밖에도 파인버그는 현금이 부족한 기업이 자신에게 높은 이자로 자금을 빌리게 하는 데 능했다. 이처럼 벌처펀드가 자주 사용하는 방법을 통해 자금을 모은 파인버그는 단순히 다른 사람의 문제를 해결해주는 것만으로는 전망이 없다고 판단했다. 회사를 더욱 크게 키우려면 일반 사람들과는 다른 수익 모델과 경영 방식이 필요하다고 생각했다. 그가 결국 생각해 낸 방법은 경영이 부실한 기업을 인수해서 매매 차익만 노리는 것이 아니라 직접 기업을 경영해 회사 재정을 흑자로 돌려놓는 것이었다. 이렇게 하면 기업에 돈을 빌려주는 것보다 훨씬 많은 이익을 올릴 수 있기 때문이었다.

이 목표를 달성하기 위해 파인버그는 언제든지 기업을 경영할 수 있는 최고 경영진 수십 명을 고용했다. 그들은 미국 전역을 돌며 경영이 부실한 기업을 찾아 투자했고, 기업 경영에 문제가 생기면 즉시 기업을 찾아가 문제를 모두 해결했다. 이들이 이처럼 최선을 다한 까닭은 인수 기업의 재정이 흑자로 전환될 경우 보통 CEO보다 훨씬 많은 수당을 지급하기로 서버러스에서 약속했기 때문이다. 그 수당은 보통 수천만 달러가 넘었다.

이 같은 전략을 수립하고 나서 파인버그는 대대적으로 기업을 인수하기 시작했고, 그중에는 일본의 아오조라은행(靑空銀行)도 있었다. 이후 이 은행은 주로 서버러스에 기업 인수 자금을 제공했으며, 이를 바탕으로 서버러스의 기업 인수 규모는 더욱 커졌다.

서버러스가 인수한 대부분의 기업들이 흑자로 전환했고, 이 덕분에 파인버그와 경영진은 엄청난 이윤을 거두었다. 서버러스가 실패한 경우도 있는데, 그들이 독일인에게 74억 달러를 주고 인수한 크라이슬러는 낙후된 제품과 높은 복지비용, 금융위기 등의 원인으로 결국 파산하고 말았다. 파인버그는 크라이슬러를 회생시키기 위해 로버트 나델리(Robert Nardelli) 전 홈데포(Home Depot) CEO를 최고 경영자로 임명했으나 74억 달러가 물거품이 되는 운명은 피하지 못했다.

위에서 살펴보았듯이 벌처펀드에는 다양한 발전 전략이 있지만, 다른 사람이 경영하는 데 실패한 기업을 개선하는 것이 기본이 되어야 한다. 그래서 벌처펀드는 수익이 매우 크지만 이에 상응하는 리스크도 상당히 크다.

⌐가치가 떨어질수록 좋다 - 공매도

벌처펀드는 독특한 점이 있기는 하지만 근본적으로는 전통적인 투자의 범주에 속한다. 일반 투자자가 자산을 구입하는 이유는 자산의 전망이 밝다고 보기 때문이다. 장기간 보유하든 단기적으로 투기하든 간에, 투자자들은 자산 가치가 상승하여 다음 사람에게 높은 가격을 받고 넘기기를 기대한다. 그런데 일반 투자자와 달리 자산의 가치가 오히려 떨어지기를 바라는 이들도 있다. 바로 공매도자가 그런 부류다.

'공매도'는 가치가 하락할 것으로 예상되는 자산을 빌려서 판 다음 그 자산 가격이 하락하면 이를 다시 사서 빌려준 사람에게 갚는 것을 말한다. 예를 들면, 겐로쿠 회사의 전망이 좋지 않다고 본 공매도자는 겐로쿠 회사를 좋은 투자처로 보고 회사 주식을 소유한 사람과 계약을 맺는다. 그는 주식 소유자에게 일정한 수수료를 지급하고 주식을 빌린 다음, 약속한 기한이 되면 주식을 원래의 소유주에게 돌려준다.

당시 겐로쿠 회사의 주식 가격이 100위안이라면 공매도자는 주식을 팔아서 현금 100위안을 벌 수 있다. 일정 시간이 흘러 주식 가격이 80위안으로 떨어지면 공매도자는 100위안 중 80위안으로 겐로쿠 회사의 주식을 사서 처음에 주식을 빌려준 사람에게 돌려준다. 그러면 주식을 빌린 데 대한 수수료를 제하더라도 10여 위안의 수익을 얻을 수 있다. 반면, 주식을 소유한 사람에게는 주식 가격이 오르는 것이 가장 좋은 경우다. 주식 가격이 120위안으로 오르면 주식을 빌려준 수수료에 시세 차익까지 챙길 수 있기 때문이다.

이처럼 공매도자는 사람들이 자산 가격이 오르기를 기대할 때 오히려 자산 가격이 하락하기를 바란다. 그래서 실제로 자산 가치가 떨어지면 많은 사람들은 공매도자가 계속 자산을 팔아 가치가 하락하도록 유도했다고 그들을 비난한다. 과거에 한 나라의 자산 가치가 크게 떨어지자 정부가 직접 나서서 공매도를 금지하기도 했다.

그렇지만 공매도자로서는 굉장히 억울하다고 할 수 있다. 사실 그들이 시장에서 하는 역할은 매우 중요하다. 만약 공매도자가 없다면, 시장은 제대로 된 자산 가격을 반영할 수 없다. 사람들이 자산 가격이 오를 것이라고만 예상하고 투자한다면 가격은 실제가치보다 훨씬 부풀려질 것이다. 또 시장이 자유로워야 가장 높은 효율을 발휘한다는 사실에 비추어보면 쌍방이 모두 원하는 공매도를 하지 못할 이유가 없지 않은가?

그 밖에 공매도에는 매우 유용한 기능도 있다. 즉, 공매도자가 공매도를 위해 문제가 있는 각종 자산을 찾는 과정에서 겉으로는 괜찮지만 실제로는 부실한 자산을 많이 발견한다. 예를 들면, 엔론의 장부 조작을 발견해 사람들에게 경고한 이도 바로 공매도자였다.

공매도의 이러한 역할 때문에 정부는 위급한 상황이 아닌 한 공매도를 제한하지 않는다. 자유화된 시장에서 갑자기 게임의 법칙을 바꾸는 것은 결코 좋은 방법이 아니다. 사실 공매도자의 가장 큰 위협은 두서없이 바뀌는 정부의 법령이 아니라 배후에서 그를 노리는 매점자(買占者, Regrater)이다.

공매도자가 매점자를 두려워하는 까닭은 '보유하지 않은 자산을 먼저 판 후 이를 구하는' 공매도 방법 때문이다. 보통 공매도는 자산을 먼저 빌려서 이를 상대에게 팔지만, 위의 방법은 보유하지 않은 자산을 먼저 팔고 나중에 그것을 구한다. 이런 수법을 '무차입 공매도(Naked Short Selling)'라고 부르는데, 말 그대로 아무런 자산이나 수수료 없이 거래를 진행하는 방식이다.

공매도자는 보유하지 않은 자산을 먼저 좋은 가격에 판 후 약속한 시간에 자산을 인도하게 된다. 물론 그는 자산을 넘기기 전에 가격이 하락하기를 희망할 것이다. 예를 들어 공매도자가 겐로쿠 회사의 주식을 주당 100위안의 가격으로 3일 안에 넘겨주기로 했다고 가정해 보자. 그는 겐로쿠의 주식이 3일 안에 떨어지기를 매우 바랄 것이다. 만약 가격이 주당 80위안으로 떨어지면 80위안으로 주식을 사서 계약 가격인 100위안에 팔게 되므로 결국 20위안을 벌 수 있다.

그러나 이 거래에서 공매도자는 주식 가격 리스크뿐 아니라 계약 수량 확보라는 문제까지 직면하게 된다. 만약 젠로쿠 회사의 주식이 부족해 계약 수량을 확보하지 못하면 계약 위반에 따른 엄청난 위약금을 물어야 하기 때문이다.

반면, 매입자에게는 이런 상황이 좋은 기회가 된다. 매입자가 미리 젠로쿠 회사의 주식을 모두 사들이면 무차입 공매도를 진행하는 공매도자는 기간 내에 약속한 물량을 구할 수 없게 된다. 이때 공매도자는 계약을 이행하기 위해 어쩔 수 없이 비싼 가격을 주고서라도(위약금을 초과하지 않는 범위에서) 주식을 구입하게 된다. 결국 이 거래에서 이익을 보는 사람은 주식을 미리 대량으로 구입한 매점자이다.

2008년 포르쉐(Porsche)가 매점자의 역할을 한 사례가 있다. 당시 포르쉐는 GM을 인수하기 위해 GM 주식을 대규모로 매입했다. 그런데 수많은 공매도자가 당시 GM의 주가가 고평가되었다고 판단하고 GM 주식을 미친 듯이 매도하기 시작했다. 이에 분노한 포르쉐는 이를 역이용해 공매도자들의 주식을 남김없이 사들인 후 자신이 주식을 매집했다고 공표했다.

무차입 공매도를 진행하던 공매도자들은 이 소식에 몹시 놀랐다. 포르쉐에 넘겨줘야 하는 주식 대부분을 포르쉐 자신이 보유하고 있어 시장에는 GM 주식이 많지 않았기 때문이다. 계약을 지켜야 하는 공매도자들은 결국 시장에 얼마 없는 GM 주식이라도 사려고 너도 나도 달려들었다. 이 때문에 GM 주식은 하루에 2배까지 오르는 호황을 누렸고, GM은 짧은 기간내에 세계에서 시가총액이 가장 높은 기업이 되었다.

이처럼 공매도는 투자 방법의 하나로, 때로는 큰 수익을 얻을 수 있지만 그에 상응하는 리스크도 막대하다.

금융 경제와 실물 경제의 괴리 – 핫머니

더더욱 많은 사람들이 자본 시장에 들어오면서 다양한 투자 방식이 등장했다. 이는 높은 수익을 얻기 위해 좋은 투자처를 찾는 자본이 상당히 많아졌다는 사실을 의미한다. 오늘날 시장에서 운영되는 자본은 실물 경제의 수요를 넘어서는데, 수십 년 전의 은행가들은 이를 상상도 하지 못했을 것이다.

자본 시장이 생기고 나서 줄곧 자금이 수요를 쫓아가지 못하는 상황이 지속되었다. 그래서 겐로쿠 같은 기업가가 자금을 빌리려면 항상 새로운 금융 기법을 도입해 투자자에게 높은 수익과 안정성을 보장하고 그들을 안심시켜야 했다.

그런데 투자자들의 입장에서는 걱정스러울 수밖에 없었다. 당시에는 정보가 폐쇄적이고, 겐로쿠처럼 믿을 만한 기업가들도 많았지만 한편으로 돈만 챙겨서 달아나는 사기꾼도 적지 않아 자신의 돈이 안전하게 투자된 것인지 확신할 수 없었기 때문이다. 그래서 대다수 사람들이 투자보다 저축을 선호했고, 여유 자금으로 모험을 하려는 일부 사람들도 자신의 돈을 모건은행처럼 믿을 만한 은행에만 투자했다.

이후 투자은행은 거대 자본을 바탕으로 자본 시장을 좌지우지하며 원하는 기업에만 자금을 제공했다. 그런데 J. P. 모건 같은 금융계의 거물도 해결하지 못하는 치명적인 문제가 있었다. 대부분의 사람들은 돈이 없고 돈 있는 사람들은 투자를 원하지 않아서 수많은 좋은 사업들이 시작도 하지 못한 채 사라져 버리는 것이었다.

그러나 점차 사람들이 부유해지고 자본 시장에 자금이 모이면서 자본 시장의 상황도 변하기 시작했다. 자본 시장이 효율적으로 발전하면서 사람들의 자금은 주식 시장 등을 통해 기업가에게 직접 전달되었다.

사람들이 투입하는 자금이 많아지자 자본 부족 문제는 곧바로 해결되었고, 투자가 필요한 사업은 모두 충분한 자금을 얻을 수 있었다. 그러나 이런 균형은 곧 기울기 시작했다. 다시 말해, 자본 시장에 투자한 사람들이 대부분 만족스러운 수익을 얻자 더 많은 자금이 자본 시장으로 몰려들었는데 기업가들은 이미 사업에 운용할 충분한 자금을 확보한 상태여서 오히려 남은 자본을 처리하는 것이 새로운 문제로 떠오른 것이다.

이때 등장한 것이 바로 '핫머니(Hot Money)'다. 원래 자본은 실물 경제에 기여하고 이에 상응하는 대가를 얻지만, 핫머니는 실물 경제에 전혀 기여할 수 없었다. 핫머니는 실물 경제에서 이탈해 전 세계를 돌아다니며 수익성을 높일 방법을 찾아 나섰다. 실물 경제를 농구 경기라고 한다면, 핫머니는 경기에 돈을 거는 도박꾼과 같았다.

그들의 목적은 농구 경기를 더 멋지게 만드는 것이 아니라 다른 도박꾼의 돈을 따는 것이다.

그래서 핫머니는 투자할 때마다 각자의 이익을 위해 서로 치열하게 다퉜다. 자본이 풍부한 핫머니는 소형 투자 그룹을 이루어 세계 경제를 상대로 끊임없이 이득을 챙겼다. 이들은 헤지펀드, 사모펀드, 투자회사 등 다양한 형식으로 등장했고, 사람들의 여유 자금이 다양한 방식으로 이들에게 흘러들어갔다. 예를 들어 국부펀드와 퇴직기금 같은 국민의 자금도 더 높은 수익을 올리기 위해 소형 투자 그룹에 직접 투자되었다.

소형 투자 그룹의 투자 방법은 매우 다양하지만 기본적인 운영 방법은 두 가지다. 그들은 경제학 이론과 데이터를 근거로 세계 각지의 수많은 자산을 평가해서 저평가된 자산은 매입하고 고평가된 자산은 공매도한다. 물론 구체적인 운영 방법이나 금융 프로그램은 상당히 복잡하다. 어떤 경우에는 헤징 등의 방법을 통해 리스크를 낮추고 시장의 등락에 영향을 받지 않고 언제나 수익을 얻도록 운영한다. 그러나 핫머니가 아무리 신기하고 화려한 투자 방법을 선보인다고 해도 '투기를 통한 이익 창출'이라는 본질은 변하지 않는다.

예를 들어 외환 거래는 국제 무역, 투자, 소비 등이 주목적이었다(실물 경제와 관련된 거래를 위해). 그러나 금융 시스템이 발달함에 따라 이러한 요인은 여전히 중요한 부분을 차지하기는 하지만 더 이상 외환 거래의 결정적인 요인은 아니다. 데이터를 살펴보면, 매일 외환 시장에서 거래되는 외환 금액은 국제 무역에서 필요한 금액의 40배에 달한다. 즉, 오늘날 대부분의 외환 거래가 실질적인 목적보다는 환율의 변동성을 이용한 시세 차익을 목적으로 진행된다.

외환 시장 이외의 다른 시장에서도 이런 현상을 찾아볼 수 있다. 핫머니는 각국 경제를 잘 알고 있지만 투자할 때에는 자신의 행동이 실물 경제에 어떠한 영향을 미치는지 크게 상관하지 않는다. 예를 들어 이들이 한 기업의 주식을 매입한다면, 그 기업의 가능성과 잠재력에 투자하거나 기업 경영을 도와 주가를 높이려는 목적은 전혀 없다. 그들의 관심사는 오로지 더 높은 가격으로 주식을 팔아 수익을 올리는 것뿐이다.

핫머니의 이런 성향은 기업 인수 과정에 뛰어들어 거래 차익을 얻는 모습에서 분명히 드러난다. 예를 들어서 겐로쿠가 사업 확장을 위해 주당 10위안에 다른 기업을 인수한다고 하자. 이 소식을 접한 핫머니는 겐로쿠의 인수 계획이 얼마나 효율적인지는 따지지 않고 서둘러 대상 기업의 주식을 사들인다. 이후 겐로쿠가 주당 10위안의 가격으로 해당 기업을 인수하면 그들은 곧바로 주식을 팔아 이익을 챙기고는 해당 기업에서 손을 뗀다. 기업의 경영 상태나 발전 가능성은 결코 그들의 관심사가 아니다.

상술한 내용을 통해 알 수 있듯, 우리가 자본 시장에서 보는 각종 자산의 가치 변동은 실물 경제와 전혀 상관없는 소형 투자 그룹들 간의 머니 게임일 뿐이다. 또 핫머니로 대표되는 금융 경제와 실물 경제의 괴리는 세계 경제에 적지 않은 문제점을 안겨 주고 있다.

국가나 기업의 신용도를 평가한다 - 신용평가기관

금융 경제와 실물 경제의 괴리를 막기 위해 자본 시장에는 각양각색의 감독 기관이 존재한다. 하지만 '보이지 않는 손'이 정상적으로 운용되도록 하기 위해 정부는 많은 감독 업무를 민간 기업에 넘겨주었다. 그래서 자본 시장에 국영과 민영의 중간적 성격을 띤 감독 기관이 나타나 큰 영향력을 행사하는데 이들이 바로 '신용평가기관'이다.

이름에서 알 수 있듯이 신용 평가 기관은 각 나라와 기관, 투자 상품의 리스크와 신용도를 평가하는 역할을 하며, 그들의 등장으로 시장은 더욱 효율성을 띠게 되었다. 만약 신용평가기관이 없다면, 투자자는 투자하기 전에 관련 세부 사항을 일일이 따져 봐야 한다. 투자자 자신이 그 분야에 정통하지 않다면 투자는 더욱 곤란해질 것이다. 자신의 지식과 능력으로는 해당 기업이나 상품의 수익률과 리스크를 객관적으로 평가할 수 없기 때문이다.

투자자에게 믿을 만한 정보를 제공하는 것이 매우 중요하므로 신용평가기관의 진입 장벽은 비교적 높다고 할 수 있다. 그중 다년간의 발전을 거쳐 두각을 나타내는 곳은 무디스(Moody's Investors Service), 스탠더드 앤 푸어스(Standard & Poor's, S&P), 피치 레이팅스(Fitch Ratings, Ltd.) 세 곳이다. 1975년 이 세 기업은 다른 몇몇 기업과 함께 미국증권거래위원회(Securities and Exchange Commission, SEC)의 국가 공인 신용평가기관(Nationally Recognized Statistical Rating Organization, NRSRO) 인증을 획득했고, 이후 이들의 자산 평가는 반(半)국영의 성격을 띠게 되었다. 또한 세계 경제에 미치는 미국의 영향력 덕분에 이들은 전 세계 투자자들에게 큰 영향을 미치는 대형 신용평가기관으로 발돋움했다.

신용 등급을 평가할 때 신용평가기관은 각자의 기준에 따라 등급을 매긴다. S&P의 기준으로 보면 AAA가 가장 높은 등급이며, 보통 정부 채권이나 정부가 보증하는 기업이 이 등급을 받는다. 이 밖에 경영 상태가 특별히 좋은 일부 민간 기업이 이 등급을 받기도 하는데, 버핏이 경영하는 버크셔 해서웨이가 바로 AAA를 받았다(그러나 최근 이 기업의 신용 등급은 AA+로 떨어졌다). AAA는 거의 리스크가 없는 등급으로 보통 특별히 안전한 자산만 이 등급을 받을 수 있다(예를 들면 미국 국채). 신용 등급이 낮을수록 리스크가 커지고 해당 국가나 기관 또는 자산은 금융 거래 시 더 많은 이자를 지급해야 한다. 사실상 A등급 이상을 받은 자산은 리스크가 별로 크지 않으며, BBB- 이상인 자산은 '투자 등급(Investment Grade)'으로 분류되어 투자자에게 리스크가 그리 크지 않다고 할 수 있다.

투자 등급보다 등급이 낮은 채권은 보통 '정크 본드(Junk Bond, 쓰레기 채권)'라고 부른다. 이런 채권은 리스크가 매우 높다고 평가되지만 바로 그런 이유 때문에 수익률도 상당히 높은 편이다. 그래서 정크 본드를 '하이 일드 본드(High Yield Bond, 고수익 채권)'라고도 부른다. 이 두 가지 이름은 사실 같은 자산을 가리킨다. '쓰레기'는 자산의 위험성을 강조한 것이고, '고수익'은 자산이 가져다주는 이점을 강조한 것이다.

한편, 신용평가기관의 의견은 기업의 투자 방향에 많은 영향을 미친다. 예를 들면, 많은 펀드는 법률에 따라 가장 안전한 자산에 투자해야 한다. 따라서 신용평가기관으로부터 AAA 등급(혹은 가장 높은 등급)을 받지 못한 자산은 펀드 투자를 받을 수 없고, 투자를 받지 못한 자산은 가치가 더욱 떨어진다.

기업과 국가에도 이러한 원리는 그대로 적용된다. 만약 한 기업이 신용평가 기관에서 AAA 등급을 받았다면 모든 투자자는 이 기업을 투자 위험이 없는 가장 안전한 투자처로 생각한다. 그렇게 되면 이 기업은 다른 기업보다 훨씬 적은 비용으로 필요한 자금을 빌릴 수 있다.

이처럼 신용평가기관의 결정은 기업 재정에 큰 영향을 미치기 때문에 기업들은 그들의 호감을 얻어 자신과 자사 제품의 등급을 조금이라도 높이려 노력한다. 이 때문에 최근 많은 사람들이 신용평가기관에 너무 많은 권한을 준 것이 아니냐는 의구심을 나타내고 있다.

그들이 지적하는 첫 번째 문제는 신용평가기관의 능력이다. 금융 경제와 자본 시장이 더욱 복잡해진 오늘날 신용평가기관은 제때에 정확한 판단을 내릴 능력이 없다는 것이 그들의 생각이다. 대체로 신용평가기관의 반응은 시장보다 늦다. 엔론의 회계 문제가 불거졌을 때도 이를 가장 먼저 발견한 것은 신용평가기관이 아니라 공매도자였다. 신용평가기관은 공매도자의 경고가 나온 지 한참 후에야 엔론의 신용 등급을 낮췄다. 이러한 때늦은 반응으로 인해 신용평가기관은 시장의 앞길을 밝히기는커녕 꽁무니를 쫓아가는 데 급급한 것으로 비춰진다. 또한 신용평가기관이 신용 등급을 조정해 하락시키면 별문제가 없는 상황도 더욱 악화된다. 신용평가기관이 등급을 내리면 투자자들은 해당 기업이나 국가를 더 이상 믿지 못하고 보유한 자산을 팔아 버린다. 투자자들이 자산을 매각하면 해당 기업이나 국가의 재무 상황은 더욱 나빠지고, 신용평가기관은 이에 따라 그들의 등급을 다시 낮추어 상황은 더욱 악화된다. 이런 악순환에 빠지면 기업, 국가, 투자자 모두 손해를 입는다.

또 가장 의문스러운 점은 민간 기업인 신용평가기관이 정부의 평가 역할을 대신할 수 있느냐는 것이다. 신용평가기관도 수익을 내야 하는 기업이고 또 일부 신용평가기관은 상장을 하는 상황에서, 만약 이익 충돌이 발생하면 과연 그들은 공공의 이익을 위해 자신의 이익을 포기할 수 있을까? 예를 들어 버핏이 무디스의 사장이라고 가정해 보자. 만약 버핏의 버크셔 해서웨이가 경영난에 처했다면 무디스는 투자자와 대중의 이익을 위해 버크셔 해서웨이의 신용 등급을 낮춰야 할까, 아니면 자신의 사장을 위해 버크셔 해서웨이가 계속 AAA 등급을 유지하게 해야 할까?

이상의 세 가지 문제는 이번 금융위기에서 하나도 빠짐없이 드러나(뒤에서 자세히 설명함) 미국과 전 세계 투자자들을 분노케 했다. 이런 까닭에 현재 미국에서는 전체 신용평가 시스템에 대한 개혁이 필요하다는 논의가 진행되고 있다. 그러나 금융 감독 개혁을 논하기에 앞서 신용평가기관의 지위가 흔들려서는 안 된다는 사실을 잊지 말아야 한다. 이번 유럽의 채무 위기 때 여전히 신용평가기관을 신뢰한 투자자들은 신용평가기관이 그리스와 스페인의 신용 등급을 낮추자 곧바로 해당 국가의 채권을 매도했다. 어찌 되었든 신용평가기관의 지침이 있으면 사람들은 적어도 실물 경제의 상황을 조금은 이해할 수 있다. 그러므로 신용평가기관이 없다면 사람들은 금융 경제 속에서 방향을 잃고 헤매게 될 것이다.

자산은 어떻게 유통되나 - 자본 시장

금융 경제는 실물 경제와 상관없이 자신의 논리에 따라 움직인다. 이런 논리가 가장 잘 드러나는 곳이 자산을 거래하는 시장으로, 사람들에게 가장 익숙한 시장은 주식 시장일 것이다. 주식 시장은 진입 장벽이 높지 않아 많은 사람들이 자국의 주식 시장에 참여하고, 당일 주식 시황이나 주가가 전체 경제에 미치는 영향 등에 대해 열심히 토론한다(물론 이 문제의 정답은 없지만).

주식 시장에서 주식을 매매하려면 인터넷 증권 사이트에 계좌를 개설한 후 거래할 때마다 거래 금액에 상관없이 10여 달러의 수수료만 내면 된다. 더 좋은 서비스를 받고 싶다면 투자은행에 계좌를 개설하면 된다. 투자은행이라는 든든한 동료가 자신의 대리인 겸 시장 조성자(Market Maker)*가 되어 준다.

주식 시장은 진입 장벽이 낮아 시장의 투명성이 매우 높은 편이기 때문에 컴퓨터와 인터넷만 있으면

> * 원활한 시장 조성을 위해 자기 계좌를 이용해서 활발히 거래하는 사람.

투자자 누구나 주식 가격의 추이를 곧바로 알 수 있다. 주식 시장의 변동은 많은 사람의 손익에 영향을 미치므로 정부는 증시가 제대로 운영되도록 엄격히 관리한다.

주식 시장에는 개인 투자자 이외에 시장에 큰 영향을 미치는 대형 투자자도 존재한다. 자본이 풍부한 펀드와 기업이 바로 그들이다. 주식 시장의 규모가 커져 그들도 시장을 마음대로 조종할 수는 없지만, 확실한 목표를 정하면(한 기업의 주가 조작이나 기업 인수 등) 아직도 큰 영향을 미치는 것이 사실이다. 개인의 거래는 수백, 수천 주에 불과하나 대형 투자자는 투자 전략을 통해 수십만 주를 움직일 수 있어서 시장에 미치는 영향력은 일반인과 비교할 수 없을 정도로 막대하다.

이런 대형 펀드와 기업 이외에 투자은행도 주식 시장에서 중요한 참여자다. 대형 투자은행은 고객의 대리인과 시장 조성자의 역할을 하는 동시에 직접 주식 시장에 투자하기도 한다. 투자 스타일이 각기 달라 주식에 투자하는 은행도 있고, 기업 인수를 선호하는 은행도 있다.

시장에 이렇게 많은 실력자가 존재하므로 일반 투자자에게 가장 좋은 전략은 그들과 보조를 맞추는 것이다. 만약 시장의 대세에 따르지 않으면 비참한 결과를 맞을 수도 있다. 그러나 대형 투자자들은 대부분 자신의 투자 전략을 쉽게 드러내지 않으므로 그들을 따라가는 것도 절대 쉽지 않다.

이런 리스크를 피하고 싶다면 외환 시장에 투자하는 것도 고려해 볼 만하다. 외환 시장은 국제 무역, 투자, 거시 경제 등과 연관되어 거래 규모가 주식 시장보다 훨씬 크다. 이런 시장에서는 소로스 같은 거물급 인사도 반드시 거시 경제의 흐름에 따라야 한다. 이것이 외환 시장과 주식 시장의 가장 큰 차이점 중 하나다.

주식 시장에서는 대형 투자자가 충분한 실력을 갖추면 짧은 시간 동안 시장 상황을 바꿔 놓을 수 있다. 예를 들면, 정크 본드에 대규모 자금을 투자하면 한동안 가격을 끌어올릴 수 있다(결국 가격은 원래대로 돌아가지만). 하지만 외환 시장에서는 이런 전략이 근본적으로 불가능하다. 수십억, 수백억 달러를 쏟아붓는다고 해도 거시 경제의 흐름을 거스른다면 순식간에 무너지고 만다.

또한 외환 시장의 진입 장벽은 주식 시장보다 훨씬 낮아서 자금만 있으면 은행에서 원하는 외환을 거래할 수 있다. 단, 시장에서 거래되는 금액이 매우 크고 가격이 급격히 변하기 어려워(정치적 격변이 있지 않는 한) 투자자가 수익을 얻기에는 한계가 있고, 때로는 거래 수수료조차 벌지 못하기도 한다.

주식 시장과 외환 시장의 자유로운 분위기와 달리 채권 시장은 투자하기가 훨씬 어렵다. 채권 시장에는 주식 시장처럼 최근 채권 가격이나 유동성 등을 알려주는 확실한 지표가 없어서 투자자들은 채권을 중개하는 대형 투자은행을 통해 관련 정보를 얻고 거래를 진행한다. 또 중앙 및 지방정부 채권에서부터 수많은 회사채까지 채권의 종류가 다양하고 채권별 리스크나 수익률도 모두 달라 이러한 다양한 정보를 알지 못하면 채권 시장에 제대로 참여하기가 어렵다. 게다가 채권의 가격 변동폭은 주식보다 훨씬 작아서 많은 자금을 투입해야만 비로소 수익을 얻을 수 있다. 이런 이유들로 채권 시장에 참여하는 투자자의 규모나 전문성은 주식 시장보다 훨씬 뛰어나다.

채권 투자자가 전문성을 갖춰야 하는 이유는 시장에 나타나는 허위 정보를 항상 분별하고 대비해야 하기 때문이다. 채권 시장은 투명성이 부족하므로 시장 참여자들은 월스트리트의 채권 펀드매니저들보다 더 많은 방비를 해야 한다.

이처럼 쉽지 않은 채권 시장이지만, 채권 관련 자금이 커서 많은 대형 투자자들은 여전히 채권 투자를 선호한다. 그러나 일반 투자자에게 채권 시장은 매우 위험하므로 일반 투자자의 경우에는 상당히 신중을 기울여 선택할 필요가 있다.

무엇이든 거래한다 – 파생상품 시장

사실 주식이나 채권 같은 자산 이외에도 우리가 일상생활에서 접하는 물건은 모두 거래가 가능하다. 또한 현대 금융 시스템의 발전으로 이제는 눈으로 보거나 만질 수 없는 물건까지도 매매할 수 있는 수준에 이르렀다.

상품 시장에서 투자자들이 가장 많이 거래하는 것은 원재료이다. 보통 상품 시장의 거래는 표준화되어 있어 엄격하게 관리되는 거래소에서의 거래뿐만 아니라 다른 거래도 모두 정형화된 계약서를 사용한다. 또 각종 상품의 품질관리도 엄격하게 요구해 악덕 상인이 물건을 속여 팔지 못하도록 한다. 오늘날 상품 시장에서는 보리, 옥수수, 돼지, 소 등 기본적인 농산물 이외에도 커피, 콩제품, 우유, 목재 등 다양한 제품이 거래된다. 그리고 석유, 석탄, 천연가스 등 에너지 자원과 황금, 백은, 동, 철의 금속 자원 등 다양한 분야의 제품을 모두 상품 시장에서 찾을 수 있다.

상품 거래에는 현물 거래도 있지만, 선물 거래도 많이 이루어진다. '선물 거래(Futures Trading)'란 쌍방이 사전에 거래량과 거래 금액을 약정하고 계약 기간이 되면 거래를 이행하는 것을 말한다. 선물 거래의 가장 큰 목적은 리스크 회피다. 최초의 선물 거래는 생산자와 제조업자 간에 맺어진 합의였다. 예를 들면, 보리를 생산한 농민은 보리 생산량이 너무 많으면 가격이 폭락해서 손해를 보고, 천재지변이나 사고가 발생해 생산량이 줄어도 역시 손실을 본다. 한편, 제빵업자는 충분한 보리 공급이 무엇보다 중요하다. 향후 보리 공급이 안정적이지 못하거나 보리 가격이 폭등하면 제빵업자는 손해를 보게 된다. 따라서 양측 모두에게 가장 좋은 방법은 사전에 보리의 거래 가격과 수량을 정해 놓는 것이다. 그러면 이후 보리 생산량이 줄어도 제빵업자는 계약한 낮은 가격에 계속 보리를 살 수 있고, 생산량이 늘어도 가격을 정해 놓은 덕분에 농민은 가격 폭락의 위험을 피할 수 있다.

위의 거래처럼 선물 거래는 보리 같은 실물에 기초해 이루어지는데, 이처럼 실물에서 파생된 거래를 '파생상품 거래(Derivatives

Trading)'라고 부른다. 선물 거래는 파생상품 거래의 한 종류다. 파생 상품 거래에는 선물 외에도 '옵션(Option)'*, '스왑(Swap)'**등이 포함된다.

파생상품 거래가 생겨나고 발전한 이유는 리스크 헤징에 대한 수요가 늘어났기 때문이다. 예를 들어 보리를 생산하는 농민이 선물 거래를 통해서 가격을 미리 확정해 놓으면 향후 보리 가격이 하락해도 기존의 높은 가격에 팔 수 있다. 또 비용을 들여 다른 사람과 옵션 계약을 맺으면 향후의 리스크를 방지할 수 있다.

파생상품 거래는 상품 이외에도 주식, 채권(금리), 외환(환율) 등에 널리 사용된다. 게다가 파생상품 거래는 쌍방의 합의만 있으면 가능하므로 일상생활에서도 다양하게 사용될 수 있다. 상품의 종류도 많고 거래 조건도 다양한 까닭에 많은 파생상품이 거래소를 거치지 않고 당사자들 간에 직접 거래된다. 이런 거래를 '장외 거래(Over The Counter, OTC)'라고 한다. 오늘날 파생상품 거래는 방대한 규모로 성장해 날씨를 기초로 설립된 파생상품 시장마저 호황을 누릴 정도다. 이 시장에서 거래 양측은 장래 일정 시점의 기후를 기초로 계약을 맺어 날씨가 나빠질 리스크를 회피하거나 부담한다.

이처럼 리스크 회피를 위해 만들어진 선물과 파생상품도 어떤 경우에는 리스크를 더욱 악화시키기도 한다. 그중 가장 유명한 사건은 17세기에 일어났던 네덜란드의 '튤립

* 특정 자산을 장래의 일정 시점에 미리 약정한 가격으로 사고파는 권리를 매매하는 거래.
** 장래의 일정 시점에 특정 자산을 서로 교환하는 거래.

버블'이다. 당시 네덜란드 부유층 사이에는 아름다운 꽃무늬가 있는 돌연변이 튤립이 큰 인기를 끌었다. 이 돌연변이 튤립은 인공적으로 재배할 수가 없어 가격이 매우 비쌌고, 이후 유럽의 다른 나라 귀족들도 이 튤립을 선호하게 되면서 가격이 천정부지로 치솟았다. 이를 지켜보던 많은 상인들은 일반 튤립도 돌연변이 튤립처럼 비싸게 팔 수 없을까 고민하기 시작했다. 이때 그들은 튤립 시장의 독특한 상황에 주목했다. 튤립은 씨를 뿌리고 수확할 때까지 반년의 시간이 걸려 재배 기간에는 아무도 거들떠보지 않았다. 그래서 상인들은 튤립을 대량으로 미리 확보해 놓고 튤립 가격이 크게 오를 것이라고 사람들에게 선전하기 시작했다. 매년 유럽 귀족들이 비싼 가격에 튤립을 사므로 튤립을 미리 확보해 두면 앞으로 큰 이익을 얻을 것이라는 게 그들의 주장이었다.

실물을 보지 못하고 튤립 시장에 대해서도 전혀 몰랐던 사람들은 그들의 말에 넘어갔다. 곧이어 튤립 가격이 계속 오르자 사람들은 튤립 선물에 투자하면 큰돈을 벌겠다고 확신했다. 그러나 이런 튤립 열풍도 곧 끝을 맞았다. 사람들이 더 이상 일반 튤립을 찾지 않자 튤립 가격은 폭락했고, 튤립 선물도 휴지 조각이 되고 말았다. 이렇게 해서 역사상 가장 악명 높았던 튤립 버블은 붕괴되었다.

튤립 버블은 선물과 파생상품의 리스크를 잘 보여준다. 우선, 투자자는 앞으로의 상황을 예측할 수 없다. 이런 상황은 과거의 규율이나 추론을 통해서 판단할 수 있는 것이 아니기 때문이다. 또 투자자가 튤립을 직접 보지 못했듯이 파생상품은 실물과 차이가 있다.

그래서 투자자는 파생상품의 본질을 알 수 없고 상황의 추이를 더욱 판단하기 어렵다. 그러므로 파생상품 거래를 제대로 이용하지 못하면 종종 목적과 정반대의 결과를 맞게 된다.

⌐금융기술의 발전에 힘입은 금융기법 - 금융증권화

파생상품 중 가장 발전한 형태가 바로 '금융증권화(Securitization)' 이다. 금융증권화는 융통성이 가장 뛰어나지만 동시에 실물 경제에서 가장 동떨어져 있다.

겐로쿠는 자금이 필요하면 은행을 찾아가 대출 관련 사항을 협의할 수 있고, 만약 대출 요건이 맞으면 은행에서 대출을 받을 수 있다. 그러나 은행이 자금을 빌려주었다고 해서 반드시 그의 대여자가 되는 것은 아니다. 이것이 바로 금융증권화가 가져오는 가장 큰 효과다.

금융증권화는 금융업이 발달한 나라에서 쉽게 찾아볼 수 있는 자금 조달 방법이다. 채권이나 자산을 분할해 주식과 같은 형식의 증권으로 만들고, 이를 다시 투자자에게 판매해서 자금을 모집한다. 이런 금융증권화의 장점은 대중화를 통해 자금 조달 문제를 해결한다는 것이다.

예를 들면, 은행이 아무리 많은 자금을 보유하고 있어도 제공할 수 있는 대출에는 한계가 있다. 반면, 모든 대출을 증권으로 전환해 자본 시장에 판다면 모든 투자자가 겐로쿠의 채권자가 되는 효과를 얻을 수 있다. 당초에 은행은 100위안밖에 빌려줄 수 없었으나 대출을 자본 시장에 판 덕분에 대출 금액을 1만 위안으로 늘릴 수 있다. 이런 금융증권화 과정을 통해 은행은 채권자에서 중개인으로 역할이 바뀌고 채무 증권을 구입한 투자자가 겐로쿠의 실제 채권자가 된다.

금융증권화는 모두 윈윈하는 전략이라 할 수 있다. 겐로쿠의 입장에서는 원래 은행의 한계성 때문에 빌리지 못할 자금을 금융증권화를 통해 쉽게 해결했으니 상당히 도움이 되는 방법이라 할 수 있다. 은행의 입장에서도 더 이상 자금 부족에 시달리지 않고 중개 업무를 통해서 더 많은 수수료를 챙길 수 있다. 그리고 투자자에게는 선택할 수 있는 투자 방식이 하나 더 늘어난 것이다.

이런 의미에서 보면 금융증권화는 정말 뛰어난 발명이라 할 수 있다. 금융증권화를 통해 중개 기관은 더 많은 고객에게 더 많은 자금을 제공하고, 더 많은 사람들이 창업을 하고 기업가들은 사업을 확장하며, 투자자들은 이 방법을 통해 더 많은 수익을 올릴 수 있다.

금융증권화가 가장 활발하게 이용되는 분야는 '주택담보대출(Mortgage)'이다. 이를 쉽게 설명하면 다음과 같다. 우선 주택담보대출은 안정적인 수익이 있어 겐로쿠가 운영하는 회사보다 리스크가 적다. 둘째, 주택담보대출의 담보는 바로 해당 주택으로 안전하다. 반면에 겐로쿠의 담보는 각양각색이지만 주택보다 안전하다고 할 수 없다. 셋째, 기업마다 경영 상황이 각기 달라 이를 조합해서 규모가 큰 증권을 만들기는 어렵지만 주택은 형태가 거의 비슷해서 이를 조합하면 규모가 훨씬 큰 증권을 만들 수 있다. 따라서 겐로쿠가 가장 쉽게 금융증권화를 접하는 때는 기업을 경영하는 과정에서가 아니라 주택을 구입하는 과정에서다.

1970년대에 루이스 라니에리(Lewis Ranieri)는 가장 먼저 모기지 증권(Morgage Backed Securities, MBS)을 금융계에 도입해 '미국 모기지 증권의 아버지'라고 불렸다. 살로몬 브러더스의 부회장을 지낸 그는 그는 원래 보잘것없는 출신이었고, 살로몬 브러더스에서 우편 업무부터 일을 시작했다. 일을 시작한 지 얼마 안 되었을 때 아버지가 병으로 쓰러지셨으나 치료비가 없던 라니에리는 근심스러운 얼굴로 하루하루를 보냈다. 이후 그의 모습을 눈치 챈 살로몬 브러더스의 파트너는 전후 사정을 듣고는 두말없이 수표장을 꺼내 모든 병원비를 지원해 주었다. 살로몬 브러더스에게 모든 직원은 가족과 같았기에 그는 아무 조건 없이 라니에리를 도와준 것이다. 이후 라니에리는 일평생 회사를 위해 열심히 일했고 수익률이 높은 다양한 금융 상품을 만들었다. 모기지 증권도 그런 금융 상품 중 하나였다.

라니에리는 금융증권화를 통해 더 많은 채권자를 자본 시장에 끌어들였을 뿐만 아니라 자산의 리스크를 골고루 분산시켰고, 투자자들이 자신이 원하는 수익과 리스크 성향에 따라 투자할 수 있도록 다양한 금융 상품을 설계했다. 이를 위해서 그는 증권화 상품을 등급에 따라 다시 세분화해 새로운 투자 상품을 만들었다.

예를 들어 증권 발행인은 위험 정도에 따라 선순위채권(Senior Tranche), 중급채권(Mazzanine Tranche), 후순위채권(Equity Tranche)

의 세 종류 모기지 증권을 발행한다. 이후 모기지가 상환되면 우선 선수위채권에 먼저 배당하고, 남은 금액이 있으면 중급채권, 후순위 채권에 차례로 배당한다. 만약 자산에 손실이 발생하면 앞의 경우와 반대로 후순위채권, 중급채권, 선순위채권 순으로 손실을 부담한다.

수익 분배와 손실 부담의 순서가 다르기 때문에 각 증권의 리스크와 수익도 달라지고, 이에 따라 증권의 가격과 구매 대상도 모두 달라지게 된다. 모기지 증권을 세분화하지 않는다면 보수적인 많은 투자 기관들이 모기지 증권을 구입하지 않을 것이고, 일부 펀드들도 모기지 부실에 따른 손실 부담을 우려하여 적극적으로 투자하지 못할 것이다.

그러나 이처럼 리스크와 수익이 다양한 증권화 상품이 만들어지면 그들은 더 이상 걱정할 필요가 없다. 예를 들어 젠로쿠가 100위안을 대출해서 주택을 구입했다고 가정해 보자. 그가 향후에 대출을 모두 갚지 못한다고 해도 10, 20위안만 갚고 그만두지는 않을 것이다. 만약 정말 그랬다고 해도 건물은 여전히 남아 있고 주택 가격이 하락한다고 해도 10, 20위안 정도의 가치는 될 것이다. 그러면 이 10, 20위안의 채무를 분할해서 우량 등급의 모기지 증권을 만든다면 결코 손해 보지 않을 것이다.

라니에리는 수많은 젠로쿠를 찾아내서 그들의 주택담보대출을 하나로 모으고, 이후 등급에 따라 세분화해서 새로운 금융 상품을 만들었다. 보수적인 퇴직기금이라면 가장 안전한 선순위채권에 투자해 채무의 10~20%만 부담할 것이다. 물론 이 상품은 리스크가 적은 대신 수익률도 매우 낮다. 남아 있는 중급채권과 후순위채권은 리스크가 높은 대신 수익률도 높아 고리스크—고수익을 선호하는 투자자들을 끌어들인다.

모기지 증권도 주식처럼 자본 시장에 유통되면서 투자자의 리스크를 낮추고 수익을 보장하는 역할을 한다. 그러므로 금융증권화를 적절하게 이용하면 리스크를 낮추고 사람들에게 창업과 주택 구입의 기회를 제공하는 좋은 금융 상품이 될 수 있다.

복이 화가 될 수도 있고, 화가 복이 될 수도 있다
- 금융 경제의 문제

이론상으로 보면, 자본 시장은 기계처럼 끊임없이 돌아가며 실물 경제에 자본을 제공하고 이를 바탕으로 수익을 얻는다. 그리고 금융 시장도 다양한 역할을 통해 기업가의 수많은 요구를 모두 해결해 줄 수 있다.

그러나 현실을 돌아보면 자본 시장은 대부분 이런 역할을 하지 못하고, 자본 시장으로 대표되는 금융 경제는 오히려 실물 경제를 파괴하기도 한다. 그 주요한 원인은 자본 시장은 열심히 효율을 추구하지만 자본 시장을 이루는 구성원은 편견으로 가득 찬 개인이기 때문이다. 불확실성으로 가득한 세계에서 모든 사람들이 시장을 구성하는 구성 요소로서의 역할을 잘 해내기란 쉽지 않다. 그래서 크고 작은 문제를 일으켜 전체 시스템을 멈추게 하기도 한다.

이상적인 상황은 가장 효율적인 자본 시장에서 모든 구성원들이 '완전 정보(perfect information)'를 토대로 가장 합리적인 결정을 내리는 것이다. 그러나 현실에서는 무지와 비이성이 세상에 가득하다. 이를 가장 잘 보여주는 예가 바로 '군중 심리'이다. 상황이 잘못되었어도 대부분의 사람들은 대세를 따르려고 하지 자신의 생각을 고수하며 잘못을 바로잡으려고 하지 않는다. 이에 대해 케인스는 다음과 같이 분석했다. '사람들이 기존의 방식을 고수하다가 틀리면 이렇게 말하면 된다. "봐, 모두들 틀렸잖아. 내 탓이 아니라니까." 그런데 만약 독자적으로 행동하다가 잘못되면 온전히 자신의 잘못이 된다. 그러므로 리스크를 피하기 위해서는 대세를 따르는 것이 비교적 안전하다(비록 완전히 틀렸다고 해도).'

사회에서도 대중에게 인정받은 사물의 가치는 상당히 높지만 개인이 좋다고 인정하는 것은 그렇지 못하다. 이것이 금융 경제와 실물 경제에 괴리가 생긴 근본적인 이유다. 금융 경제는 실물 경제를 지원하는 과정에서 이익을 얻기도 하지만 투기행위를 통해서도 이익을 얻는다. 예를 들면, 투자자가 겐로쿠 회사의 주식을 사는 것은 회사의 수익성이 좋아서가 아니라 향후 겐로쿠 회사를 낙관적으로 전망하는 사람에게 주식을 비싸게 팔기 위해서일 수도 있다. 그러나 그의 도박이 적중한다고 해도, 이는 투자자 자신이 이익을 보는 것이지 실물 경제에 도움을 주지는 않는다.

자신의 이익만 생각하고 실물 경제는 전혀 고려하지 않는 자세는 매우 부정적인 영향을 미친다. 금융 경제가 비록 개인의 이익을 추구하는 곳이지만 전체 자본 시장은 이익 추구의 장인 동시에 공공시설이기도 하다. 만약 시장이 제공하는 자본이 없다면 실물 경제는 발전할 수 없다. 실물 경제의 '파이'를 키워야만 사람들이 더 많은 몫을 가져갈 수 있다. 그런데 투기에만 열중하고 실질적인 가치를 창조하지 않는다면, 파이를 가져가려는 사람은 많아지지만 파이는 증가하지 않아 결국에는 모두 함께 바람직하지 못한 결과를 맞게 될 것이다.

또한 투기가 성행하면 한 가지 폐해가 생겨난다. 구성원 모두 자신의 이익을 지키기 위해 남에게 손해를 끼치는 악순환이 형성된다. 동일한 파이에서 자신의 몫을 더 챙기려면 오직 타인의 몫을 빼앗는 방법밖에 없기 때문이다. 이런 양상이라면 효율이 높아질수록 상황은 더욱 악화된다. 효율이 높아지면 남에게 피해를 주는 수법도 더욱 효율적으로 변한다.

실제로 자본 시장이 단순히 효율만 추구하는 것은 반드시 좋은 일만은 아니다. 이론상으로 보면, 자본 시장의 효율이 높을수록 실물 경제에 제공하는 자원도 더 많아지고 실물 경제가 성장하는 속도도 빨라진다. 그러나 이론에서 말하는 효율이 가장 높은 자본 시장의 전제 조건은 모든 사람들이 '완전한 정보'를 가지고 이성적으로 행동한다는 것이다. 이런 시장에서는 효율이 높아도 큰 문제가 없겠지만, 편견으로 가득 찬 자본 시장이라면 높은 효율이 실물 경제에 도움이 될지는 알 수 없다. 마치 모래 위에 쌓은 성처럼 높아질수록 더욱 쉽게 무너져 버릴 수 있기 때문이다. 성이 무너지면 금융 경제는 실물 경제를 지원하지 못할 뿐만 아니라 자본이 부족해져 실물 경제를 무너뜨리고 말 것이다.

자본 시장의 효율이 너무 높아 실물 경제에 큰 피해를 입힌 가장 좋은 사례로는 자금 조달 방식의 개혁을 들 수 있다. 오늘날 자본 시장에서는 더욱 많은 개인과 기업, 그리고 정부가 '환매조건부 시장(Repurchase Market)'* '기업어음 시장(Commercial Paper Market)'** '경매 방식 채권 시장(Auction Rate Securities Market)'*** 등 단기 자금 조달 방식을 선택하기 시작했다. 과거 은행의 자금 조달 방식과 비교해 보면 단기 자금 조달은 더 빠르고 편리하며 자금도 풍부하고 비용도 적게 든다.

그러나 은행 대출이 비싸고 번거롭더라도 훨씬 안정적이다. 은행은 순식간에 돈을 빼가지는 않기 때문이다. 이와 비교해 단기 자금 조달 방식은 훨씬 빠르게 자금을 빌릴 수 있지만 채권자들도 훨씬 빠르게 돈을 회수해 갈 수 있다. 그래서 자금을 모두 단기 조달 방식으로 빌리면 채권자들이 한순간에 돈을 회수해 갈 경우 채무자는 곧바로 극한 상황으로 몰리게 된다.

결론적으로, 자본 시장에서는 '화가 복이 될 수도 있고, 복이 화가 될 수도 있다'. 자본 시장을 잘 이용하면 많은 혜택을 누릴 수 있지만 이를 제대로 활용하지 못하면 엄청난 피해를 보게 된다.

* 금융 기관이 일정 기간 후에 확정 금리를 보태어 되사는 조건으로 발행하는 환매조건부채권(RP)을 거래하는 시장.

** 기업이 단기 자금 조달을 위해 발행하는 기업어음(CP)을 거래하는 시장.

*** 입찰 방식으로 금리를 결정하는 채권인 경매 방식 채권을 거래하는 시장.

제6장

기업 인수의 논리

———————

실물과 금융 경제의 사이 – M&A

실물 경제와 금융 경제의 경계에 대해 말하자면 M&A를 빼놓을 수 없다. M&A(Mergers And Acquisitions)는 합병(Merger)과 인수(Acquisition)를 가리키는 말로, 합병은 독립적인 두 기업이 하나로 합치는 것을 말하고, 인수는 한 기업이 현금, 채권, 주식을 이용해 다른 기업의 지배권을 사들이는 것을 말한다. M&A를 진행하려면 우선 M&A를 통해 더 많은 수익을 창출할 수 있는지(실물 경제 방면), 이를 통해 주가를 상승시켜 주주들을 만족하게 할 수 있는지(금융 경제 방면)를 고려해야 한다. M&A를 연구하면 실물 경제와 금융 경제가 어떻게 서로 영향을 주고받는지 살펴볼 수 있다.

수많은 M&A 중에 가장 흔히 볼 수 있는 것이 전략적 인수다. 전략적 인수란 자신의 위치를 공고히 하고 장기적인 성장을 위해 기업이 주도적으로 다른 기업을 인수하는 것을 말한다.

흔히 볼 수 있는 전략적 인수에는 '실력 보충형'이 있다. 이는 경영층이 회사의 약점을 의식하고 전략적 인수를 통해 사전에 이를 보강하는 방법이다. 예를 들어 대형 제약 회사는 신약을 개발한 중소기업 인수를 선호한다. 보통 신약을 개발하려면 엄청난 자금과 시간이 소요되지만 약의 특허권은 10~20년밖에 인정되지 않는다. 이 기간이 지나면 다른 제약회사들도 동일한 약을 만들 수 있어 신약의 수익성은 크게 떨어진다. 그러므로 지속적인 수익을 유지하기 위해 대형 제약회사는 끊임없이 신약을 개발해야 하는데, 신약을 연구하는 동안 공백기가 생기게 마련이다. 이때 신약을 개발한 중소기업을 인수하면 공백기 없이 계속 발전할 수 있다.

이 밖에 흔히 접하는 또 다른 전략적 인수에는 '사전 안배형'이 있다. 이는 기업이 향후 경제 발전 추세를 예측하고 사전에 이에 대한 전략을 취하는 것이다. 예를 들어 최근 구글과 애플은 핸드폰 광고 기업을 인수하기 시작했다. 이 회사들의 수익은 구글이나 애플 같은 대기업에는 훨씬 미치지 못하지만, 핸드폰 시장의 확대로 핸드폰 광고 시장의 전망이 밝다고 판단한 구글과 애플은 고가에 미리 핸드폰 광고 사업을 인수해서 해당 시장을 선점하려는 것이다.

이 두 가지 인수 전략은 이론은 간단하지만 실행하기는 쉽지 않다. 기업 경영자는 자기 회사의 장단점을 파악한 뒤 전략적 인수를 통해 장점을 강화하고 단점을 보완하려고 한다. 이를 위해서는 '당사자의 오류'*를 극복해야 할 뿐 아니라 전략 실행 과정에서 판단 실수를 해서도 안 된다. 그러나 이 두 가지 목표를 동시에 이루는 것은 매우 어려운 일이다. 그래서

* 일을 담당하는 당사자가 오히려 제삼자보다 상황을 더 모르는 현상.

많은 기업가들이 그 과정에서 실패를 맛보았고, 그중에는 굴지의 기업가들도 포함되어 있다.

원래 상업신용회사(Commercial Credit Company)*를 경영하던 샌포드 웨일(Sanford Weill)은 잇따른 기업 인수를 통해 월스트리트의 최고 금융 그룹인 씨티그룹(Citi Group)을 만들었다. 그는 금융 기업은 반드시 고객이 원하는 서비스를 모두 제공하는 '금융 슈퍼마켓'의 형태가 되어야 한다고 믿었다. 그런데 자신의 회사가 규모와 서비스 면에서 너무 부족하다고 판단하고 연이은 기업 인수를 통해 마침내 대형 금융 그룹의 면모를 갖춘 기업으로 성장시켰다.

시간이 흘러 씨티그룹은 그룹의 경영 상황이 계속 악화된 데다 최근 금융위기까지 겹쳐 어쩔 수 없이 정부의 구제 금융을 받아들였다. 씨티그룹이 실패한 것은 웨일이 애초부터 상황을 잘못 판단한 데 큰 원인이 있다. 회사의 진정한 우위는 규모가 아니라 그 규모를 얼마나 잘 활용하는가에 달려 있다. 예를 들어 쌀가게를 운영하는 겐로쿠가 사업 범위를 넓히려고 정육점도 함께 열었다고 가정해 보자. 이때 이 두 가게가 협력한다면 서로 도움을 줄 수 있다. 일례로 각자의 상품을 덤으로 제공하는 것이다. 쌀을 10kg 사면 고기 1kg을 덤으로 주고, 고기를 10kg 사면 쌀 1kg을 덤으로 주는 식이다. 그러면 덤을 얻으려는 소비자들이 다른 가게에 가지 않고 모두 겐로쿠의 가게로 몰려들 것이다. 하지만 두 가게가 아무런 협력도 하지 않는다면 양측 모두 어떤 시너지 효과도

* 제조업자와 판매업자에게 자금을 대출해 주는 금융 회사.

얻지 못한다.

금융 회사를 잇달아 인수한 씨티그룹이 맞닥뜨린 문제가 바로 이것이었다. 웨일은 금융 회사들을 하나로 모아 규모를 키웠지만, 큰 규모가 기업의 강점은 아니다. 규모화된 그룹은 회사들이 서로 협력해야만 더 큰 힘을 발휘할 수 있다. 만약 회사 간에 협력하지 않으면 그룹은 관료 기관처럼 덩치만 커질 뿐 효율성은 떨어지게 된다. 씨티그룹 역시 똑같은 문제에 부닥치게 된 것이다. 웨일은 오직 규모 확대만 강조했을 뿐 그것을 활용하지 않아 결과적으로 씨티그룹은 비대하지만 효율이 떨어지는 그룹으로 전락했고, 계열사들은 협력은커녕 서로 견제하기에 바빴다. 그 결과 씨티그룹은 오랫동안 침체기를 겪었고 끝내 파산의 위기까지 맞았다.

씨티그룹의 전략적 인수가 실패한 원인은 자신의 강점과 약점에 대한 인식이 부족해 '금융 슈퍼마켓'이라는 구상이 실행 단계에서 문제가 발생한 것이다. 그렇다고 '금융 슈퍼마켓'이라는 구상 자체가 잘못된 것은 결코 아니다. 실제로 웨일이 수많은 투자자들을 설득할 수 있었던 이유도 그의 아이디어가 상당히 합리적이었기 때문이다. 웨일이 여러 금융 회사를 인수해 씨티그룹을 만든 이후부터 세계의 수많은 금융 기업들이 그의 '금융 슈퍼마켓' 모델을 따르기 시작했다. 심지어 라자드처럼 한 분야만 고집하던 기업도 상장해 다른 영역으로 사업을 넓혔다. 오늘날처럼 경쟁이 치열한 환경에서 '금융 슈퍼마켓'이 되지 못한 금융 회사는 다른 회사에 인수되어 '금융 슈퍼마켓'의 일부분이 될 가능성이 높다.

어떤 의미에서 보면, 경제 추세에 대한 판단이 자신에 대한 이해나 구상의 집행력보다 훨씬 중요하다. 거시적이고 장기적인 안목이 없다면 전략적 인수가 성공했다 해도 결국 실패로 끝날 확률이 높기 때문이다. 예를 들어 자동차와 기차 산업이 성장하기 시작한다면 마차 공장은 기존 사업만 고집하지 말고 고속 성장하는 새로운 영역으로 뛰어들어야 한다. 만약 잘못된 판단을 내려 다른 마차 기업을 인수하기라도 하면 손해만 더욱 커질 뿐이다.

결론적으로, 대세에 대한 파악, 자신에 대한 이해, 향후 실무 집행력, 이 모든 것이 두루 갖춰져야 전략적 인수가 완전한 성공을 거둘 수 있다. 이 세 가지 중 하나라도 부족하면 리스크와 불확실성이 증가하고, 전략적 인수에 성공했더라도 이후 기업 경영에서 실패할 확률이 높다.

장기 이익과 단기 이익 중 더 중요한 것은?
- 전략적 인수의 목적

실물 경제에서 M&A는 장기적인 전략이지만 단기적으로는 금융 경제의 영향도 고려해야 한다. 보통 한 기업이 다른 기업을 인수하기로 하면 인수 기업의 주가는 하락하고 반대로 인수 대상 기업의 주가는 상승한다. 이는 인수 기업이 '실제 자산'을 지출해 '미지의 가능성'을 구매하는 것이기 때문이다.

예를 들어 젠로쿠가 마음에 드는 기업을 인수한다고 가정해 보자. 그는 주식, 대출, 현금의 세 가지 방법을 이용해 기업을 인수할 수 있다. 그중 대상 회사가 가장 선호하는 방식은 현금 인수 방식이다. 그것이 가장 확실한 반면, 주식은 가치가 하락할 수 있고 대출은 갚지 못할 수도 있기 때문이다.

이 중에서 어떤 방법을 선택하든 젠로쿠 회사의 주주들은 자금 유출을 감수해야 하고, 대상 기업은 그 자금을 벌어들인다. 젠로쿠가 이렇게 대규모의 자금을 들이는 이유는 회사의 장기적인 이익을 고려하면 기업 인수가 다른 투자보다 수익률이 훨씬 높다고 믿기 때문이다. 그러나 미래는 아무도 알 수 없기에 예상과 달리 인수한 기업의 실적이 떨어질 가능성도 충분히 존재한다.

한편, 피인수 기업의 입장에서 따져보면 M&A는 대부분 수지타산이 맞는 거래다. 기업이 인수될 때는 대개 보유한 유형 자산보다 높은 가격을 받기 때문이다. 예를 들어 음식점이 문을 닫으면 팔 수 있는 것은 주방 기구 정도에 불과하지만, 음식점을 정상적으로 판다면 음식점 주인은 절대로 주방 기구를 합산한 가격으로 흥정하지는 않을 것이다. 그는 음식점의 무형 자산(예를 들어 브랜드 가치)이나 미래 예상 수익까지도 모두 계산에 넣을 것이다. 따라서 이 모든 가격이 합쳐져야 음식점의 진정한 판매 가격이 산출된다. 이렇게 되면 젠로쿠는 음식점의 리스크까지 모두 떠안는 반면에 음식점 주인은 두둑한 현금을 챙기게 된다. 만약 두 회사가 모두 상장 기업이라면 투자자들은 젠로쿠의 주식을 팔고(젠로쿠의 '자산'이 '가능성'으로 바뀌었기 때문) 음식점의 주식으로 갈아탈 것이다('가능성'이 '자산'으로 바뀌었기 때문).

음식점 인수에 성공한 겐로쿠는 이후 주주들에게 앞으로 음식점의 경영 상태가 훨씬 좋아질 거라고 선전한다. 하지만 주주들은 입장과 생각에 있어서 겐로쿠와 큰 차이가 있을 수 있다.

겐로쿠는 경영자로서 회사 운영의 실제 상황과 향후 전망에 대해 알고 있지만 주주들은 그렇지 않다. 그들은 오직 주가를 통해서만 회사를 이해하게 된다. 만약 기업 인수에 성공해 회사가 크게 발전하면 주가도 인수 전보다 훨씬 빠르게 상승해 주주들도 매우 흡족해할 것이다. 반대로 회사의 주가가 하락하면 주주들은 그리 탐탁지 않아 할 것이다. 주가가 하락하는 초기에는 주주들은 겐로쿠의 전략을 지지할 수 있지만, 시간이 흘러도 기대하던 시너지 효과가 나타나지 않으면 주가는 더욱 내려갈 것이고 겐로쿠의 경영 전략은 더 이상 주주들의 지지를 얻지 못할 것이다.

한편, 겐로쿠가 기업 인수를 통해 자신 회사의 주가를 자극하는 방법에는 세 가지가 있다. 첫째는 저평가된 회사를 인수하는 것이고, 둘째는 주주들이 원하는 기업을 인수하는 것이다. 셋째는 어떤 기업을 인수하든 효율적으로 경영하여 회사의 수익을 높이는 것이다.

저평가된 기업을 인수하는 것은 주가를 올리는 데 더할 나위 없이 좋은 방법이다. 만약 1,000위안의 자금으로 1만 위안의 가치가 있는 기업을 인수한다면 겐로쿠 회사의 주가도 자연히 상승할 것이다. 그러나 시장에서 저평가된 기업을 찾는 투자자는 매우 많으므로 이런 기회는 좀처럼 만나기 어렵다.

주주들이 원하는 기업을 인수하는 것이 겐로쿠의 실제 수요와 반드시 일치하는 것은 아니다. 회사 주주들은 대부분 단기 이익을 중시해서 주가가 오르면 주식을 팔 생각을 하지만, 회사를 운영하는 겐로쿠는 회사의 장기 발전을 책임져야 하기 때문에 양자의 이익이 항상 일치할 수는 없다. 게다가 주주는 회사의 일반 경영에 참여하지 않으므로 겐로쿠만큼 회사를 이해하지 못할 수도 있다. 따라서 무조건 주주들의 의견을 듣는 것이 반드시 좋은 선택은 아니다.

이와 같은 이유로 기업 인수는 위에서 말한 음식점의 예와 같이 주주가 원하지도, 인수 가격이 싸지도 않은 세 번째 경우가 대부분이다. 이때 겐로쿠가 할 일은 기업 인수 후 경영을 잘하는 것이다.

실제로 미국에 M&A 열풍이 불었을 때 대부분의 CEO들이 겐로쿠처럼 생각했다. 그리고 그들은 기업 인수 효과를 실제보다 좋아 보이게 하는 다양한 기법을 개발했다. 그중 자주 이용되는 것이 바로 '영업권(Good Will)'이다. 영업권은 유형 자산 이외의 무형 자산을 뜻하는 회계용어다.

예를 들어 앞서 말한 음식점의 유형 자산 가격은 1,000위안이지만 인수 가격이 1만 위안이라면 이 음식점의 무형 자산 가치가 9,000위안이라는 이야기다. 다시 말해, 이 9,000위안이 바로 영업권이다.

이때 CEO는 두 가지 선택을 할 수 있다. 9,000위안을 정상적으로 회계 처리하거나, 혹은 회계 상의 허점을 이용해 이를 계상하지 않는 것이다. 만약 9,000위안을 무형자산으로 계상한 후 일정 금액을 상각하면, 기업의 수익은 상각 금액만큼 줄어들고 투자자들도 음식점 인수 시 9,000위안이 더 들었음을 알게 된다. 하지만 CEO가 회계를 조작해 이를 나타내지 않는다면 회사의 이익은 더 많아지게 된다.

CEO는 더 많은 수익을 보여주는 것이 유리하므로 가능한 두 번째 방법을 선택하려 할 것이다. 하지만 이는 투자자에게는 상당히 좋지 않다. 회계 보고서에 영업권 비용이 드러나지 않으면 회사 인수에 정확히 얼마의 비용이 들었는지 모른 채 단지 1,000위안의 비용만 볼 수 있기 때문이다.

단, 이런 식의 회계는 잠시 동안은 효과를 거둘지 몰라도 오랫동안 지속될 수 없다. 시간이 지나면 속임수는 반드시 드러나기 때문이다(대개 공매도자가 이를 잘 발견한다). 그러므로 의미 없는 이런 숫자놀음보다 자신의 일을 성실하게 해 회사를 발전시키는 길이 정도(正道)다.

평등하지 않은 합병 – 대등 합병

한편, 때로는 M&A를 진행하면서 원래의 의도와는 전혀 다른 결과를 얻기도 한다.

여러 가지 합병 방식 중에서 가장 이상적인 합병은 원래 두 기업의 모습은 모두 사라지고 더욱 효율적인 완전히 새로운 기업이 탄생하는 것이다. 이런 합병 방식을 '대등 합병(Merger of Equals)'이라고 한다. 1998년 미국 3대 자동차 기업 중 하나인 크라이슬러와 독일의 다임러 벤츠(Daimler-Benz AG)가 합병할 때, 두 기업은 자신의 낡은 옷을 벗어던지고 다임러 크라이슬러(Daimler Chrysler)로 새롭게 태어났다.

양 기업이 이를 통해 원한 것은 강력한 시너지 효과였다. 크라이슬러는 미국 시장에서 다양한 종류의 차를 판매하고 있었고, 다임러 벤츠는 자금이 풍부하고 고급 승용차 시장을 석권하고 있었다. 서로 보완되는 부분이 명확했던 두 기업은 자연스럽게 의견의 일치를 이룰 수 있었다. 젠로쿠가 향후 사업을 확대하고 싶다면 자신의 우세와 열세를 서로 보완할 수 있는 기업과 대등 합병하는 것도 좋은 선택이다.

보통 실력이 엇비슷한 두 기업은 대등 합병을 통해 새로운 하나의 기업이 되기를 바란다. 하지만 두 기업의 실력 차이가 크면 대부분 강한 쪽이 약한 쪽을 직접 인수하게 된다. 이렇게 되면 양 기업 간의 합병은 사실 인수이지만, 체면을 살리기 위해 양측은 대등 합병을 했다고 공표한다. 크라이슬러와 다임러 벤츠의 합병 건도 사실은 미국 기업이 독일 기업에 인수된 것이었다. 그러나 이렇게 공표한다면 미국 자동차업계의 체면은 어떻게 되겠는가? 크라이슬러와 경영층의 체면은 또 어떻게 되겠는가? 독일 측도 자신이 크라이슬러를 인수했다고 한들 별다른 이점이 없기에 가능한 한 미국 측의 체면을 살려주고자 했다. 어쨌든 합병 후 경영권을 쥔 쪽은 독일이었기 때문에 인수나 다름없었다.

합병 이후 회사의 인사이동 상황을 잘 살펴보면 합병 계약이 어떻게 이루어졌는지 파악할 수 있다. 많은 금액을 투자하고 실력도 뛰어난 측은 권한의 대부분을 가지려고 하는 한편 실력이 부족한 측은 대등 합병이라는 명분은 얻지만 안분지족해야 한다.

만약 양측 간에 마찰이 생긴다면 이는 대개 위의 규칙을 지키지 않았기 때문이다. 대등 합병 시 가장 골치 아픈 상황은 실력이 강한 측은 자신을 인수자로 생각해 전권을 행사하려는 반면, 실력이 약한 측은 서로 대등한 관계로 생각해 모든 일에 협의를 요구하는 것이다. 만약 양측이 완강하게 대립한다면 회사의 내분을 피할 수 없다. 실제로 대등 합병을 하는 과정에서 이런 문제가 흔히 일어난다.

대등 합병 과정에서 일어난 무수한 내부 갈등 사례 중 가장 유명한 것은 바로 딘 위터(Dean Witter)와 모건 스탠리의 합병이다. 약 100년의 역사를 지닌 딘 위터는 대중화된 기업으로 사람들에게 주식을 판매하고 뮤추얼펀드를 통해 고객의 자산을 관리하는 업무를 주로 했다. 수십 년 전만 해도 이런 기업은 월스트리트 기업에 비교도 되지 않았다. 당시 월스트리트에서 가장 잘나가는 기업은 대기업에 투자은행 서비스를 제공하는 회사들이었고, 이 중에서 가장 두각을 나타낸 기업이 모건 스탠리였다. 모건 스탠리는 J. P. 모건은행에서 분사한 전문 투자은행으로 모기업의 세계 최고 고객들을 그대로 이어받아 한순간에 미국 최대 투자은행으로 올라섰다. 이후 수십 년 동안 모건 스탠리는 월스트리트에서 독보적인 위치를 차지했다.

시간이 흘러 1990년대가 되자, 월스트리트는 기업의 배경보다 자본력을 더 중시하기 시작했다. 그래서 더 큰 자본으로 더 많은 수익을 올리는 딘 위터 같은 일반 기업들이 투자은행인 모건 스탠리가 수익이 불안정하다는 사실에 주목했다. 이때 양 기업의 경영층은 두 기업이 합병해 일반 고객 업무와 대기업 업무를 동시에 제공한다면 금융업에서 막대한 시너지 효과를 낼 수 있을 거라 생각했다. 그래서 1997년 양측은 대등 합병에 관한 협약을 맺었다. 딘 위터는 자금이 풍부한 한편 모건 스탠리는 명성이 높아 어느 한 쪽이 상대를 인수하는 것은 각자의 주주들에게도 바람직한 일이 아니었다.

합병 이후 새롭게 설립된 모건 스탠리 딘 위터(Morgan Stanley Dean Witter & Co.)는 생각만큼 순조롭게 운영되지 않았다. 이는 양기업의 CEO였던 모건 스탠리의 존 맥(John Mack)과 딘 위터의 필립 퍼셀(Philip Purcell)이 시작부터 첨예하게 대립해 서로 양보하지 않았기 때문이다.

이 두 기업은 기업문화도 다른 데다 양측 CEO들까지 대립하자 회사 직원들도 편을 나누어 다투기 시작했다. 이후 4년 동안의 격렬한 내분을 겪은 후 결국 필립 퍼셀이 존 맥을 물리치고 새로운 기업의 유일한 CEO가 되었다.

그런데 분쟁은 여기서 끝나지 않았다. 다시 4년이 흘렀을 때 뜻밖에도 존 맥이 회사로 돌아온 것이다. 재기에 성공한 그는 주주들에 의해 필립 퍼셀이 사임한 뒤 이 기업의 새로운 CEO 자리를 탈환했다. 그는 회사 이름을 다시 모건 스탠리로 바꿨다. 이렇게 해서 결국 8년 간의 내분을 거쳐 모건 스탠리가 딘 위터를 완전히 삼켰지만, 그

사이에 엄청난 자금과 자원이 낭비되었다.

하지만 이는 실패는 아니었다. 대등 합병과 내분을 통해 모건 스탠리는 더욱 새롭고 효율적인 기업으로 탈바꿈했기 때문이다. 이에 비해 크라이슬러와 다임러 벤츠의 상황은 훨씬 처참했다. 그들은 처음부터 마음이 맞지 않았고 이후 크라이슬러의 경영 상황이 악화돼 다임러 크라이슬러의 실적에도 좋지 않은 영향을 미쳤다. 결국 독일 측은 경영에 실패하고 크라이슬러를 고스란히 다른 사람에게 넘기고 말았다. 그들은 수억 달러의 손실을 보느니 차라리 원래의 다임러로 돌아가는 편이 낫다고 판단했던 것이다.

이 두 사례는 대등 합병의 리스크를 잘 보여준다. 어떠한 합병도 평등할 수 없기 때문에 대등 합병을 명분으로 기업을 합병한다면 합병 후 서로 배척하거나 내분이 일어날 확률이 일반적인 M&A보다 훨씬 높다. 따라서 겐로쿠가 다른 사람과 대등 합병을 진행하고자 하면 우선 합병 후 누가 경영권을 가질지 확실히 하고 지휘체계를 명확히 해야 한다. 그래야만 대등 합병이 성공적으로 이루어져 서로 단점을 보완하는 소기의 목적을 달성할 수 있다.

그룹화의 반대 전략 – 기업 분할

M&A와 정반대되는 전략으로 '기업 분할(Spin Off)'이 있다. 이는 기존 회사의 사업 부분을 독립적으로 분리하는 것을 말한다. 비록

방법은 다르지만 높은 효율을 추구하고 실물 경제와 금융 경제를 모두 고려한다는 점에서 기업 분할의 목적은 그룹화와 비슷하다.

기업 분할이 기업의 전략이 아니라 정부의 요구로 이루어지는 경우도 있다. 1980년대 미국 정부는 AT&T가 장거리 서비스와 지역 서비스를 동시에 경영하는 것은 독점에 해당한다고 판단하고 둘 중 한 사업만 영위할 것을 AT&T에 요구했다. 심사숙고를 거듭한 AT&T는 결국 장거리 서비스를 유지하기로 결정하고 수십 개의 자회사를 설립하고 자회사에 지역 서비스 업무를 모두 넘겨주었다.

물론 이렇게 정부의 강요로 기업을 분할하는 경우는 소수에 불과하고, 대부분의 기업 분할은 경영 전략의 차원에서 이루어진다. 회사가 사업 부문을 독립시키는 목적은 이론상으로는 해당 사업이 다른 사업의 영향을 받지 않고 빠르게 성장하도록 하기 위해서다. 그러나 자신의 업무에 아무리 정통하다고 해도 앞으로의 상황은 알 수 없으므로 회사의 이런 결정이 절대적으로 정확하다고 할 수는 없다.

AT&T를 다시 예로 들면, 미국 정부가 AT&T에 기업 분할을 요구했을 때 결과적으로 AT&T는 잘못된 결정을 내렸다. 당시 AT&T 경영층은 지역 서비스는 현지 전화선을 유지하고 고객의 전화를 연결해주는 업무에 불과해 수익은 안정적이라도 발전 가능성은 거의 없다고 생각했다. 이와 비교해 장거리 서비스는 이윤이 더 높고 미국 전역을 상대로 하기 때문에 발전 가능성도 훨씬 크고, 또 장거리 서비스로 번 수익을 당시 붐이 일기 시작한 PC 사업 같은 유망한 사업에 투자할 수 있다고 판단했다. 그래서 AT&T는 결국 지역 서비스를 넘겨주고 자신은 장거리 서비스를 계속 유지했다.

그런데 이 결정은 곧 잘못된 것으로 드러났다. 우선 유선 TV 사업의 발전으로 각 지역 서비스 회사는 성장의 기회를 얻었다. 그들은 지역 전화 서비스를 제공해 안정적인 수익을 얻는 것 이외에도 현지 유선 TV의 기초 설비 사업을 장악할 수 있었다. 당시 유선 TV 시장은 미개척 시장이어서 독점을 통해 큰 수익을 올릴 수 있었다. 그리고 이후 유선 TV 열풍이 지나가자 각 지역 서비스 회사는 자신의 이점을 이용해 이어서 네트워크와 무선 전화 시장에 진출해서 적지 않은 수익을 얻었다.

이에 비해 AT&T가 계속 독점할 것으로 기대한 장거리 전화 서비스는 오히려 이상 과열 경쟁 양상이 나타나 수익이 계속 떨어지기 시작했다. 그리고 AT&T의 다른 부문도 순조롭게 발전하지 못했다. 1991년 AT&T는 금전등록기 생산으로 유명한 NCR을 인수해 컴퓨터 산업에 뛰어들 발판을 마련했다. 이 인수 전략은 정확했지만, 이미 독점에 익숙해진 AT&T는 새로운 분야에 적응하지 못했고, 사업은 손실만 누적됐다. 결국 AT&T는 1996년에 NCR을 다시 기업 분할하고 PC 산업에서 완전히 손을 뗐다.

이후 자금을 모집하고 새로운 분야에 다시 도전하기 위해 AT&T는 기계 제조 부문과 웨스턴 일렉트릭(Western Electric Co., Inc.)*, 세계적으로 유명한 벨연구소(Bell Laboratories)를 모두 기업 분할해 독립시키고 통신 장비 개발과 판매

* 통신기기 제조회사.

를 위주로 하는 루슨트 테크놀로지스(Lucent Technologies)를 출범시켰다. 그리고 자신은 여전히 장거리 전화 서비스를 고집했다. 이후 네트워크, 유선 TV, 무선 전화 등 새로운 시장이 활성화됨에 따라 통신 장비에 대한 수요가 급증하자 루슨트 테크놀로지스의 주가는 급등했다. 반면, 사양 산업에서 벗어나지 못한 AT&T는 줄곧 부진을 면치 못했다.

거듭된 실패에 고민하던 AT&T는 이후 IBM에서 오랜 경험을 쌓은 마이클 암스트롱(Michael Armstrong)을 CEO로 초빙했다. 또 수익률이 높은 유선 TV 사업에 뛰어들기로 결정을 내리고 1,000억 달러를 들여 유선 TV 기업인 TCI와 미디어원(MediaOne)을 인수했다. 하지만 몇 년 지나지 않아 자유 경쟁에 취약함을 또다시 드러내 AT&T의 유선 TV 사업은 경영이 악화되었다. 그러자 경영층은 다시 유선 TV 부문을 기업 분할해 리버티 미디어 그룹(Liberty Media Corp.)과 AT&T브로드밴드를 설립하고, 같은 기간에 무선 전화 서비스를 분할해 AT&T와이어리스를 설립했다.

이렇게 신흥 시장과 관련된 사업부를 모두 기업 분할하고 AT&T는 이윤이 점차 축소되는 장거리 전화 서비스에만 매달렸다. 이때 더 큰 문제는 위의 기업들을 인수하기 위해 대규모 채권을 발행했다는 점이다. 당시 AT&T는 과도하게 채권을 발행하면 향후 경영에 큰 압박을 받을 것이라는 사실을 알고 있었지만 신규 영역을 개척하기만 하면 채무를 충분히 부담할 수 있을 것으로 생각했다. 하지만 오늘날 AT&T의 전략은 완전히 실패라는 사실이 드러났다. 그들이 기업 인수와 기업 분할을 반복하는 실수를 저지르면서 오히려 채무만 눈덩이처럼 불어났다.

2005년 더욱 아이러니한 사건이 일어났다. 당시 AT&T에 별 볼일 없다고 평가받던 사우스웨스턴 벨(Southwestern Bell Corp.)은 신흥 시장에서 성공해 많은 수익을 올리고 몇 차례의 M&A를 통해 크게 성장했다. 그리고는 160억 달러의 가격으로 모기업인 AT&T를 인수한 것이다. 단, AT&T의 브랜드 효과를 아는 사우스웨스턴 벨이 자신의 이름을 버리고 AT&T의 이름을 계승해 AT&T는 계속 유지될 수 있었다.

AT&T의 예에서 알 수 있듯이 기업 분할은 다양한 용도로 쓰이지만, 실제로 기업이 기업 분할을 하는 가장 큰 이유는 기존의 전략이 틀렸다는 것을 인정하기 때문이다. 1960년대에 그룹화 열풍이 휩쓸고 지나간 후, 대다수 기업들은 자신의 인수 전략이 틀렸다는 것을 인정하고 자회사와 관련 업무를 하나씩 기업 분할하기 시작했다.

기업 분할이 효율을 높일 수만 있다면 당연히 좋은 전략이 된다. 그러나 기업 분할이 경영층의 전략 실패를 보완하는 용도에 불과하다면 처음부터 무분별하게 기업을 인수하지 않도록 주의해야 한다.

눈앞의 이익에 팔려 배후의 위험을 놓치다 — Wag the Dog

기업의 규모를 점차 키우든(M&A) 혹은 점차 줄이든(기업 분할) 간에 기업 경영자가 가장 경계해야 할 상황은 자신이 힘들게 M&A를 진행하는 도중에 다른 사람이 어부지리를 챙기는 것이다. 인수를 하든 혹은 인수를 당하든 당사자는 많은 시간과 노력을 들이게 된다. 따라서 계획한 전략이 제대로 실행되지 못하면 힘이 약해져 다른 사람의 목표가 될 수 있다.

이는 눈앞의 목표만 생각하다가 뒤에서 오는 위험을 파악하지 못해 생긴 상황이다. 이에 대한 가장 유명한 예로 걸프오일(Gulf Oil Corporation)의 비극을 들 수 있다. 이 비극의 원인을 제공한 이는 미국의 유명 금융가 토머스 분 피켄스(Thomas Boone Pickens)였다. 당시 메사석유(Mesa Petroleum)를 경영하던 피켄스는 금융 열풍을 틈타 자신보다 규모가 훨씬 큰 시티즈 서비스(Cities Service)를 인수하려고 시도했다.

이때 시티즈 서비스는 자신의 주가가 저평가되었다고 생각해 피켄스의 공격을 달갑게 여기지 않았다. 그래서 〈포천〉지 선정 500대 기업이던 걸프오일에 피켄스의 공격을 막아달라고 구원을 요청했고, 자금력이 풍부했던 걸프오일은 곧바로 피켄스보다 높은 가격으로 시티즈 서비스의 주식을 매입하기 시작했다.

걸프오일의 지원에 힘입어 시티즈 서비스는 피켄스와 거액의 협상을 벌였고 마침내 그를 경영권 분쟁에서 완전히 몰아냈다. 하지만 시티즈 서비스와 걸프오일 간의 협약이 깨지면서 걸프오일은 시티즈 서비스를 인수하는 데 실패했다.

이 때문에 걸프오일은 대규모 자금을 소모하고도 별다른 성과를 올리지 못했고, 시티즈 서비스와의 협상으로 많은 돈을 벌어들인 피켄스가 이번에는 걸프오일을 노리기 시작했다. 그는 곧바로 걸프오일의 지분을 10% 이상 늘리고 자신의 경영권 장악을 지지해줄 주주들을 확보하고 나섰다.

이렇게 되자 다급해진 것은 이제 걸프오일이었다. 그들은 다양한 방법을 동원해 경영권 방어에 나섰지만 피켄스의 계략에서 벗어나지 못했다. 그래서 결국에는 하는 수 없이 원래 존 록펠러(John Rockefeller)의 소유였던 캘리포니아스탠더드오일에 구원을 요청했다.

이후 캘리포니아스탠더드오일은 걸프오일을 인수하고 셰브런(Chevron Corporation)으로 바뀌었다. 시티즈 서비스 때처럼 셰브런도 피켄스에게 막대한 자금을 주고서야 경영권을 방어할 수 있었다. 당시 피켄스와 메사석유의 투자자들은 경영권 분쟁을 통해 8억 달러에 달하는 수익을 거두었다. 반면, 걸프오일은 철저하게 계산하지 못한 탓에 손해를 거듭하다가 결국 캘리포니아스탠더드오일에 인수되고 말았다.

이처럼 무분별한 경영으로 외부의 적에게 잡아먹히는 경우 외에도 내부의 적에게 무너지는 경우가 있는데 그중 가장 유명한 사례 중의 하나가 바로 엔론의 탄생이다.

엔론의 전신이었던 인터노스(InterNorth Corporation)는 오마하(Omaha)의 에너지 기업이었다. 당시 미국 에너지 사업의 안정적인 발전에 힘입어 인터노스도 매년 많은 돈을 벌어들였다. 하지만 회사 규모가 금융가들이 넘볼 수 없을 정도로 대규모는 아니어서 인터노스의 안정적 수입은 다른 기업들에게는 이상적인 사냥감이었다.

그래서 당시 인터노스의 샘 세그너(Sam Segnar) 회장은 회사 자금으로 다른 기업을 인수해 회사의 규모를 키우고 보유 현금도 줄여 인수 대상에서 벗어나고자 했다. 그가 선택한 대상은 규모도 비교적 작고 업종도 같은 휴스턴 천연가스(Houston Natural Gas)였다. 휴스턴 천연가스도 그의 제안을 흔쾌히 받아들였다. 사실 그들 역시 다른 기업에 인수되는 것을 우려하며 인터노스 같은 우호적인 인수자를 필요로 하는 상황이었다.

협의를 마친 인터노스는 1985년에 곧바로 휴스턴 천연가스를 인수했고, 세그너의 인터노스 경영진이 새 기업의 경영을 맡고 휴스턴 천연가스 측이 그들을 보좌하기로 했다. 그런데 두 기업이 합병한 지 반년도 채 되지 않아 인터노스의 경영진은 휴스턴 천연가스의 경영진으로 모두 교체되었고 세그너조차도 회사에서 쫓겨났다. 회사의 CEO 자리를 넘겨받은 휴스턴 천연가스의 케네스 레이(Kenneth Lay) 회장은 회사 내부에 측근을 배치하고 회사 이름을 엔론으로 바꿨다. 이렇게 해서 규모가 훨씬 작은 휴스턴 천연가스가 오히려 규모가 훨씬 큰 인터노스를 합병했다.

영어에서는 이를 'Wag the Dog(꼬리가 개의 몸통을 흔든다)'라고 하는데, 이는 주객이 전도되어 개가 꼬리를 흔드는 것이 아니라 오히려 꼬리에 통제당하는 것을 의미한다. 이런 현상은 실제로 어렵지 않게 볼 수 있다. 앞서 말한 휴스턴 천연가스의 엔론 설립도 이런 상황에 해당하고, 또 로스 존슨(Ross Johnson)이라는 인물은 이보다 훨씬 뛰어나 두 차례의 'Wag the Dog'를 이끌어 냈다.

존슨은 모건은행이 1929년에 설립한 유명 식품기업 '스탠더드 브랜즈(Standard Brands)'의 CEO였다. 스탠더드 브랜즈는 1970년 이후 새로운 제품을 거의 내놓지 못해 성장이 정체되고 있었다. 결국 1981년에 존슨은 대기업이던 내비스코(Nabisco, Inc.)를 설득해 파산 직전인 스탠더드 브랜즈를 인수하도록 했다. 그러고 나서 얼마 지나지 않아 내비스코의 CEO를 내쫓고 자신이 회사의 CEO가 되었다. 그러나 회사의 실적이 부진하자 곧 존슨은 다시 자금력이 풍부한 레이놀즈 타바코(The Reynolds Tobacco Company)를 설득해 레이놀즈와 내비스코를 합병한 RJR내비스코(RJR Nabisco)를 만들었다(이 합병 건은 LBO(Leveraged Buy Out)*의 대표적인 사례로 뒤에 자세히 설명함). 여기서도 존슨은 대단한 솜씨를 발휘해 레이놀즈의 경영진과 창업자 가족을 쫓아내고 새 회사의 CEO 자리를 차지했다. 이처럼 존슨이 세 대기업의 CEO에 모두 오른 것은 놀라운 일이 아닐 수 없다.

앞서 말한 사례에서 첫 번째는 적어도 외부로부터 강한 위협을 받아 쉽게 알 수 있지만 두 번째는 내부에서 몰래 진행되어 알지 못할 때가 더 많다. 그래서 실력이 뛰어난 인물이 아니더라도 경영권을 장악할 수 있는데, 앞에서 언급한 레이나 존슨도 사실 뛰어난 경영자는 아니었다. 레이는 엔론을 파산시켜 당시 미국에 큰 충격을 주었고, 존슨도 RJR내비스코를 KKR에 빼앗기고 말았다.

이처럼 기업 인수를 하다 보면

> * 차입금에 의한 기업 인수 방법.

잠재적인 적이 끊임없이 나타나 불확실성이 더욱 커진다. 따라서 기업을 인수하기 전에 기업을 인수함으로써 얻는 많은 가능성뿐 아니라 이러한 리스크도 확실히 파악하고 나서 인수 여부를 결정하는 것이 좋다.

└사전에 미리 대비한다 – 방어적 전략

잠재적인 적이 상당수 존재하기 때문에 많은 경우 기업들은 쉽사리 다른 기업을 인수하지 못한다. 하지만 타인에게 인수되지 않으려면 상대보다 먼저 움직여 상대를 제압해야 한다. 월스트리트 기업들은 경영 상황이 좋아 수익이 많이 나면서도 규모가 그리 크지 않은 기업을 가장 선호하며, 그런 기업을 발견하면 곧바로 몰려든다.

이때 목표가 된 기업은 자신을 보호하기 위해 경영에는 별 도움이 되지 않지만 다른 회사의 마수에서 벗어날 수 있는 전략을 취하게 된다. 예를 들면, 많은 기업들이 거액의 자금을 빌려 주주들에게 배당금으로 지급한다. 이렇게 되면 회계상의 이익이 대규모 채무로 바뀌어 회사를 탐내던 기업들도 인수를 포기하게 된다.

사실 1960년대 이전까지만 해도 이런 기업들은 크게 걱정할 필요가 없었다. 당시의 비즈니스 환경은 마치 신사들의 클럽 같았기 때문이다. 한 기업이 다른 기업을 인수하거나 합병하고 싶으면 먼저 대상 기업의 경영층에게 피인수 의사를 물어본다. 만약 상대방이 거절하면 인수 의사를 타진한 기업은 더 이상 진행하지 않았다. 신사는 상대 신사에게 도리에 어긋나거나 강압적인 행동을 하지 않기 때문이다.

그러나 이후로 큰 변화가 일었다. 자본 시장과 마찬가지로 점점 많은 기업이 '평민'에 의해 운영되기 시작한 것이다. 평민은 신사들처럼 규칙을 준수하지 않았다. 이익을 얻을 수 있다면 그들은 어떤 행동도 서슴지 않았다. 예컨대 만약 상대 기업의 경영층이 인수되는 것을 원하지 않으면 경영층을 모두 쫓아냈다. 당시 언론들은 금융계가 아무런 규율도 없는 '정글'로 변했다고 비판했지만, 평민들은 적대적 인수를 통해 큰 이익을 얻었고 이를 본 월스트리트의 많은 투자은행들도 이에 뛰어들었다.

이후 명성 높은 귀족인 모건 스탠리가 적대적 인수 행렬에 참여하자 월스트리트 기업들은 마치 '사면령'을 얻은 듯이 기뻐했다. 모건 스탠리의 참여로 적대적 인수는 합리적이고 합법적인 M&A 전략으로 받아들여졌고, 몇 년 사이에 월스트리트 투자은행에게 가장 많은 이윤을 가져다주는 투자 전략이 되었다.

적대적 인수가 널리 유행하면서 어떤 기업이든 인수 기업의 타깃이 되었다. 또한 현대 금융 기법(예를 들어 밀켄의 정크 본드, 뒤에 자세히 설명함)의 발달로 개인이나 기업은 짧은 시간 안에 대규모 자금을 모을 수 있었다. 다시 말해, 대형 금융 기관의 지원만 있으면 돈이 없는 개인도 충분한 자금을 모아 세계 최대의 기업을 인수할 수 있게 된 것이다.

사람들이 이 사실을 알게 된 것은 당시에는 아직 명성이 높지 않던 금융가 로널드 페럴만(Ronald Perelman) 때문이었다. 당시 밀켄에게 7억 달러를 빌린 페럴만은 LBO 전문 기업인 포스트만 리틀(Forstmann Little & Co.)을 물리치고 유명 화장품 기업 레블론(Revlon Inc.)을 인수하는 데 성공했다.

물론 기업 인수가 성공적인 경영까지 보장하는 것은 아니다. 페럴만이 레블론을 인수한 이후 회사는 20년 동안 줄곧 적자 상태였다. 이는 그가 레블론을 인수할 당시 자신의 능력과 레블론의 경영 상태를 너무 과대평가했기 때문이다. 일반적으로 경영층은 회사의 내부 사정을 잘 알기 때문에 그들의 지원을 얻으면 인수도 쉽게 진행할 수 있다.

KKR이 RJR내비스코를 인수하기로 한 후 KKR의 CEO 헨리 크래비스(Henry Kravis)는 먼저 RJR내비스코의 경영층에게 의향을 물었다. 그러나 그가 RJR내비스코와 접촉한 방식은 매우 우회적이었다. 그는 골프장에서 우연히 RJR내비스코의 CEO 로스 존슨을 만났고, 그 후에 KKR이 RJR내비스코를 인수할 의사가 있음을 밝혔다.

이때 존슨은 확실한 의견을 밝히지 않았지만 KKR은 RJR내비스코가 인수에 의향이 있다고 생각하고 인수 준비에 들어갔다. KKR 같은 인수 기업은 상대가 필사적으로 반대하거나 항의하지 않는 이상 얘기가 된 것이라 생각하고 해당 기업을 인수 타깃으로 삼았다.

하지만 KKR은 대상 기업에 언제나 온화한 태도를 취했다. 그들은 주로 규모가 큰 기업을 인수하기 때문에 기업 경영을 빠르게 정상화할 수 있도록 기존 경영층의 협조를 매우 필요로 했다. 그래서 경영층이 흔쾌히 받아들일 만한 매우 좋은 조건을 제공해 협조를 유도했다. 또 KKR은 경영층의 협력을 기반으로 한 기업 인수를 통해 성장한 기업이었기에 대상 기업의 경영층과 불화를 일으키는 것을 좋아하지 않았다.

물론 인수 대상 기업의 경영층은 이를 거절할 수 있고, 실제로 많은 사람이 이런 제의를 받으면 업무의 어려움을 알고 물러났다. 그런 한편, 시장에는 페럴만만큼 적극적인 투자자가 많아 기업의 경영층이 인수를 거부해도 대체로는 해당 기업을 인수하려고 달려든다.

그러므로 기업 경영층은 사전에 다른 기업의 인수를 막을 장치를 마련해 놓는 것이 좋다. 앞서 말한 부채를 늘려 기업의 매력을 떨어뜨리는 방법 이외에도 기업은 '포이즌 필(Poison Pill)'* 같은 방어 제도를 도입할 수 있다. 그러나 인수자도 상황을 기다리지 않고 여러 가지 전략을 실행할 것이다. 예를 들어 '2단계 공개 매수(Two Tier Offer)'**를 통해 주주와 경영층의 저항을 약화시킬 수 있다.

이처럼 인수자와 피인수자의 전략이 다양해 쌍방 간의 공방전은 종종 뛰어난 수준을 보이기도 한다. 그러나 무엇보다 중요하지만 쉽게 간과되는 사실은 효율적인 기업 경영을 통해 수익을 올리는 전략이 가장 바람직하다는 사실이다.

* 적대적 M&A가 발생할 경우 기존 주주들에게 시가보다 훨씬 싼 가격으로 주식을 매입할 수 있는 권리를 부여하는 것.

** 1단계 공개 매수는 높은 가격으로, 2단계 공개 매수는 매우 낮은 가격으로 공모해 주주들이 1단계 공개 매수에 적극적으로 응하도록 유도하는 인수 방법.

인수 합병의 궁극적 목적은 무엇인가? - M&A의 의의

수많은 M&A가 시장에서 이루어지고 있지만 한 가지 의문을 갖지 않을 수 없다. '과연 M&A는 정말로 유용한 것인가?' M&A에 대한 사람들의 평가는 다양하지만, 진행 과정에서 너무 많은 비용이 들면 M&A를 할 만한 가치가 없다는 데에는 대부분 동의한다.

유명한 투자은행가인 브루스 바서스타인은 동료들에게 '가격 인상의 달인'으로 불렸다. 사람들은 그가 고객을 설득해 경쟁자보다 높은 가격을 제시하고, 심지어 피인수자가 생각하는 가격보다 훨씬 높은 가격을 제시해서 협상에 성공한다고 생각했기 때문이다.

만약 그것이 사실이라면 바서스타인은 원하는 거래는 모두 성사시킬 수 있다. 그런데 문제는 이런 거래가 바서스타인의 고객에게 정말 이로운가 라는 점이다. 바서스타인은 다양한 도표와 데이터를 통해 대상 기업을 높은 가격으로 인수할 가치가 있다고 말하지만, 그렇다면 왜 경쟁자들은 그보다 높은 가격을 제시하지 않은 것일까? 또 그의 분석이 정확해 대상 기업이 그만한 가치가 있다고 해도 미래의 경영에 아무런 문제도 일어나지 않을 것이라고 확신할 수 있을까?

바서스타인의 경쟁자들이 낮은 가격을 제시하는 원인은 미래에 일어날 리스크를 미리 감안해 가격을 책정하기 때문이다. 또 지금의 상황을 토대로 정확히 예측한다고 해도 앞으로의 형세에 어떤 변화가 일어날지는 알 수 없기 때문이기도 하다.

바서스타인처럼 높은 가격에 인수했다가 경영 문제나 경기 침체

등이 발생하면, 고객은 M&A를 통해 아무런 이득도 볼 수 없을뿐더러 처음에 지급한 높은 가격 때문에 계속 쌓이는 부채로 인해 곤란을 겪게 된다. 실제로 너무 높은 가격에 기업을 인수했다가 이를 견디지 못하고 무너진 기업도 적지 않다.

그러나 바서스타인은 다르게 생각했다. 그는 우선 M&A의 여부는 전적으로 고객이 결정한다고 주장했다. 그가 제안한 가격이 너무 높다고 생각하면 고객은 그의 말을 절대 듣지 않을 것이다. 이런 의미에서 보면, 고객이 바서스타인의 전략을 따르는 이유는 자신의 향후 경영 능력과 경제의 흐름에 대한 판단에 자신감이 있기 때문이라고 설명할 수 있다. 물론 높은 가격에 인수한 후 경제 악화 등 예상치 못한 변수가 생기면 회사에 좋지 않은 영향을 미칠 뿐 아니라 회사도 이에 충분히 대응하지 못할 것이다.

하지만 반대로 상황이 좋아진다면 어떨까? 만약 1998년에 야후가 구글을 인수했다면 많은 비용을 들였다 해도 최고의 선택이 되었을 것이다. 당시 구글 창시자가 자신의 기술에 대한 대가로 제시한 금액은 100만 달러에 불과했다. 만약 야후가 이보다 10배 많은 금액을 지급했다 해도, 1,000만 달러로 2010년 시가총액이 1,500억 달러에 달하는 기업을 인수한 것이므로 이는 엄청난 이익이라 할 수 있다.

바서스타인은 미래는 불확실하고 알 수 없긴 하지만 리스크 때문에 모험을 하지 않고 머뭇거린다면 수많은 좋은 기회를 놓칠 수 있다고 지적했다. 설령 문제가 생긴다 하더라도 적극적인 자세로 M&A를 진행해 미지의 미래를 받아들이는 것이 가장 좋은 전략이라고 그는 생각했다. 이후 그는 자신의 저서를 통해 M&A의 추세와 장점을 적극적으로 알렸다.

비록 바서스타인과 그의 비판론자들은 첨예하게 대립했지만, 양자의 차이는 주로 M&A의 가격에 관한 것이었다. 실제로 이는 기술적인 문제에 불과했고, 쌍방 모두 합리적인 M&A는 기업에 많은 도움을 주며, 인수 대상이 전략적으로 아무런 의미가 없더라도 낮은 가격에 인수하는 것만으로도 충분한 가치가 있다는 데 의견의 일치를 보였다.

그러나 21세기 초에 쓰인 바서스타인의 책에 열거된 여러 사례 중 오늘날 실패한 사례가 성공한 사례만큼 많은 것이 현실이다. 당시 바서스타인이 극력 지지하던 M&A가 오늘날 실패로 드러난 경우가 많다는 사실은 M&A 같은 경영 전략이 정말 실질적인 의미가 있는지, 아니면 기업들 간의 게임에 불과한 것인지 우리로 하여금 의심을 품게 한다.

이 책에서 가장 성공적인 사례로 예시한 타임워너(Time Warner, Inc.)와 AOL(America Online, Inc.)의 합병도 오늘날 전형적인 실패 사례로 꼽힌다. 또 그 결과 가장 큰 피해를 본 측은 명목상의 경영층이 아니라 회사의 투자자와 주주들이다. 이러한 사례들을 살펴보면 한 가지 사실을 발견하게 된다. 주주와 투자자들은 자금을 모두 잃지만 경영층은 해임되더라도 '황금 낙하산(Golden Parachute)'* 덕분에

* 인수 대상 기업의 임원이 적대적 M&A로 임기 전에 물러날 경우 거액의 퇴직금, 스톡옵션, 보너스 등을 지급하도록 정관에 명시하여 기업 인수 비용을 높이는 전략.

여생을 편안하게 보낸다. 만약 모든 M&A가 이렇다면, M&A는 경영 층과 투자은행이 투자자를 속이고 이익을 얻는 구실에 불과하고, 모든 행동은 투자자를 기만하는 폰지 사기(금융 피라미드 사기)에 불과할 것이다.

성공적인 M&A도 그 과정이 절대 순탄치만은 않았다. 그중 가장 좋은 사례로는 휴렛팩커드(Hewlett-Packard Company, HP)의 전 CEO인 칼리 피오리나(Cara Carleton Fiorina)의 경우를 들 수 있다. 이 성공한 여성 CEO의 수년간의 경력 중 가장 큰 업적은 HP와 컴팩(Compaq Computer Corporation)의 합병을 직접 지휘한 것이다. 하지만 이 두 거물의 연합은 생각만큼 좋은 성과를 가져오지 못했고, 피오리나가 주장한 단기적 효과도 전혀 나타나지 않았다. 그러자 많은 주주들은 그녀가 자신의 허영을 위해 이번 M&A를 진행했다며 그녀의 개인적 야망 때문에 수많은 투자자들과 수천 명의 직원이 희생되었다고 비난하기 시작했다. 그리고 이후 회사의 경영 상황도 계속 좋아지지 않아 피오리나는 결국 몇 년 지나지 않아 회사에서 쫓겨났다. 그런데 흥미로운 점은 피오리나의 후임이 경영을 맡자마자 HP의 경영 상태는 빠르게 회복되었고 오래지 않아 다시금 컴퓨터 업계의 선두주자가 되었다는 것이다.

여기서 한 가지 의문이 생긴다. 회사가 크게 발전한 것은 피오리나가 컴팩과의 합병을 통해 크게 성장할 수 있는 기틀을 마련했기 때문일까, 아니면 그녀의 착오를 극복하고 오늘날의 성과를 이룩한 피오리나 후임자의 능력 덕분일까? 역사는 다시 돌아오지 않으니 이

질문에 대한 정확한 답을 얻기는 어렵다. 다른 수많은 M&A도 HP의 경우처럼 판단하기가 결코 쉽지 않다. 당시 경영층이 내린 결정은 과연 미래를 내다본 선견지명이었을까? 아니면 눈앞의 이익만 생각한 근시안적인 결정이었을까?

⌐ 강력한 M&A 전략의 등장 - LBO

각종 인수 사례 중 위에서 말한 문제를 가장 잘 설명해주는 것이 바로 차입 매수(Leveraged Buy Out, LBO)다. LBO란 M&A의 한 방법으로, 이를 지렛대(Leverage)라고 부르는 이유는 대부분의 자금을 금융 기관에서 조달해 적은 자기 자본으로 회사를 인수할 수 있기 때문이다. 만약 겐로쿠가 1,000위안의 회사를 인수하려 하는데 수중에 자금이 200위안밖에 없다면, 겐로쿠는 자기 자본 200위안과 채권자나 은행에서 빌린 800위안을 합쳐 기존 주주들의 주식을 모두 사들인다. 이후 인수한 회사를 경영하면서 회사의 수익으로 채무 800위안을 천천히 갚아 나간다. 이론적으로 보면 이는 상당히 효과적인 방법이다. 기존 주주는 수중의 주식을 팔아 현금화하고 겐로쿠는 채무를 이용해 적은 자본으로 회사를 인수할 수 있다. 자금을 빌려준 은행이나 채권을 구입한 투자자는 안전한 투자 사업이 하나 더 늘어난 것이다.

LBO의 창시자는 제롬 콜버그(Jerome Kohlberg)라 할 수 있다.

1960년대 베어스턴스에서 일하는 동안 콜버그는 LBO를 통해 중소기업을 인수하기 시작했다. 이런 중소기업은 일반적으로 가족이 운영하는 경우가 많았고, 수익도 비교적 안정적이었다. 하지만 업주가 나이가 많아 상장 대신 회사 매각을 원했고, 또 계속 회사를 경영하기를 원해 대기업에 매각하는 것은 원하지 않았다. 콜버그가 하는 일은 적은 자기 자본과 차입금을 이용해 이런 기업들을 인수하고 경영권은 기존 업주에게 계속 남겨주는 것이었다. 새로운 소유주가 된 그는 수익으로 계속 부채를 상환했고 이렇게 해서 몇 년 후에는 부채를 모두 갚을 수 있었다. 콜버그도 타인의 힘을 빌리는 이런 방식으로 적은 자본을 갖고 유망한 기업을 인수하고 높은 수익률을 올릴 수 있었다. 중소기업 업주들은 기업을 현금화하면서 경영도 계속 할 수 있어 LBO 방식을 환영했고, 콜버그는 그들에게 매수자를 찾는 시간과 노력을 크게 줄여 주었다. 또한 콜버그의 채권자들 역시 흔쾌히 돈을 빌려주었다. 그가 인수하는 기업들은 수익이 안정적이어서 채무를 받지 못할 위험이 없고, 설령 채무를 받지 못한다 하더라도 수익률이 좋은 기업을 넘겨받을 수 있었기 때문이다.

LBO의 높은 수익률을 확인한 콜버그는 베어스턴스에 같이 일한 헨리 크라비스와 그의 사촌 조지 로버츠(George Roberts)와 함께 전문 LBO 기업인 KKR을 설립했다(KKR은 그들의 성 앞 글자를 따서 만든 이름이다). KKR은 초창기에는 기존 방식을 고수해 중소기업 업주들이 내놓은 기업을 주로 인수했다. 그러다 LBO의 높은 수익률이 알려지면서 경쟁이 점차 치열해져 더 이상 중소기업 인수를 통해 많은 수익을 올릴 수 없었다. 그래서 크라비스와 로버츠는 회사의 명성을 이용해 더 많은 자금을 모집하고 이를 통해 다른 사람들이 넘보지 못하는 대기업을 인수하자고 주장했다. 하지만 콜버그는 계속해서 중소기업을 인수하기를 희망했다. 양측의 의견 차이가 좁혀지지 않자 콜버그는 결국 KKR을 두 사람에게 넘기고 떠나기로 했다.

이후 크라비스와 로버츠가 주장한 방식이 옳았음이 입증되어 그들의 방식은 LBO의 보편적인 추세가 되었다. KKR의 기업 인수 규모도 점차 커졌다. 1988년 KKR은 331억 달러를 들여 식품 및 담배 제조회사인 RJR내비스코를 인수해 당시 최고의 LBO 기록을 세웠다. 이 기록은 2007년에 다시 KKR에 의해 갱신되었다. 당시 그들이 인수한 텍사스(Texas) 최대 전기업체 TXU(Texas Utilities Company) 그룹의 총 인수 금액은 444억 달러에 달했다.

상황이 이렇게 되자 콜버그의 방식은 이미 구식이 되어 버렸다. 1980년대가 되자 KKR 등 LBO 기업들은 더 이상 인수 기업의 안정적 수익만으로는 부채를 감당할 수 없었다. 기업 간의 경쟁이 치열해져 인수 가격이 계속 오르는 바람에 인수 기업의 수익만으로는 자신들이 부담한 채무를 상환할 수 없게 된 것이다.

예를 들어 콜버그 시대에는 연수익 100위안의 중소기업을 500위안이면 살 수 있었다. 이때 콜버그는 자기 자본 100위안과 차입금 400위안으로 회사를 인수하고 매년 100위안의 수익으로 채무를 갚아나간다. 이렇게 되면 4, 5년 만에 부채를 모두 상환할 수 있고 콜버그는 100위안으로 500위안짜리 기업을 완전히 인수하게 된다.

하지만 KKR 후기에 들어서는 LBO 기업 간의 치열한 경쟁으로 연수익 100위안의 중소기업은 인수 가격이 1,500위안으로 치솟았다. 이때 KKR이 자기 자본 300위안과 차입금 1,200위안(금리 10%)으로 회사를 인수한다면 인수 기업의 연수익은 차입 이자를 갚기에도 부족하다(수익은 100위안이지만 차입 이자는 120위안이다). 따라서 KKR은 인수 직후 기업의 자산을 팔아 채무를 갚는 것 이외에 회사의 수익도 더욱 높여야 한다. 만약 경영 혁신을 통해 회사의 연수익을 100위안에서 300위안으로 끌어올리면 4, 5년 안에 부채를 모두 상환할 수 있다.

하지만 이렇게 되면 리스크도 더욱 커진다. 콜버그 시대에는 인수 기업의 안정적 수익만 있으면 부채를 갚을 수 있었지만, KKR 시대에는 기존의 수익보다 훨씬 높은 수익을 창출해야만 수익을 얻을 수 있었다. 게다가 수익을 높이는 것이 그렇게 쉬운 일이라면 기업은 KKR에 인수되는 대신 스스로 수익을 높이는 쪽을 선택할 것이다. 따라서 KKR은 경영 상태가 부실한 기업을 인수해 경영 상태를 흑자로 전환시켜야만 LBO를 통해 높은 수익을 얻을 수 있었다.

적자 기업을 흑자로 전환하는 것은 매우 어려운 일이므로 LBO 후기에는 리스크가 상당히 증가했다. LBO를 통해 다른 기업을 인수한 많은 기업이 수익보다 빠르게 불어나는 부채를 감당하지 못하고 모두 문을 닫았다. 하지만 KKR 같은 투자 회사들은 여전히 LBO를 이용한 기업 인수에 매진했다. LBO로 성공할 경우 얻게 되는 높은 수익을 포기할 수 없었기 때문이다. 앞선 예처럼 KKR이 자기 자본 300위안과 차입금 1,200위안 등 총 1,500위안을 들여 연수입 100위안의 기업을 인수했다고 생각해 보자. 만약 경영 혁신을 통해 기업 이윤을 200위안으로 높인다면, KKR은 차입금을 6년 만에 모두 갚을 수 있고 이후 다시 기업을 팔거나 증시에 상장할 수 있다. 수익이 2배 늘었기 때문에 기업 가치는 3,000위안으로 상승하여, KKR은 최초 300위안을 투자해 6년 만에 10배를 벌어들인 셈이다. 이런 사례는 현실에서도 쉽게 찾아볼 수 있다. KKR은 1988년에 19억 달러를 들여 건전지 업체인 듀라셀(Duracell)을 LBO 방식으로 인수한 후 기업 조정을 거쳐 다음해에 증권 시장에 상장했다. 상장 후 듀라셀의 시가총액은 30억 달러로 상승해 KKR은 1년 사이에 11억 달러를 벌어들일 수 있었다. 이는 그들이 최초 투자한 금액이 1년 사이에 배로 상승한 것이다.

　이렇게 높은 수익률 때문에 LBO는 M&A의 주요 방법 중 하나가 되었다. 1980년대와 2000년대에 분 M&A 열풍에서도 LBO의 그림자를 쉽게 찾아볼 수 있다. LBO는 크라비스와 로버츠 같은 성공 신화를 계속 만들어 냈다. 만약 겐로쿠가 LBO를 이용해 기업을 인수할 수 있다면 그도 성공 신화의 주인공이 될 수 있을 것이다.

⌐LBO의 조력자 - 정크 본드

　LBO가 비록 강력하긴 하지만 KKR 같은 기업도 쉽게 통제하지 못하는 부분이 있다. 충분한 자금을 끌어오는 문제가 그것이다. 만약 대규모 자금을 빌리지 못한다면 KKR이 아무리 뛰어난 능력을 지녔어도 충분한 레버리지 효과를 얻을 수 없다. 그래서 뛰어난 능력을 지닌 크라비스와 로버츠도 충분한 자금원을 반드시 확보해야 한다. 자금이 없다면 그들의 능력도 무용지물이 되기 때문이다.

이때 크라비스와 로버츠에게 충분한 자금을 제공해 준 사람이 바로 전설적인 '정크 본드의 황제' 마이클 밀켄(Michael Milken)이다. 밀켄은 대규모 정크 본드를 판매해 LBO 기업들에 1,000억 달러가 넘는 자금을 조달했다.

정크 본드란 신용 등급이 매우 낮은 기업에서 발행한 채권을 말한다. 신용평가 기관은 채권의 리스크에 따라 등급을 평가하는데 미국 정부나 제너럴 일렉트릭(General Electric Company)* 같은 곳은 거의 리스크가 없고 신용도가 높아 AAA나 AA 등급을 받는다. 한편, 그들과 달리 리스크가 높은 채권들도 있으며 보통 BB 등급 이하의 채권은 모두 쓰레기(Junk)로 분류된다. 정크 본드는 리스크가 높은 만큼 수익률도 상당히 높아 '하이 일드 본드(고수익 채권)'라고 불리기도 한다. 하지만 많은 투자자들은 원금 손실에 대한 우려로 정크 본드에 투자하기를 꺼린다.

그러나 정크 본드에 대한 밀켄의 관심은 남달랐다. 와튼 스쿨(Wharton School)에서 공부할 당시 밀켄은 정크 본드야말로 사람들의 오해와 달리 훌륭한 투자 수단이라고 생각했다. 그래서 그는 과거 수십 년 동안의 정크 본드를 분석했고, 정크 본드가 매우 높은 리스크를 지녔지만 수익률도 일반 우

* 세계적인 미국의 종합 가전기업.

량 채권보다 훨씬 높다는 사실을 발견했다. 또 정크 본드를 발행한 기업이 경영 악화로 채무를 갚지 못하면 정크 본드 소유자가 해당 기업의 자산을 얻을 수 있다는 장점도 알아냈다. 이런 의미에서 보면 정크 본드는 기업의 주식이나 마찬가지지만 훨씬 싼 가격에 구입할 수 있다. 따라서 투자자가 기업을 인수하려고 하면 그 기업의 정크 본드를 인수해 뒷문으로 들어가는 것도 나쁘지 않은 방법이다.

정크 본드에 흥미를 느낀 밀켄은 졸업 후 드렉셀 번햄 램버트(Drexel Burnham Lambert)의 정크 본드 팀에서 경력을 쌓았다. 당시 월스트리트는 채권 팀도 별로 중시하지 않았으니 정크 본드는 더 말할 필요도 없을 것이다. 능력이 있는 사람은 일반적으로 M&A 팀을 선호했고, 신용도 떨어지고 파산 위기에 몰린 중소기업과 매일 상대하는 정크 본드와 같은 일은 극히 꺼렸다. 하지만 밀켄은 이를 전혀 개의치 않았고 정크 본드 연구에만 몰두했다.

밀켄은 정크 본드가 우수한 투자 대상이라는 점을 굳게 믿었지만 수익을 내려면 다른 사람들도 이 점을 믿게 할 필요가 있었다. 그래서 그는 투자자들을 일일이 찾아가 자신의 정크 본드에 투자하라고 설득했다. 그가 목표로 삼은 대상은 전통적인 금융 자본이 아니라 대부분 투자은행이 무시하는 신흥 금융투기꾼이나 유대인이었다. 하지만 밀켄은 거리낌 없이 그들을 방문했고, 뜻하지 않은 밀켄의 방문에 투자자들은 오히려 감사하게 생각했다. 게다가 자신이 산 정크 본드를 다시 밀켄에게 팔 수 있다는 확약까지 받자 마침내 그들은 정크 본드를 대규모로 사들이기 시작했다.

이후 어느 정도 성과가 나타나자 사람들은 밀켄의 말을 신뢰하기 시작했고, 정크 본드에 투자해 높은 수익을 올린 사람들은 점점 밀켄의 충실한 지지자가 되어 갔다. 이처럼 든든한 지원군을 얻은 밀켄은 더 이상 중소기업 투자에만 만족하지 않고 신생 기업이나 KKR 같은 전문 M&A 기업 투자를 바탕으로 자신만의 정크 펀드 제국을 만들겠다고 결심했다.

이 목표를 위해 그는 미국 통신 회사인 MCI를 지원하기로 했다. 당시 미국 장거리 전화는 AT&T가 독점하고 있었고, MCI는 이런 독점의 국면을 깨뜨리고 싶었지만 자금력이 부족했다. 그러나 밀켄을 만나자 자금 문제는 순식간에 해결되었다. 밀켄이 30분 만에 정크 본드를 통해 10억 달러를 모집한 것이다. MCI는 이 자금을 바탕으로 AT&T의 독점을 깨뜨리는 데 성공하고 마침내 미국 제2의 장거리 전화 회사로 발돋움했다.

이후 밀켄의 자금력을 본 대형 투자 회사들이 자신의 사업 프로젝트에 투자해달라고 물밀듯이 몰려들었다. 그중에는 KKR처럼 부채로 기업을 인수하는 LBO 투자 회사도 있었다. LBO 기업은 자금이 필요했고 밀켄은 정크 펀드로 모은 자금을 투자할 곳이 필요해 양측은 기꺼이 손을 잡았다. 이후 대규모 LBO는 그 배후에 어김없이 밀켄이 있었다. 예를 들면, KKR이 RJR내비스코를 인수할 때 동원한 수백억 달러의 자금 중 99%가 밀켄의 정크 펀드 자금이었다.

이후 밀켄은 드렉셀 번햄 램버트에서 독립해 모든 정크 펀드를 LA 사무실로 옮기고 그곳을 자신만의 '정크 펀드 왕국'으로 만들었다.

그의 LA 사무실은 완전히 개방되었고 사무실 중간에 X자형 테이블이 놓여 있었다. 밀켄은 이 테이블 중간에 앉아 직원들과 수시로 의견을 나누었다. 또한 매일 5시에 출근해 뉴욕 금융 시장과 보조를 맞추었다.

밀켄은 열심히 일한 만큼 적지 않은 돈을 벌어들였다. 수많은 정크 펀드에서 나오는 수수료 덕분에 그는 월스트리트에서 가장 부유한 사람 중 한 명이 되었다. 1986년 한 해 동안 그가 벌어들인 수익은 수억 달러에 달할 정도였다. 더 대단한 것은 자신의 수익 중 많은 돈을 직원들에게 인센티브로 지급해 충성도 높고 최고의 실력을 갖춘 정크 펀드 팀을 만들었다는 점이다.

이후 밀켄의 말 한마디는 천금과도 같았다. 그가 얼마의 자금을 모을 수 있다고 공언하면 반드시 그 목표를 지켰기 때문이다. 그래서 KKR 등의 기업이 밀켄이 발행한 '최우선 확약서(Highly Confident Letter, M&A에 필요한 자금을 조달하겠다는 확약서)'를 갖고 있으면 이것은 곧 기업을 인수할 수 있는 수십억 달러의 현금과도 같았다. 이렇게 든든한 후원자를 가진 KKR이 어찌 실패할 수 있겠는가?

└LBO와 비슷한 M&A 전략 – MBO와 EBO

LBO와 비슷한 M&A 전략으로 MBO(Management Buy Out, 경영자 매수)와 EBO(Employee Buy Out, 종업원 매수)가 있다. 세 가지 모두

BO로 끝나는 것은 모두 인수와 관련이 있기 때문이다. 서로 다른 점은 MBO의 인수 주체는 '경영자'이고 EBO의 인수 주체는 '종업원'이라는 점이다.

MBO는 KKR 같은 외부인이 아니라 기업의 경영층이 직접 나서서 기업을 인수하는 것을 말한다. 물론 KKR이 LBO를 통해 기업을 인수할 때에도 일부 경영층이 인수에 참여한다. LBO와 MBO에 경영층이 참여하는 이유는 회사 내부 상황을 가장 잘 아는 이가 주주나 직원이 아닌 경영자이기 때문이다. KKR이 회사 내부 상황을 잘 모를 경우 경영자는 안내자 역할을 맡게 된다. 그들만이 회사의 진정한 가치를 알고 있어 과도한 인수 비용으로 회사가 파산하고 투자자가 손실을 보는 상황을 최대한 막을 수 있다. 또 경영자는 소유권이 넘어가고 나서도 계속 회사를 경영해 이후 회사의 수익을 높이고 지출을 줄이게 하는 등 중요한 공헌을 할 수 있다.

하지만 MBO는 인수 주체인 경영층이 어떤 의도를 갖고 있는지 알 수 없다는 리스크가 있다. 사실 경영층은 주주들이 높은 연봉을 주고 데려온 만큼 열심히 경영에 임해야 한다. 그런데 주주들은 경영층이 회사 자산을 개인적으로 취하거나 지나친 행동을 하지 않도록 감독할 수가 없다.

이러한 주주와 경영층의 관계가 MBO를 더욱 복잡하게 만든다. 경영층이 합리적인 인수 가격을 제시했는지 주주는 알 길이 없다. 경영층은 회사의 업무를 가장 잘 알고 있는 관계로 보통 LBO 방식의 인수에서는 판매자 역할을 맡지만, MBO에서는 그와 반대로 기업의 인수자가 된다. 이렇게 되면 경영층이 권력을 남용하거나 개인적 이익을 도모할 위험이 생긴다.

그래서 경영층이 MBO를 통해 회사를 인수하려고 하면, 주주들은 경영자가 회사 인수 후 큰 수익을 얻거나 회사를 실제 가격보다 싸게 인수하려는 것이 아닌지 의심하게 된다. 다시 말해, 경영자가 회사의 잠재력을 주주들에게 보여주지 않다가 회사를 인수한 후에 이를 통해 이득을 보거나, 일부러 모든 잠재력을 발휘하지 않음으로써 낮은 가격으로 회사를 인수하려고 한다고 의심하는 것이다.

이처럼 주주들은 경영층을 믿지 않기 때문에 MBO 방식의 인수가 진행되면 가장 바빠지는 측은 이사들이다. 경영층이 공정한 가격을 제시하는지 감독하는 것은 결국 그들의 책임이기 때문이다. 만약 이사들이 감독 의무를 소홀히 해 회사가 낮은 가격에 넘어가면 분노한 주주들이 그들을 직무유기로 고소할 수도 있다. 그래서 이사들은 MBO가 진행되면 LBO 때보다 더욱 신중해지고 어떤 경우에는 시장 가격보다 높은 인수 가격을 요구해 주주들의 요구에 부응하려고 노력한다.

경영층도 이사들의 견제로 MBO를 순탄하게 진행하기가 쉽지 않다. 또 만약 MBO 과정에서 다른 사람이 끼어들면 경영층은 MBO에 성공하지 못할 수도 있다. 그렇게 되면 회사도 다른 사람에게 넘어가고 경영층은 다음 소유주에 의해 회사에서 쫓겨나는 신세가 된다. 그래서 경영층은 오히려 손해만 볼 수 있는 MBO를 쉽사리 실행하지 못한다.

MBO의 가장 유명한 사례는 RJR내비스코의 CEO였던 로스 존슨의 경우일 것이다. KKR이 인수에 나서기 전 RJR내비스코는 회사를 팔 생각이 없었다. 하지만 당시 RJR내비스코의 주식이 저평가되었다고 생각한 로스 존슨은 자신이 직접 회사를 인수할 생각을 했다. 그는 곧바로 자금을 마련하고 회사와 인수 가격 협상에 나섰다. 만약 모든 일이 순조롭게 풀린다면 존슨은 자신의 자리도 지키고 수억 달러의 시세 차익도 거둘 수 있었다.

이때 KKR이 등장해 상황이 복잡해졌다. KKR은 존슨이 자신들과 협력하지 않은 것에 분노했고 동시에 존슨이 제시한 인수 가격이 너무 낮다는 사실을 깨달았다. KKR의 인수 참여로 RJR내비스코는 경쟁 입찰을 통해 어느 쪽이 더 높은 가격을 제시하는지 보기로 했다. 양측이 제시한 가격은 엇비슷해서 인수 가격으로 우열을 가리기는 어려웠다. 그런데 이때 CEO라는 존슨의 신분이 약점이 되고 말았다. 이사회는 존슨이 회사를 인수할 경우 모든 책임이 자신들에게 돌아올까 두려워 외부인인 KKR를 인수 기업으로 선정했다. 결국 존슨은 회사도 얻지 못하고 KKR에 의해 쫓겨나 결국 다시 일어서지 못했다(그러나 그는 퇴직금으로 수천만 달러를 받았다).

EBO는 이에 비하면 훨씬 간단하다. EBO는 전체 직원이 출자하거나 돈을 빌려서 자신이 일하는 기업을 인수해 기업의 진정한 주인이 되는 것을 말한다. '종업원 지주 제도(Employee Stock Ownership Plan)' 방식을 도입해 회사가 임금, 보너스, 복리를 제공할 때 현금 대신 동일한 금액의 주식을 주는 경우도 있다.

직원들이 EBO 방식을 통해 기업을 인수하면 MBO처럼 복잡한 상황은 일어나지 않는다. 직원들은 경영층만큼 회사의 실제 상황을 알지 못해 내부 정보를 이용해서 주주들을 속일 염려가 없기 때문이다. 하지만 EBO는 이보다 크고 심각한 문제를 지니고 있다. 직원들이 회사의 재무 상황을 잘 알지 못해 고위층에게 속을 가능성이 있고, 회사와 금융 시장 정보에 어두워 실제 가치보다 높은 가격으로 회사를 인수해서 큰 손해를 볼 위험도 존재한다.

EBO의 가장 유명한 사례는 미국 미디어 그룹 트리뷴(Tribune Company)의 경우일 것이다. 트리뷴은 미국 부동산 재벌 샘 젤(Sam Zell)에게 인수된 후 경영 상태가 좋아지지 않아 결국 파산하고 말았다. 하지만 트리뷴 인수 시 젤은 별다른 자금을 투자하지 않았고 대부분의 자금은 직원들이 대신 부담한 것이었다. 이 역시 EBO의 일종이라고 할 수 있다. 그래서 트리뷴 파산으로 가장 손해를 본 사람은 젤이 아니라 얼떨결에 회사의 주인이 된 트리뷴의 대다수 직원이었다.

이처럼 또 다른 기업 인수 방법인 MBO와 EBO는 각각 장단점이 있다. 만약 겐로쿠가 자신의 회사를 매각한다면 두 가지 방법을 시도해보는 것도 괜찮다. 즉, 겐로쿠가 회사의 경영자이거나 직원이라면 MBO와 EBO를 이용해 회사를 인수하는 것도 생각해 볼 수 있다.

⌐LBO는 정말 효율적일까? - LBO 분석

앞서 우리는 LBO, 정크 본드, MBO, EBO에 관한 많은 내용을 이야기했지만 가장 본질적인 문제는 아직 다루지 않았다. 이런 M&A 전략이 정말 효과적이고 윤리적인 방법일까?

효율성을 이야기하려면 다음의 세 가지를 살펴봐야 한다. 투자자가 만족할 만한 수익을 얻었는가? 판매자가 충분한 보상을 받았는가? 직원 개인의 이익과 사회적 이익이 모두 충족되었는가?

LBO 같은 인수 전략은 투자자에게 매우 유용한 방법으로 초기 콜버그 식의 LBO는 리스크가 거의 없었다. 하지만 후기에 이르자 치열한 경쟁과 인수 규모의 확대로 LBO의 리스크가 증가해 KKR처럼 뛰어난 LBO 기업도 실패를 맛봐야 했다. 예를 들면, KKR은 RJR내비스코를 인수하면서 명성을 크게 얻었으나 수익 면에서는 큰 실익이 없었다. 또한 이보다 작은 몇몇 기업은 KKR에 인수된 후 오히려 경영 상황이 악화되어 파산하기도 했다. 그래서 KKR의 단독 LBO 사업에 투자하려면 이처럼 커다란 리스크를 감수해야 한다. 그러나 KKR에 장기적으로 투자한다면 높은 수익률을 보장받을 수 있다. 종합적으로 따져보면 KKR의 능력은 뛰어나다고 평가할 수 있기 때문이다. 통계에 의하면, KKR이 설립된 이후 연평균 수익률은 시장 평균치를 훨씬 웃도는 20% 이상이었다.

하지만 모든 LBO 기업이 KKR처럼 성공하는 것은 아니다. 한때 KKR의 경쟁자였던 포스트만 리틀은 20년 동안 실패보다는 성공을 거둔 경우가 더 많았지만 1990년대 말 IT 기업에 투자했다가 큰 손실을 본 이후 겨우 명맥만 유지하게 되었다.

포스트만 리틀보다 좋지 않은 사례도 많아 지금까지 많은 기업이 한두 차례의 투자 실패 후 소리 없이 사라졌다. 그래서 종합적으로 보면 LBO 투자가 다른 자산 투자보다 높은 수익을 올린다고 말하기는 어렵다. 투자자가 LBO 투자로 수익을 얻으려면 KKR처럼 유능한 경영자를 찾는 안목이 있느냐가 관건이 된다.

LBO에 출자한 투자자 이외에도 대출 방식을 통해 간접적으로 투자한 사람들이 있는데 바로 밀켄의 정크 본드에 투자한 채권자들이다. 하지만 그들의 운명은 앞서 말한 LBO 기업보다 더 처참했다. 1990년 밀켄은 권력 남용, 시장 조작 등의 혐의로 체포되어 수감되었으며, 그가 몸담았던 드렉셀 번햄 램버트는 파산하고 말았다.

밀켄이 사라지자 정크 본드 시장은 크게 침체되기 시작했다. 그리고 오랫동안 KKR 같은 LBO 기업을 지원하던 정크 본드는 대부분 이자를 상환하지 못한 채 일부는 원금마저 잃었다. 결국 정크 본드에 투자한 사람들은 별다른 이익도 얻지 못하고 큰 손실을 보았다.

어떻게 보면 밀켄의 구속으로 정크 본드 시장이 치명적인 타격을 입었다고 할 수 있다. 전체 정크 본드 시장을 만들고 줄곧 구심점 역할을 한 것이 바로 밀켄이었기 때문이다. 그러나 근본적으로 살펴보면, 자금 조달을 위해 정크 본드를 남발하면서 시장에는 신용 과잉이 형성되었고 사람들은 너도나도 정크 본드를 통해 리스크가 큰 사업에 투자했다. 정크 본드로 인한 심각한 손실은 결국 예견된 상황이라고 할 수 있다.

또 당시 정크 본드의 수익률과 리스크를 연구한 일부 경제학자들은 정크 본드가 밀켄이 말한 것처럼 그렇게 대단하지 않으며, 수익률은 오히려 일반 우량 채권보다 훨씬 떨어진다고 밝혔다. 하지만 정크 본드의 수익률이 떨어진 주원인은 밀켄이 일으킨 정크 본드 투자 열풍 때문이었다. 만약 밀켄이 기존 규율을 준수해 소규모 거래만 진행했다면 정크 본드는 아마 훌륭한 투자 전략이 되었을 것이다. 결국 밀켄이 뛰어난 안목으로 정크 본드를 발견하고 발전시킨 것이 오히려 자신과 정크 본드의 몰락을 가져왔다는 사실은 정말 아이러니라고 할 수 있다.

LBO 투자자들이 리스크를 감수해야 하고 정크 본드 투자자들이 손실을 볼 확률이 큰 것과 비교해 진정으로 수익을 얻는 사람은 LBO로 인수되는 기업의 주주들이다. 이들은 매우 융통성 있는 전략을 펼칠 수 있다. 주식을 팔기 싫으면 계속 보유하면서 기업 경영에 참여하면 되기 때문이다. 그러므로 LBO 투자자가 기업을 인수하려면 시장 가격보다 훨씬 높은 가격을 제시해 주주들이 기업을 포기하도록 만들어야 한다. 게다가 LBO 기업 간의 경쟁이 치열해지면 주주들은 더 높은 이윤을 챙길 수 있다. 물론 주주들에게 리스크가 전혀 없는 것은 아니다. 만약 기업을 인수한 KKR이 짧은 시간 안에 경영을 개선해 수익이 많이 늘어나면 주주들은 큰돈을 벌 기회를 잃게 된다.

한편, 기회비용만 잃는 주주에 비해 정말로 낭패를 보는 사람은 기업의 직원들이다. KKR 같은 LBO 기업은 기업을 인수하면 채무 상환을 위한 비용절감 차원에서 대규모 인원 감축에 들어간다. LBO 기업들은 인원 감축을 통해 기업의 효율을 높이고 해고된 직원들도 더 좋은 직장을 찾을 수 있다고 주장하지만, 감원을 당한 대부분은 동일한 수준의 직장을 찾지 못하고 소득도 크게 줄어 사회에 심각한 악영향을 미치게 된다. 또 소득 감소로 사회의 총수요는 줄어들고 의료 보험이나 실업 급여 같은 사회의 추가 부담은 늘어난다. 사회적 관점에서 보면, LBO는 직원의 부를 KKR과 밀켄에게 넘겨주는 제로섬 게임(Zero-Sum Game)*에 불과하다. 또 해고된 직원이 경제적 손실을 입지 않는다고 해도 그가 입는 정신적 피해는 결코 적지 않다. 이 때문에 KKR 등이 말하는 "모두에게 이익이 되는 LBO 전략"은 사실 성립하기 어렵다.

결국 LBO가 진행되는 동안 사람들은 손실을 보거나 큰 리스크를 감수해야 한다. 반면에 밀켄이나 투자은행들은 손실을 입거나 큰 리스크를 부담하지 않는다. LBO의 성공 여부와 상관없이 투자은행은 각 기업에 금융 컨설팅과 자금 서비스를 제공하고 적지 않은 수수료를 받기 때문이다. 일례로 KKR이 RJR내비스코를 인수할 때 2,000만 달러를 주고 투자은행가인 브루스 바서스타인을 고용했다고 한다. 하지만 그들이 정말로 원한 바는 바서스타인의 서비스가 아니라 그가 상대방을 돕지 못하도록 붙잡아 두는 것이었다.

실물 경제의 관점에서 보면

* 참가자의 손익 총합이 항상 제로가 되는 게임.

LBO의 장단점은 알 수 없지만, 금융 경제의 관점에서 보면 LBO는 확실히 효율적이다. 만약 겐로쿠가 아무런 리스크 없이 수익을 얻고 싶다면 투자은행을 설립하는 것이 가장 확실한 방법이다.

모든 것을 파괴하는 힘 - 사악한 LBO

LBO가 투자자와 사회, 실물 경제에 유익한 영향을 미치는지에 대해서 아직 정설은 없다. 그러나 한 가지 확실한 사실은 LBO가 악용될 경우 엄청난 사회적 손실을 초래한다는 점이다.

정의로운 LBO와 사악한 LBO의 차이는 LBO의 최종 목표가 무엇인가에 있다. 좋은 LBO는 자금을 빌려 기업을 인수한 후 경영 개선을 통해 수익을 크게 향상시켜서 인수자와 투자자, 그리고 모든 직원이 다 함께 이익을 얻게 한다. 좋은 LBO가 항상 이 목표를 이루는 것은 아니지만 적어도 자신의 이익을 위해 남에게 손해를 입히지는 않는다.

반면, 사악한 LBO는 처음부터 인수 기업의 경영 상태에는 관심이 없다. 그들은 보통 자산이 많고 경영이 양호하지만 주가가 저평가된 기업을 찾아 나선다. 사실 이런 기업은 기업 경영에 전혀 문제가 없다. 회사는 높은 수익과 많은 우량 자산을, 주주는 수익과 배당을, 경영층은 높은 임금을, 직원들은 만족할 만한 임금과 복지 혜택을 누리고 있다. 하지만 변덕스러운 월스트리트는 때때로 이런 기업을 무시한다. 그들은 이런 기업이 신생 기업처럼 폭발적으로 성장하지 못한다는 이유로 발전 가능성이 없다고 결론짓는다. 그래서 어떤 기업의 자산총액은 월스트리트가 평가한 시가총액을 훨씬 웃돌기도 한다.

이때 사악한 LBO는 계산기를 두드리기 시작한다. 그리고 기업을 인수해 문을 닫은 다음 남아 있는 자산을 모두 팔면 기업을 경영하지 않고도 높은 수익을 얻을 수 있다는 것을 발견한다. 앞에서 말한 금융가 칼 아이칸도 이 방법을 사용했다. 그는 트랜스월드항공(Trans World Airlines, Inc.)을 인수한 후 회사의 자산을 남김없이 매각했다.

그들이 이런 행동을 하는 이유는 별로 힘들이지 않고 큰 수익을 올릴 수 있기 때문이다. 하지만 회사가 문을 닫으면 대부분의 사람들이 피해를 보게 된다. 주주들은 주식 매각을 통해 돈을 벌지만 좋은 투자처를 하나 잃게 된다. 경영자와 직원들은 실업자가 되어 사회적 부담이 늘어난다. 또 원래 이 회사가 제공하는 제품과 서비스를 이용하던 고객은 더 많은 비용을 들여 다른 회사를 찾아야 한다. 사회 전체적으로 부담이 늘고 소비가 줄어들어 경기가 위축된다. 다시 말해, 사악한 LBO는 자기 자신에게는 이롭지만 다른 모든 사람들에게 피해를 주는 상당히 좋지 않은 전략이다.

이 때문에 기업 경영자들은 반드시 사악한 LBO를 방비해야 한다. 예를 들어 겐로쿠의 회사가 경영 상태가 좋아 총 1,000위안의 자산을 보유하고 있고 매년 100위안의 수익을 낸다고 가정해 보자. 그러면 그에게 투자한 월스트리트 투자자와 경영자인 겐로쿠, 그의 직원들까지 모두 돈을 벌게 된다. 또 수익을 낸다는 것은 겐로쿠 회사가 제공하는 서비스와 제품을 원하는 고객이 있다는 의미로, 겐로쿠의 회사는 그들에게 편익을 제공한다. 게다가 겐로쿠의 주주들, 직원들, 겐로쿠 자신도 번 돈을 소비해 전체 경제의 번영을 촉진한다. 그러나 월스트리트의 편견과 이상한 분석법 때문에 겐로쿠의 주가는 저평가되어 시가총액이 700위안밖에 되지 않는다.

그러면 이때 사악한 LBO가 행동에 나서기 시작한다. 그들은 자기 자본 100위안과 밀켄이나 대형 은행에서 차입한 700위안을 가지고 겐로쿠 회사의 주식을 매입한다. 그들은 겐로쿠의 주주들보다 기업 가치를 파악하는 데 능하다. 이후 정밀한 분석을 통해 그들은 겐로쿠 회사의 자산 가치가 실제로는 1,000위안이라는 것을 알아낸다. 그렇다면 800위안으로 1,000위안짜리 기업을 인수하는 셈이니 실제 주가보다 높은 가격도 충분히 부담할 수 있다. 반면, 겐로쿠 회사의 주주들은 사악한 LBO의 의도를 모르고 월스트리트를 맹신한 탓에 회사의 실제 가격이 700위안이라고 굳게 믿고 있다. 그래서 기쁜 마음으로 700위안짜리라고 믿는 회사를 800위안에 넘기게 된다. 결국, 사악한 LBO는 겐로쿠의 주주들을 속여 회사를 200위안이나 싸게 넘겨받는다.

회사를 넘겨받은 사악한 LBO는 즉시 회사 자산을 팔기 시작한다. 그들은 회사를 힘들게 경영하는 대신 자산을 나눠 팔아 곧바로 200위안을 챙긴다. 겐로쿠 회사의 연수익은 100위안이기 때문에 200위안을 벌려면 2년이 걸리지만, 그들은 자산을 팔아 번 200위안을 다시 투자해 400위안을 벌어들이는 방식을 택한다. 결국 사악한 LBO는 겐로쿠에게 회사를 계속 경영할 기회를 주지 않는다.

하지만 회사의 경영을 중지하고 자산을 매각하면 겐로쿠와 그의 직원들은 단체로 직장을 잃게 되어 사회적 부담이 늘어난다. 또한 그들이 원래 소비하던 몫이 없어져 그들의 소비에 의존하던 다른 기업들도 모두 문을 닫게 되고, 결국 경기 침체가 되풀이되는 악순환이 형성된다. 회사의 기존 고객들도 겐로쿠의 제품과 서비스를 대신해줄 대체품을 찾지 못해 자산의 효율이 줄어든다. 즉, 사악한 LBO는 좋은 기업을 없앰으로써 큰 수익을 올리지만, 그로 인해 전체 사회는 결국 큰 피해를 입는다.

제7장

개인 투자의 논리

———————————————————

서민에게도 봄날은 온다

M&A가 기업과 기업 간의 전쟁이라면, 기업의 배후에서는 투자자들이 각자의 이익을 위해 경쟁을 벌이고 있다. 개인 소득이 증가함에 따라 더욱 많은 사람들이 자산을 활용하기 시작했고 전통적인 투자 방법(예를 들어 주식)으로는 더 이상 수요를 충족할 수 없었다. 그래서 사람들은 다양한 투자 방법을 찾기 시작했고, 그 과정에서 과거에는 부자들이나 겪었던 '어디에 투자해야 하나'라는 문제에 직면했다. 그러나 이런 고민은 투자할 돈이 없는 상황보다 훨씬 바람직하다.

다양한 투자 방법 중 가장 안전한 방법은 현금을 보유하는 것이다. 그러나 화폐는 유동성이 가장 높고 안전한 대신 수익을 전혀 얻을 수 없다. 그래서 서민들은 주로 저축을 선택한다. 저축은 수익률이 그리 높지 않지만 다른 투자 방법보다 사람들이 쉽게 받아들인다. 은행에 돈을 맡기면 만기 시 원금과 이자를 돌려받는 간단한 방식이어서 누구나 쉽게 이용할 수 있기 때문이다. 그리고 저축은 역사가 오래된 방식이기 때문에 신뢰감을 준다. 또한 다른 투자 방식과 비교해 저축은 은행이 파산하지 않는 한 돈을 잃을 염려가 없다는 장점이 있다. 혹 은행이 파산하더라도, 저축이 널리 보급됨에 따라 정부에서 투자자의 손실을 막는 제도를 마련해 예금주의 손실을 보상해 주고 있다. 만약 돈을 국유은행에 맡긴다면 정부에 맡긴 것이나 마찬가지다. 저축의 유일한 리스크라면 은행과 국가의 파산을 들 수 있다.

바로 이러한 안정성 때문에 저축을 이용하는 사람이 많아 저축의 수익률은 매우 낮은 편이다. 심지어 수익률이 인플레이션율보다 낮아 예금주들은 예금을 통해 수익을 얻기는커녕 오히려 자본의 가치가 줄어드는 경우를 당하는 경우가 많다. 하지만 손실을 볼 가능성이 더욱 큰 다른 투자에 비하면 안정성이라는 측면에서 저축은 가장 좋은 투자 방식이다.

이론상으로 보면, 채권도 다른 사람에게 돈을 빌려주고 이자를 받는 점에서 저축과 별 차이가 없다. 유일하게 다른 점은 저축은 중간에서 은행이 중개와 담보 역할을 하지만 채권은 중간 단계 없이 직접 자금을 빌려준다는 것이다. 은행이 중간에 있으면 대출자가 자금을 상환하는 것에 상관없이 보증해 주는 장점이 있지만 대신 수수료를 받는다는 단점이 있다. 반면, 채권에 투자하면 모든 리스크를 투자자가 직접 감당해야 한다.

채권 투자자는 은행 시스템을 거치지 않기 때문에 채무자의 신용을 파악하기가 쉽지 않다. 그래서 이를 알려줄 전문 기관의 도움이 필요하다. 문제는 이런 전문 기관의 수준이 믿을 만한지 알기 어렵다는 점이다.

이런 불확실성과 리스크 때문에 많은 투자자들이 채권 중 가장 안전한 국채를 선호한다. 특히 미국, 중국, 일본 같은 경제 대국의 국채는 더 안전한 국채로 인정받는다. 반면 다른 나라의 국채는 그 안정성 여부를 일반인들은 파악하기가 쉽지 않다. 예를 들어 미국 국채처럼 안전하다고 여겨졌던 그리스, 스페인의 국채는 이번 금융위기 중에 리스크가 매우 크다는 사실이 밝혀졌다. 또 안전한 은행과 달리 채권 시장은 매우 복잡하게 운영되어 아무리 안전한 미국 국채라 해도 유동성 부족 등의 문제가 항상 발생할 수 있다.

저축과 채권 투자의 역사를 살펴보면 수백 년 동안 사람들의 투자 방식이 어떻게 변화해 왔는지 그 흐름을 알 수 있다. 과거에 중개 기관을 이용하던 투자자들은 점차 직접 투자로 투자 방식을 바꾸면서 중개 기관의 중요성은 점차 축소되었다. 초창기의 투자자들은 자금을 모두 금융 전문가에게 맡겼고, 금융 전문가들은 이 돈을 자본 시장에 투자해 이윤을 창출했다. 그러나 시장이 효율화되고 과학 기술이 발전함에 따라 많은 사람들이 중개 기관을 통해 투자하던 방식을 버리고 직접 시장에 뛰어들었다. 그 결과 투자은행의 거래 수수료는 계속 하락했고, 오늘날에는 인터넷에 계좌만 개설하면 투자은행에 위탁하는 것보다 훨씬 저렴한 비용으로 언제든지 거래할 수 있다.

최근 월스트리트 기업들이 모험을 하고 또 복잡한 금융파생상품을 만드는 원인도 실은 사람들이 예전만큼 투자은행을 이용하지 않아서 더 이상 투자금만으로는 높은 이윤을 얻을 수 없기 때문으로 전문가들은 분석한다.

이러한 월스트리트의 끊임없는 혁신과 발명 덕분에 저축, 채권, 주식 등 전통적인 방법 이외에 투자의 선택의 폭이 상당히 넓어졌다. 새로운 투자 방식은 전통적인 방법들의 문제를 많이 보완했다고 공언한다. 예를 들어 '경매방식채권(Auction Rate Securities)'은 현금처럼 유동성이 높고, 저축처럼 안전하며, 채권처럼 수익률이 높은 것으로 알려져 있다.

새로운 투자 상품이 그들이 선전하는 것처럼 정말 믿을 만하다면 사람들은 기꺼이 그러한 상품들에 투자할 것이다. 하지만 이번 서브프라임 모기지 사태에서 알 수 있듯이 리스크가 적고 수익률이 높은 금융 상품은 존재하지 않는다. 복잡한 파생상품은 리스크가 적은 것이 아니라 리스크를 깊숙이 숨겨 놓았을 뿐이다. 그래서 금융 지식에 정통하지 않은 일반 투자자들은 그러한 사실을 잘 알지 못한다.

그러므로 중개 기관을 통하든 자신이 직접 투자하든 "시장에는 리스크가 존재하므로 항상 신중히 투자해야 한다"라는 사실을 잊어서는 안 된다. 또 믿을 수 없을 만큼 매력적인 투자 대상은 대부분 절대로 믿어서는 안 된다는 점도 기억해야 한다. 리스크는 없고 수익만 있는 투자는 이 세상에 존재하지 않는다. 하루아침에 부자가 된 사람도 있지만, 이는 대다수의 사람들에게는 해당되지 않는 일이다. 결론적으로 가장 좋은 방법은 작은 이익에 만족하고 욕심을 부리지 않는 투자를 하는 것이다.

자본 시장을 지탱하는 가장 중요한 요소 – 정보와 신뢰

자본 시장에서 가장 중요한 요소는 바로 시장에 대한 신뢰다. 이 것이 없으면 시장은 정상적으로 운영될 수 없다. 신뢰가 있어야만 사람들이 시장에서 거래를 할 것이고, 믿음이 없다면 자산 가격이 아무리 싸더라도 쉽게 그것을 매입하지 못할 것이다.

근대에 시장의 규모가 크게 확대될 수 있었던 원인도 과거보다 사 람들의 시장에 대한 신뢰도가 훨씬 높아졌기 때문이다. 한편, 시장 에 대한 신뢰는 정확한 정보의 제공이 좌우한다. 예를 들면, 중세 유 럽 각국의 항해가들은 투자자들이 자신의 항해 탐험을 지원해주길 희망했지만 투자자들은 그들의 무사 귀환이나 항해가의 자질 등을 확신할 수 없어 실제 투자가 이루어지는 경우는 매우 드물었다. 이 후 근대에 이르러 대기업의 시가총액이나 연수익 등의 데이터를 쉽 게 확인할 수 있고 완비된 법률 시스템으로 이익을 보장받게 되자 많은 사람들이 자본 시장에 참여해 이윤을 추구하게 되었다. 이로써 자본 시장의 규모도 크게 확대되었다.

또 오늘날에는 정보의 투명성이 높아져 월스트리트 기업과 일반 투 자자가 접하는 정보가 기본적으로 같다. 세계에서 가장 유명한 투자 자인 버핏도 기업을 분석할 때 이용하는 자료는 해당 기업의 재무제 표에 불과하다. 다만 투자자들의 기업 정보에 대한 분석 능력이 저마 다 달라 그 부분에서 차이가 날 뿐이다. 월스트리트 기업은 뛰어난 금 융 전문가들이 복잡한 공식을 이용해 데이터를 분석하는 반면, 일반 투자자들은 일하고 남는 시간을 쪼개서 재무제표를 살펴본다. 그러나 이들이 접하는 정보는 대부분 동일하다. 이런 의미에서 보면 예전과 달리 투자자들은 동일한 선상에서 출발한다고 할 수 있다.

경제 데이터가 거시 경제의 현황을 보여주는 것처럼 기업의 재무제표는 그 기업의 경영 상태를 잘 보여준다. 단, 현대 경제는 매우 복잡하므로 재무제표와 데이터를 작성하는 사람이 항상 정확한 상황을 나타내기에는 한계가 있다.

그래서 현대에는 복잡한 데이터 속에서 정확한 사실을 찾아내는 것이 투자자들에게 급선무가 되었다. 하지만 대부분의 사람들은 데이터를 분석할 능력이 부족했다. 버핏이 세계적인 부호가 될 수 있었던 것도 바로 그의 뛰어난 데이터 활용 능력 덕분이다. 버핏처럼 재무제표에서 기업의 상황과 시장의 흥망성쇠를 꿰뚫어 본 사람이 또 있는데, 금융위기를 예견해 명성을 얻은 전 펀드매니저 마이클 배리(Michael Barry)다. 유명 작가인 마이클 루이스는 그의 신작 《빅숏(Big Short)》에서 애꾸눈에 아스퍼거 증후군(Asperger Syndrome)*을 가진 이 전 의학도를 상세히 소개했다. 그는 경제를 제대로 공부한 적이 없지만 서브프라임 위기를 가장 먼저 예측해 신용 부도 스와프(Credit Default Swap)**를 시도한 인물이다.

배리가 이렇게 할 수 있었던 것은 단지 각종 재무 자료를 자세히 살펴본 덕분이다. 그가 살펴본 자료는 특별한 것이 아니라 인터넷에서

* 자폐증과 비슷한 발달장애.
** 기업의 부도 위험 같은 '신용'을 사고 파는 신용 파생상품 거래.

쉽게 구할 수 있는 자료였다. 그러나 배리는 버핏과 마찬가지로 보고서를 열람할 때 다른 사람들이 보지 못하는 가치 있는 정보를 알아볼 수 있었다. 예를 들면, 그가 투자했던 아반티(Avanti Corporation)*는 당시 다른 회사의 기술을 도용했다는 혐의로 거액의 벌금을 물고 회사 경영층이 구속되기에 이른다. 많은 사람들이 아반티의 스캔들에만 집중한 반면, 배리는 오히려 회사가 보유한 대규모 현금과 풍부한 인력 자원에 주목했다. 아반티의 가치를 확신한 그는 사람들이 아반티 주식을 투매할 때 전혀 동요하지 않았다. 과연 아반티는 곧바로 높은 가격으로 다른 기업에 인수되었고, 배리는 이를 통해 큰 수익을 얻었다.

버핏과 배리의 이런 투자 방법을 '가치 투자(Value Investing)'라고 부른다. 가치 투자란 다양한 이유로 저평가된 자산에 장기 투자하여 이후 가치가 크게 오르면 파는 방법을 말한다. 가치 투자를 하는 사람은 다른 사람들과 똑같은 데이터를 볼 때 남들이 보지 못하는 것까지 꿰뚫어 본다. 다시 말해, 가치 투자를 하려면 일반적인 투자 방법과는 다른 자신만의 평가 방법을 정립해야 한다는 뜻이다. 만약 평가하는 방법이 다른 사람들과 똑같다면 저평가된 자산을 찾을 수 없다. 그러나 정확한 판단 능력을 갖춘다면 가치 투자를 통해 높은 수익을 얻을 수 있다(버핏은 가치 투자를 통해 수백억 달러의 수익을 올렸다). 이를 위해 가치 투자자는 용기와 자신만의 견해, 그리고 '진실은 언제나 하나'라는 굳은 신념을

* 반도체 설계 자동화 기업.

지녀야 한다. 진실에 대한 이러한 믿음과 용기가 있을 때에만 투자자는 수익을 낼 기회를 얻을 수 있다.

⌐미래 시장의 방향 – 임의성 VS 역사적 내력

경제와 금융에서 가장 매력적이고 실용적인 주제를 꼽는다면 단연 시장의 가격을 들 수 있다. 월스트리트의 중개인이라면 누구나 미래의 주식 가격과 채권 가격을 예견하는 능력을 얻고 싶어한다. 이렇게 미래의 자산 가격을 알고 싶어하는 이유는 대부분 부에 대한 갈망 때문이다. 자본 시장에서는 미래의 가격 흐름을 조금이라도 알 수 있다면 엄청난 부를 거머쥘 수 있다. 그래서 수많은 사람들이 앞다투어 내부 정보를 이용해 돈을 벌려고 한다. 그러나 단지 수익성이 높다는 이유만으로 이러한 범죄를 저지르는 것은 바람직하지 못하다. 같은 수익을 올릴 수 있는 정당한 방법이 있다면 그것은 매우 어리석은 선택이 될 수밖에 없다.

문제는 인류가 경제와 금융을 수백 년 동안 연구했지만 지금도 미래의 자산 가격 추세를 정확히 예측할 수 없다는 것이다. 누군가 가격을 정확히 예측한다고 해도 이는 일시적인 추세일 뿐이다.

매년 엄청난 수익을 올리는 투자의 고수들도 성공이 실패보다 많을 뿐이지 백전백승하는 것은 아니다. 그들 역시 매일의 경제·지수가 어떻게 변화할지 알지 못한다.

몇 년 전 미국 증시가 붕괴하려고 하자 버핏은 〈뉴욕타임스〉에 기고문을 발표해 사람들에게 미국을 믿어달라고 호소했다. 그러면서 미국을 믿는 가장 좋은 방법은 바로 주식을 구매하는 것이라고 말했다. 물론 이는 투자자에게도 이로운 행동이다. 주식 투자를 통해 미국 경제가 살아난다면 미국 증시도 장기적으로 상승할 것이기 때문이다. 그러나 미국 증시가 단기적으로 어떻게 변할지는 누구도 쉽게 예측할 수 없다.

버핏이 호소문을 발표할 당시 미국 주식 시장은 최저점을 찍고 있었고 이 위기가 끝난 지 몇 년 안 되어 증시가 두 배 가까이 상승한 사실은, 미국에 대한 버핏의 믿음이 틀리지 않았음을 충분히 증명하는 것이 사실이다. 물론 버핏의 이러한 생각은 단순한 희망사항이 아니라 역사를 근거로 한 정확한 판단이 토대가 되었다.

사실 미국뿐만 아니라 대부분의 국가(후진국 제외)는 장기적으로 보면 발전 추세를 보이고 있다. 그러나 이러한 장기적인 발전이 일반투자자들에게는 큰 도움이 되지 않는다. 어쨌든 단기적인 손실은 물질적으로나 정신적으로 투자자에게 계속 고통을 주기 때문이다.

그런데 재미있는 현상은 경제 지식이 많아질수록 미래의 불확실성과 리스크에 대한 두려움이 더욱 커진다. 장기적으로 보면 사회는 확실히 발전하고 있다. 그래서 경제에 대한 믿음을 가지고 자산을 투자해 더 많은 가치를 창조하는 것은 정확한 선택이다. 단, 자산의 단기적인 가격 추세는 절대 예측할 수 없다는 점을 기억해야 한다. 시장의 자산 가격은 수많은 독립된 투자자가 결정하기 때문에 단기간 내에서 그들이 어떻게 거래할지는 알 수 없다. 그래서 큰 흐름에서는 경제가 발전한다고 해도 그 기간 동안 가격이 어떻게 요동칠지 (계속 상승할 수도, 떨어졌다가 반등할 수도 있다), 또 이러한 가격 변동에 어떻게 대처해야 할지는 알 수 없다. 그러므로 가장 좋은 전략은 단기적인 가격 변동은 무시한 채 "가격은 장기적으로 상승한다"는 버핏의 말을 기억하고 가격이 오르기를 느긋하게 기다리는 것이다.

주식 시장의 바로미터 — 지수

시장에서 가격이 오르내리는 이유는 무엇일까? 주식에 투자해 수익을 얻으려면 낮은 가격에 사서 높은 가격에 팔아야 한다. 주식 가격이 계속해서 변동하는 원인은 끊임없는 정보를 통해 기업의 미래 실적에 대한 예상이 바뀌기 때문이다. 예를 들어 겐로쿠의 회사가 이번 분기에 예상을 뛰어넘는 실적을 거두면 사람들은 그의 회사가 앞으로 더 많은 수익을 낼 것이라고 기대해 겐로쿠 회사의 주가는 점점 오를 것이다. 반대로 회사의 실적이 좋지 않으면, 사람들은 겐로쿠 회사가 전망이 없다고 판단해 겐로쿠 회사의 주가는 곧바로 하락하게 된다.

그러나 실제로 주가가 움직이는 원인은 이것에만 기인하는 것이 아니다. 사실 주식 시장의 신호는 굉장히 혼란스럽다. 어떤 때에는 투자자가 더 많은 소식을 듣거나 미래에 대한 예상이 바뀌어서가 아니라 단순히 유동성이 변해서 주가가 변하기도 한다. 예를 들어 A가 겐로쿠 회사의 대주주라고 가정해 보자. 갑자기 결혼을 하게 된 A는 주택 구입 자금을 마련하기 위해 회사 주식을 증시에 내놓았다. 그는 자금을 빨리 모으려고 시장 가격보다 약간 낮은 가격도 개의치 않았고, 더욱이 그가 단번에 대규모 물량을 내놓은 까닭에 갑자기 주식 시장에 공급이 늘어나 회사의 주가는 더욱 내려갔다. 이 상황을 살펴보면, 비록 겐로쿠 회사의 객관적 사실에는 아무런 변화가 없지만 개인의 생활(결혼)이 주가의 변동에 영향을 미친 사실을 알 수 있다.

같은 이치로, 일부 사람들의 투기 때문에 주가가 오르기도 한다. 1990년대 말 IT 열풍 시기, 실제로 몇 안 되는 투기꾼들이 많은 IT 기업의 주가를 조작했다. 당시 IT 기업 주식은 증시에 상장되었어도 실제로 거래되는 주식 수는 많지 않았다. 투자자와 회사 직원들이 소유한 대부분의 주식이 보호예수에 묶여 몇 년 동안 거래를 할 수 없었기 때문이다. 이렇게 되자 그들과 함께 IT 기업에 투자한 투기꾼들은 절호의 기회를 얻었다. 그들은 유통 중인 얼마 안 되는 주식을 매매해 주가를 크게 올려놓았다. 예를 들어 겐로쿠 회사의 주식 1만 주 중 9,900주는 보호예수로 묶여 있고 100주만 거래된다고 가정해 보자. 이 기업에 투자한 투기꾼이 조작을 통해 유통 중인 100주의 주가를 올리면 전체 1만 주의 주가가 모두 상승하는 상황을 조성할 수 있다. 만약 주당 100위안하던 주가를 1만 위안으로 올린다면, 시가 100만 위안(1만 주×100위안)짜리 회사를 단숨에 1억 위안(1만 주×1만 위안)의 회사로 바꿀 수 있다. 이후 나머지 9,900주가 유통되면 투기꾼은 자신이 보유한 기존 주식을 주당 1만 위안에 팔아 큰 수익을 챙길 수 있다. 회사가 앞으로 수익을 낼지의 여부는 투기꾼에게는 전혀 중요치 않다.

한편, 당시 펀드매니저들은 이렇게 폭등한 IT 기업주를 일정 기간 팔 수 없다는 사실에 무척 고심했다. 그들도 IT 주식의 가격 상승은 투기꾼들의 주가 조작 때문이라는 사실을 알고 있었다. 이후 보호예수가 끝나 주식을 거래할 수 있게 될 때 여전히 주식에 대한 수요가 있다면 큰돈을 벌 수 있으나 주식을 원하는 사람이 없다면 주가는 곧바로 내려갈 것이다. 게다가 보호예수가 끝난 모든 사람이 주식을 일제히 내놓는다면 갑자기 늘어난 공급 때문에 주식 가격은 원래대로 돌아갈 것이다. 펀드매니저들은 이 사실을 알고 있었지만 해결 방법이 없었다. 그들은 그저 시장의 '판결'을 기다리는 수밖에 없었다.

시장이 판결을 내릴 수 있는 이유는 자기 조절 능력을 갖고 있기 때문이다. 거래를 통해 가격이 변동하면 단기간 사람들을 속이거나 장기간 일부 사람들을 속일 수는 있으나 영원히 모든 사람들을 속일 수는 없다. 그래서 아무리 IT 주가를 조작해도 IT 주식으로 현재 돈을 벌 수 없다는 사실은 숨길 수 없고, 주식 투매로 조성된 주가 파동도 시장의 조절 능력에 의해 곧 정상 수준으로 회복된다.

이런 이유로 개별 주식에 투자하는 것보다 주가지수에 투자하는 편이 훨씬 안전하다. 개별 주가는 투자자들로부터 다양한 영향을 받지만, 전체 주식 시장은 별다른 영향을 받지 않기 때문이다. IT 열풍 이후 펀드매니저들이 지속적인 주가 하락을 걱정하지 않았던 이유도 시장의 이런 자기 조절 능력을 믿었기 때문이다.

수익을 얻으려면 결국 자산을 자신이 구입한 것보다 높은 가격에 팔아야 한다. 이때 수익을 얻는 가장 좋은 방법은 사람들의 투자 방향이나 투기꾼의 조작을 예측하는 것이 아니라 직접 가치 있는 기업을 찾아내는 것이다. 이를 위해서는 기업의 단기 실적에 연연하지 말고 장기적인 발전 가능성을 살피며, 수익을 얻는 즉시 현금화해야 한다. 그래야만 손실을 보지 않고 수익을 올릴 수 있을 것이다.

⌐지렛대 효과 - 레버리지

자본 시장의 경쟁이 치열해지면서 이윤이 매우 높은 투자 항목은 이제 거의 존재하지 않는다. 설사 이런 항목이 존재한다고 해도 리스크가 굉장히 높다. 개별 주식은 하루 만에 크게 오를 수도 있지만 폭락할 수도 있다. 따라서 모험하기를 원하지 않는다면 리스크가 낮은 자산을 찾아 투자해야 하는데 이렇게 되면 수익률이 떨어진다. 심지어 국채에 투자하면 수익률이 1%의 1백 분의 1인 베이시스 포인트(Basis Point)에 불과하다. 즉, 1만 위안을 투자하면 겨우 1위안을 벌 뿐이다.

이런 상황에서 매우 유용한 투자 방법이 바로 '레버리지(Leverage, 지렛대)' 방식이다. 레버리지는 쉽게 말해 돈을 빌려서 투자하는 것을 말한다. 만약 현재 자금이 100위안밖에 없다면 겐로쿠는 이 100위안을 담보로 투자자나 은행에서 1만 위안을 빌린다. 이후 차입한 1만 위안을 투자해 10위안의 수익(10BP의 수익률)만 올려도 그는 성공한 셈이다. 원래 가진 100위안으로 계산하면 10%의 수익률을 올렸기 때문이다. 결국 100위안을 담보로 1만 위안을 빌림으로써 겐로쿠의 최종 수익은 100배가 된 것이나 마찬가지다. 이처럼 레버리지는 아주 작은 이윤도 무한히 확대할 수 있고, 빌린 금액이 많을수록 증가하는 이윤도 커진다.

레버리지는 채권처럼 수익이 별로 높지 않은 자산의 이윤을 늘리는 것 이외에도 '재정 거래(Arbitrage)'를 진행할 때 주로 사용된다. 보통 투자자들은 자산의 가격 흐름(상승 혹은 하락)을 예측하고 그 방향에 근거해(Directional) 투자한다. 그래서 자산 가치의 변동방향이 예상과 달라지면 투자자는 손해를 본다. 이와 달리 재정 거래는 '방향성이 없는(Non-Directional)' 투자 방법으로, 시장이나 자산의 가치 변동과 상관없이 항상 수익을 얻을 수 있는 거래 방식이다.

은행 등의 채권자 입장에서는 이처럼 손실이 거의 없는 재정 거래에 자금을 빌려주는 것도 나쁘지 않은 선택이다. 재정 거래는 리스크가 적고 수익이 높아서 채권자들이 자금을 빌려주면 그들에게 안정적인 수익을 가져다준다.

레버리지는 투자 이외에 기업 M&A를 진행할 때도 사용된다. 레버리지를 사용하면 대출과 투자 사이의 가격 차이를 이용할 수 있다. 즉, 투자 수익이 대출 비용보다 높으면 레버리지를 통해 기업을 M&A하는 것이 투자자와 채권자 모두에게 이익이 된다. 그래서 많은 기업들이 레버리지를 이용해 다른 기업을 인수하는데, 이것이 바로 앞서 말한 'LBO(차입 매수)'이다.

단, 레버리지에는 항상 대출금 상환이라는 문제가 도사리고 있다. 예를 들어 100위안을 담보로 1만 위안을 빌린 겐로쿠가 투자에서 손실을 보면 어떻게 될까? 1만 위안을 투자해 10% 손실을 봤다면 그는 잃어버린 1,000위안을 상환하지 못할 것이다. 심지어 1만 위안을 모두 날려버릴 수도 있는데, 이때 겐로쿠는 자신의 원금만을 손해 보지만, 채권자의 경우에는 1만 위안의 손실 리스크(겐로쿠가 자금을 모두 잃을 리스크)를 떠안고 그저 이자 수익만 올릴 뿐이다.

그러므로 채권자는 자금을 누구에게 빌려줄 것인지를 잘 살펴봐야 한다. 우수한 투자자가 레버리지를 이용할 수도 있지만, 큰 모험을 하는 투기꾼들도 레버리지를 이용할 수 있기 때문이다. 만약 투기꾼이 운 좋게 투자에 성공하면 채권자에게 당장 원금을 상환할 것이다. 그러면 채권자는 그때까지의 약간의 이자와 원금을 받을 뿐이다. 그러나 만약 투기꾼이 투자에 실패하면 채권자는 자금 손실을 모두 떠안아야 한다. 그래서 '대출해 준 자금을 누가 레버리지에 사용할 것인가'라는 문제는 채권자에게는 매우 중요한 선택의 문제다.

⌐ 모든 계란을 한 바구니에 담지 말라 - 포트폴리오 전략

레버리지는 수익과 리스크가 매우 큰 투기 행위 중의 하나다. 그러나 모든 자산 투자는 불확실성이 존재하고 미래의 가치를 알 수 없다는 점에서 본질적으로 투기에 속한다고 할 수 있다. 그렇다면 투자자는 어떻게 해야 자신의 자금을 보전할 수 있을까? 이에 대한 해답을 얻기는 매우 어렵지만, 포트폴리오 이론에서 그 실마리를 찾을 수 있다. 포트폴리오 이론은 1952년에 발표된 해리 마코위츠(Harry M. Markowitz)*의 논문 '포트폴리오 선택(Portfolio Selection)'에서 처음으로 제시되었다. 이 논문은 마코위츠의 시카고대학 박사학위 논문으로, 그는 여기에서 안전성에 가장 접근한 투자 방법의 이론적 모델을 제시했다.

그가 논문에서 제시한 포트폴리오 이론은 당시로서는 매우 획기적인 투자 개념이었다. 1959년에 그는 자신의 저서 《포트폴리오 선택: 효율적 분산 투자(Portfolio Selection: Efficient Diversification of Investments)》를 통해 이 이론을 상세히 설명했다.

마코위츠의 이론은 한마디로 "모든 계란을 한 바구니에 담지 마라"라는 속담으로 요약할 수 있다. 시장에서 각종 자산의 가치는 대부분 임의적으로 움직이므로 한 종류의 자산에만 몰아서 투자하면 매우 큰 리스크를 안게 된다(자산의 가치가 폭락). 그러나 투자자가 동시에 여러 종류의 자산에 자본을 나누어 투자하면 리스크는 크게 줄어든다(물론 자산의 가치가 동시에 오르거나 떨어질 리스크가 존재하지만). 이는 한 자산의 가치가 하락하더라도 다른 자산의 가치가 상승함

* 현대 포트폴리오 이론을 최초로 제시한 미국의 경제학자. 분산 투자의 효과를 이론적으로 정립한 업적으로 1990년 노벨 경제학상 수상.

으로써 투자 안정성의 균형을 맞추기 때문이다.

단, 포트폴리오 이론의 기본적인 전제 조건은 각종 자산이 반드시 독립적이고 아무런 연관성이 없어야 한다는 것이다. 예를 들면, 코카콜라와 맥도날드에 동시에 투자하는 것은 성공적인 포트폴리오 구성이 아니다. 그 이유는 이 두 개가 서로 영향을 미치고 관련성이 있기 때문이다. 만약 맥도날드의 영업 실적이 좋지 않으면 맥도날드에서 파는 코카콜라의 매출도 감소해 맥도날드의 경영 상황이 코카콜라 매출에 영향을 미치게 된다. 그래서 리스크를 확실히 헤징하려면 서로 간에 연관성이 없거나 혹은 연관성이 있다 해도 그 정도가 매우 적은 자산들을 찾아 구성해야 한다. 그러나 이런 자산을 찾는 것은 말처럼 그렇게 쉽지 않다. 앞서 언급한 롱텀캐피털 매니지먼트(이하 롱텀캐피털)를 다시 예로 들어 보자. 롱텀캐피털은 수십억 달러의 자산과 두 명의 노벨 경제학상 수상자를 포함해 수많은 전문가들을 보유하고 있었다. 포트폴리오의 중요성을 누구보다도 잘 알고 있던 그들은 정밀한 분석을 통해 자산의 리스크를 매우 미미한 수준으로 분산시켰다. 다양한 포트폴리오 조합의 결과로 손실을 볼 확률은 거의 수백억 분의 1에 불과했다. 그러나 이렇게 정교한 포트폴리오를 설계했음에도 롱텀캐피털은 단 4년 만에 무너지고 말았다. 증시가 폭락하자 포트폴리오는 아무런 효과도 발휘하지 못했고, 회사는 모든 자금을 날려 버렸다. 이런 사태가 발생한 원인은 연관성에 대한 인식이 부족했기 때문이다. 사실 세계와 시장은 컴퓨터 프로그램으로 계산할 수 없을 정도로 복잡다단하고, 전혀 연관성이 없어 보이는 것들도 실제로는 매우 긴밀한 관계를 맺고 있다. 단지 평소에 사람들이 이를 모르고 있을 뿐이다. 이러한 잠재적 연관성을 소홀히 여긴다면, 아무리 '안전한' 포트폴리오를 설계했다 해도 그것은 사상누각에 불과하다.

롱텀캐피털이 만든 포트폴리오의 또 다른 문제는 자신의 한계성을 알지 못했다는 것이다. 아무리 견고한 시스템이라도 그 근간에는 객관적인 논리로 증명할 수 없는 '절대적 진리(Absolute Truth)'의 가설이 깔려 있다. 예를 들어 우리가 계속 투자하는 것은 세계가 내일 망하지 않을 것이라고 가정하기 때문이다. 이는 증명할 수 없지만 정확한 가설임은 틀림없다.

그래서 가설 자체에 오류가 있다면, 이런 가설을 토대로 구축된 시스템(노벨상 수상자가 만든 시스템이라도)은 한순간에 무너질 수 있다. 롱텀캐피털은 다음과 같은 가설을 세웠다. "첫째, 시장의 변동은 점차 작아진다. 둘째, 유사한 자산의 가격은 점차 비슷해진다. 셋째, 시장의 모든 자산이 한꺼번에 하락하면서 유동성마저 긴급히 필요한 그런 상황은 발생하지 않는다." 하지만 이후 이 세 가지 가설이 모두 틀렸다는 것이 밝혀졌고, 그들이 만든 포트폴리오는 이런 가설 오류에서 비롯된 문제를 바로잡지 못했다.

만약 이런 문제들을 모두 극복하고 서로 연관성 없이 리스크를 상쇄할 수 있는 자산을 매입한다면 포트폴리오 이론의 최적화를 이룰 수 있다. 이렇게 되면 자본의 리스크는 분산을 통해 가장 낮은 수준으로 떨어지고, 자산의 가치 변동도 일정한 범위에서 통제할 수 있다. 그러나 이렇게 한다고 해도 투자의 리스크가 완전히 사라지는 것은 아니며, 불확실성은 여전히 존재한다.

예를 들어 주가의 흐름은 누구도 예측할 수 없다. 만약 투자자가 2000년도에 미국 증시에 투자했다면 포트폴리오가 아무리 완벽하다고 해도 돈을 벌기는커녕 기껏해야 손실을 줄이는 정도에 불과했을 것이다. 실제로 낙관적이지 않은 상황에서 포트폴리오는 투자자가 돈을 벌 가능성을 오히려 없애버린다. 낙관적이지 않은 시장에서 돈을 버는 유일한 방법은 투자자가 예리한 안목을 갖고 있거나 운이 너무 좋아서 시장의 흐름에 역행하여 가격이 상승하는 극소수의 주식을 선택하는 것이다. 그러나 이런 상황에서 포트폴리오를 구성한다면 이는 가격이 하락하는 주식을 대량으로 고르는 것과 같아서 결코 수익을 낼 수 없다. 이때 포트폴리오의 유일한 효과는 투자자의 손실을 약간 줄여 주는 것뿐이다.

결론적으로 포트폴리오를 통해 리스크를 분산하면 자산의 가치 변동에 따른 손실을 줄일 수는 있지만, 그것이 자산의 가치가 반드시 상승함을 보장하지는 않는다. 전체 시장이 하락하면 포트폴리오 투자, 즉 다원화 투자도 손실을 보기 때문이다. 단, 포트폴리오 투자를 이용하면 손실을 줄이고 이후 상황이 호전될 때 다시 일어설 기회를 얻을 수 있다. 이것이 바로 포트폴리오 이론의 진정한 가치다. 장기적으로 보면 시장은 지속적인 상승세에 있기 때문에(경제가 끊임없이 발전하므로) 기초만 충실하다면 현재의 손실도 모두 극복할 수 있다.

부자가 될 가능성 – 투자 수익률

그렇다면 위기를 극복한 투자자가 큰 수익을 거둬 부자가 될 가능성이 있을까? 실제로 이는 가능한 일이다. 1970년에 소로스에게 10만 달러를 투자했다면 매년 30% 이상의 수익을 올려 지금은 수억 달러의 자산가가 되었을 것이다. 그러나 주위를 둘러보면 투자를 통해 수익을 올리는 사람은 많지 않고, 소로스처럼 큰 수익을 내는 이는 극히 드물다. 그럼 그 이유는 무엇일까?

영화 〈오션스 일레븐(Ocean's Eleven)〉을 보면 이런 대사가 나온다. "카지노 딜러와 도박을 하면 이길 확률보다 질 확률이 높다네. 도박은 항상 카지노 쪽에 유리하기 때문이지. 도박사가 돈을 벌 유일한 가능성은 이길 판에 배팅하는 것뿐이야."

이 논리는 실제 투자에도 그대로 적용된다. 부자가 되려면, 정확한 시기를 잡아 많은 수익을 올려야 한다. 그러나 언제 배팅해야 큰 돈을 벌 수 있는지 어느 누구도 확언할 수 없다. 주식 시장에서 수익을 올릴 확률은 카지노에서 도박에 이길 확률보다 높지만, 주식 시장은 여전히 임의성과 불확실성으로 가득차 있다. 이런 상황에서 일반 투자자는 어떻게 해야 할까?

이 문제를 유명 투자자인 존 보글(John Bogle)에게 묻는다면 그는 이렇게 대답할 것이다. "그 누구도 알 수 없다." 보글은 1974년에 뱅가드 그룹(The Vanguard Group)을 설립한 인물로, 이후 30여 년 동안 그의 성공적인 운영을 통해 뱅가드 그룹은 세계 최대의 펀드 운영사 중 하나가 되었다. 보글은 연구를 통해 1970년부터 2005년까지 운영된 335개 펀드 중 오직 3개만이 35년 동안 연수익률이 시장수익률보다 2% 이상 높았다는 사실을 밝혀냈다. 다시 말해, 수많은 펀드 중 시장의 평균수익률을 넘은 펀드가 1%도 되지 않은 것이다. 더욱이 대부분의 펀드들은 35년을 버티지 못하고 사라지고 말았다. 살아남은 펀드들은 펀드 시장의 선두 주자가 되었지만, 그중 가장 뛰어난 펀드가 시장 수익률보다 약간 높은 수익을 거두었을 뿐이다.

보글은 1942년부터 1997년까지 S&P500지수가 거의 매년 뮤추얼 펀드의 수익률보다 1% 이상 앞섰다는 사실과 1978년부터 1999년까지 뮤추얼 펀드의 79%가 주가지수를 훨씬 밑도는 수익률을 보였다는 사실을 발견했다. 다시 말해, 경제 지식이 풍부한 펀드매니저가 운영한 펀드도 수십 년 동안의 수익률이 주식 시장의 평균 수익률에 미치지 못한다는 것이다.

전문 매니저가 이렇다면 일반 투자자는 더 말할 나위가 없다. 일반투자자가 높은 수익을 얻지 못하는 것은 대부분 해마다 높은 수익을 유지할 능력이 부족하기 때문이다. 복잡다단한 시장에서 전문가들의 투자도 마치 주사위를 굴리듯 일희일비가 계속 엇갈린다. 이런 불안정성은 투자자의 수익성에 큰 영향을 미친다.

그렇다면 일반 투자자들이 거액의 수익을 올릴 가능성은 없는 것일까? 만약 소로스 같은 매니저를 찾아 자금을 맡긴다면 수십 년 안에 거액을 벌 희망이 있다. 하지만 앞서 말한 것처럼 대다수 펀드매니저들의 투자 수익률은 주가지수의 평균수익률에도 미치지 못한다. 수많은 펀드 중에서 소로스 같은 능력자를 찾으려면 수익률이 주가지수 수익률의 2배가 넘는 펀드를 찾아야 하는데, 이런 펀드를 찾을 확률은 거의 제로에 가깝다.

일반 투자자에게 또 다른 가능성은 가치가 매우 높은 주식을 찾아 투자하는 것이다. 예를 들어 마이크로소프트는 상장한 이후 25년 사이에 주가가 200배가량 급상승했다. 비록 소로스의 성과에는 미치지 못하지만 연평균 20% 이상의 수익률도 대단한 것임은 틀림없다. 다만 문제는 수많은 자산 중에서 마이크로소프트 같은 자산을 찾는 것 또한 쉽지 않고 이를 25년 동안 팔지 않고 보유하는 것은 더욱 어렵다는 점이다. 더욱이 마이크로소프트가 오늘날처럼 성장하지 못해 원금을 모두 날릴 가능성도 존재한다. 이런 점에서 마이크로소프트 같은 주식을 찾을 확률이나 소로스 같은 펀드매니저를 찾아 투자할 확률은 지극히 낮다.

이처럼 시장을 능가하기는 매우 어려우므로 보글은 시장을 넘어서려 하지 말고 시장과 보조를 맞추라고 조언했다. 그가 설립한 뱅가드 그룹도 이런 투자 원칙을 기초로 설립되었고 운영되고 있다. 인덱스 펀드(Index Fund) 운영자로서 뱅가드 그룹은 다우존스, S&P지수와 항상 보조를 맞추었다. 즉, 그의 펀드는 전체 시장의 움직임을 따라 함께 움직였고, 무리해서 수익을 좇지 않고 보수적으로 운영됐다.

일례로, S&P지수는 1950년부터 지금까지 연평균 수익률이 약 11%에 달하는데, 이것은 비록 소로스나 마이크로소프트에는 한참 미치

지 못하는 성적이지만, 투자자가 만약 인덱스 펀드를 선택한다면 20
년 후에는 투자금액의 7배의 수익을 거둘 수 있을 것이다. 또한 여러
주식에 투자해 리스크를 분산하는 일반 펀드보다 훨씬 안전해 펀드나
주식을 잘못 선택해서 자금을 모두 잃어버릴 위험성도 없다.

이러한 이유들로 인해 인덱스 펀드는 가장 확실한 투자처로 인식
된다. 투자 전문가들은 대부분 단시간에 큰돈을 버는 방법을 찾지
말고 안정적으로 수익을 얻는 방법을 찾으라고 조언한다. 경제가 계
속 발전한다는 가정하에 인덱스 펀드에 투자하면 장기적으로는 수
익을 얻을 수 있다. 그러나 인덱스 펀드라고 해서 리스크가 전혀 없
는 것은 아니다. 장기적으로 보면 경제는 끊임없이 발전해 주가지수
가 상승하지만, 어떤 시기에는 실물 경제가 쇠퇴해 주가가 하락하기
때문이다. 예를 들어서 미국 증시는 21세기에 접어든 이후 매년 1%
씩 하락했다. 다시 말해, 2000년도부터 주가지수에 투자를 시작했다
면 2010년에는 수익은커녕 원금마저 손실을 보았을 것이다. 이는 국
채에 투자하거나 정기 예금에 돈을 넣는 것보다 훨씬 못 미치는 결
과다.

그런데 만약 1950년대에 주식에 투자했다면 큰 수익을 얻었을 것
이다. 50년대 S&P지수 수익률은 20%에 달했기 때문이다. 리스크를
피하고 수익을 촉진하는 보글의 방식은 훌륭한 투자 방법이지만, 어
떠한 투자도 행운이라는 요소를 결코 무시할 수는 없다. 따라서 투
자를 통해 부자가 되는 것은 쉽지 않으나 여전히 모든 가능성은 열
려 있다고 하겠다.

└금이 만능은 아니다 - 금 투자의 장단점

리스크를 감수하고 싶지 않다면 금에 투자하는 것도 나쁘지 않은 선택이다. 예로부터 금은 세계 각국에서 화폐로 유통되었고 근대에 와서야 화폐의 지위에서 벗어나 진정한 귀금속이 되었다. 그러나 여전히 금의 가치를 숭배하는 사람이 많으며, 심지어 금이 다시 화폐로 복귀하기를 바라는 사람들도 다수다.

금은 이렇게 큰 가치를 지니고 있기 때문에 세계 각국이 서로 교류하지 않던 시기에도 세계의 화폐로 인정받을 수 있었다. 금을 화폐로 사용하면 여러 가지 장점이 있다. 예를 들면, 금의 수량은 한정적이기 때문에 정부가 지폐처럼 수량을 마음대로 늘릴 수 없다. 이렇게 되면 정부는 화폐 정책을 통해 경제를 마음대로 조절할 수 없지만, 급격한 수량 증가로 인한 금의 평가 절하가 일어나지 않아 사람들에게는 이익이 된다. 그러나 반대로 큰 단점이 한 가지 있다. 금의 한정적인 수량으로 인해 적절한 화폐 정책을 수행하지 못하면 정부는 경제 쇠퇴나 불황을 사전에 방지할 수 없다(물론 화폐 정책이 이를 막을 수 있을지는 알 수 없지만). 더욱 곤란한 점은 적절한 화폐 정책이 없다면 정부가 경제 쇠퇴나 불황에서 경제를 구할 방법이 없다는 것이다. 결국 이 때문에 금은 화폐의 지위에서 물러나야 했다.

그러나 귀금속으로서의 금은 인플레이션에 상관없이 가치를 보전하는 특성이 있어 투자 수단의 하나로 인정받고 있다. 중앙은행의 정책에 따라 자금의 가치가 하락하는 것이 싫다면 금을 사서 보유하면 가장 간편하다. 그 밖에 금은 가장 안전한 자산으로 인식되어 오늘날 금 투자는 경기가 요동치거나 경제 위기 때 더욱 환영을 받는 투자 수단이다.

현대에 들어와 금을 사는 방법은 예전과 비교해 훨씬 다양해졌다. 과거에는 금을 사려면 금 막대나 금괴, 금장식을 사야 했지만, 오늘날에는 주식과 마찬가지로 증서만 거래해도 된다.

하지만 금 구입이 예전보다 훨씬 간편해졌다고 해서 금에 투자하는 것이 반드시 현명한 선택이라고 보기는 어렵다. 만약 인플레이션에 대비할 목적이라면 다양한 투자 상품 중에서 하나를 선택해도 충분히 목표를 이룰 수 있다. 예를 들면, 미국 국채 중에는 인플레이션과 연계된 국채가 있다. 인플레이션율이 높아지면 국채의 수익률도 함께 올라가고, 인플레이션율이 낮아지면 국채의 수익률도 떨어진다. 인플레이션으로 자산의 가치가 떨어지는 것을 원치 않는다면 이 국채에 투자하는 것도 좋은 방법이다. 이 밖에 복잡한 금융 상품을 통해서도 같은 효과를 거둘 수 있다. 따라서 단지 가치 보전만을 위해 금을 구입하는 것은 전혀 바람직하지 않다.

또 투자 수단으로 금을 선택하면 리스크가 크다. 시장에서 어떤 자산에 투자하든 그 리스크는 적지 않다. 단기적으로는 자산의 가치는 크게 변동할 수 있고, 유동성도 예측하기 어렵다. 장기적으로도 어떤 자산이든지 모두 불확실성의 리스크를 내포하고 있고, 원금을 손해 볼 위험도 있다. 따라서 자신의 모든 자산을 금에 투자한다면, 리스크 회피는 전혀 고려하지 않은 선택이다. 다만 금의 수익률이 엄청나게 높다면 이런 리스크를 감수할 만한 가치가 있다. 하지만 금의 수익률은 경제 쇠퇴나 불황기에 일시적으로 다른 자산에 비해 좋았던 것을 제외하고 특별히 좋았던 시기가 별로 없었다. 역사적으로 살펴봐도 주가지수처럼 금보다 훨씬 안전한 투자의 수익률이 금 등의 귀금속 투자의 수익률보다 훨씬 높았다.

또 금 투자는 유동성 부분에서 주식 투자보다 못하다. 경제위기 때나 불황기를 제외하고 금의 보유 가치는 주식에 비해 높지 않고 가격 변동성도 매우 커서 투자 기간에 항상 금 가격의 폭락을 경계해야 한다. 그리고 역사적인 데이터를 살펴보면 한 가지 결론을 얻을 수 있다. '금은 인플레이션으로 인한 리스크를 피하고 가치를 보전할 수 있으나 전문적인 투자 수단으로서는 고려할 필요가 있다.'

금이 합리적인 투자 수단이 되는 경우는 다음의 두 가지 상황에서다. 우선 금이 포트폴리오의 일부 구성요소가 되는 경우다. 이렇게 되면 투자자는 금의 특성을 이용해 경제 쇠퇴나 불황기에 맞게 되는 리스크의 일부를 회피할 수 있다. 이 밖에도 경제가 곧 붕괴할 상황이라면 금에 투자하는 것은 나쁘지 않은 선택이다. 세상이 혼란스러워질수록 금 투자는 더욱 진가를 발휘하기 때문이다.

하지만 오직 리스크 회피만을 위해서 금에 투자한다면(귀금속 자산에 대한 투자가 아니라), 이것은 자본이 시장에서 퇴장하는 것을 의미한다. 금은 시장에서 아무런 가치도 창조할 수 없다. 다른 자산처럼 부가적인 가치를 생산하지 못하기 때문이다. 금은 현금처럼 수시로 이자를 받거나 부동산처럼 임대료를 받을 수 없다. 또 주식처럼 기업의 성장을 촉진해 주식 가격을 높이거나 배당금을 받을 수도 없다. 그래서 금에 투자하면 단지 가치가 오르기를 기다리는 수밖에 없다.

그러므로 경제가 시스템적 위기를 맞은 때라면 얘기가 달라지지만, 그렇지 않다면 금에 투자하는 것은 곧 자본이 시장에서 퇴장함을 의미하므로 그리 바람직한 선택은 아니다. 만약 인플레이션의 리스크를 피하고 가치를 보전하고 싶다면 자신이 보유한 자산의 가치를 인플레이션 속도보다 높이는 것이 가장 좋은 방법이다. 그리고 이 목표에 도달하려면 금에 투자하는 것보다는 자신의 투자 능력을 갈고닦는 것이 더 중요하다.

불확실성과 리스크 – 수익 실현의 아킬레스건

경제 위기나 불황기를 제외하고 금 구입이 큰 가치가 없는 이유는 수익 면에서 자본의 총액이 늘더라도 투자자가 손실을 볼 수 있기 때문이다.

우선 투자자는 인플레이션의 위험에 직면한다. 중앙은행이 통제하는 현대 경제에서 가격 인하는 거의 불가능하다고 할 수 있다. 경제학자들은 가격 인하로 초래되는 디플레이션을 가장 두려워하기 때문이다. 디플레이션의 출현을 막기 위해 중앙은행은 화폐를 많이 발행해서 경제의 총수요가 총공급보다 많게 함으로써 경제 발전을 촉진한다. 반면 투자자들은 가치의 보전이 용이한 자산을 선택하기도 하는데, 이러한 투자는 경제 쇠퇴나 불황기에 더욱 두드러진다. 경제가 쇠퇴하면 적절한 투자 수단을 찾을 수 없기 때문이다.

경제 쇠퇴로 기업이 수익을 내지 못하면 주식 등 투자 상품의 가격도 오르지 못하고 배당금도 줄어든다. 부동산 수익도 사람들과 기업의 수익이 줄어들어 하락하게 된다. 경제 불황을 벗어나기 위해 정부는 주로 금리를 내려 경제를 자극하는데 이 영향으로 예금 수익률도 크게 떨어진다. 한편, 낮은 금리에도 유일하게 수익을 올리는 것이 바로 채권인데 금리가 떨어지면 채권 가격은 반대로 오른다. 하지만 채권이 수익을 가져다준다 해도 인플레이션이 초래하는 가치 하락을 반드시 상쇄하는 것은 아니다.

이때 가장 좋은 선택은 가치가 보전되는 금이다. 금은 더 많은 가치를 창출할 수는 없지만 인플레이션에 따라 가치가 함께 상승한다. 현재 경제에 유통되는 화폐가 100위안이고 금의 가치가 100위안의 10%인 10위안이라고 가정해보자. 인플레이션으로 경제에 유통되는 화폐가 150위안으로 늘어나면 금의 가치는 150위안의 10%인 15위안이 된다. 이처럼 금 투자는 자산이 인플레이션으로 인해 평가 절하되는 리스크를 막아준다.

그래서 실제로 많은 투자 상품들이 이런 금의 특성을 모방하기 시작했다. 예를 들면, 미국 국채는 투자자에게 두 가지 선택 사항을 제공한다. 투자자는 수익률이 고정된 국채와 수익률이 인플레이션과 연계된 국채 중 원하는 것을 선택할 수 있다. 만약 경제가 쇠퇴해 정부 금리가 낮아진 후라면 인플레이션과 연계된 국채가 유리하다. 국내에 유통되는 화폐의 증가로 더 많은 수익을 거둘 수 있기 때문이다. 하지만 금과 마찬가지로 이 상품도 인플레이션이 둔화되면 큰 효과를 내기 어렵다. 인플레이션으로 자산의 가치가 떨어지지 않으면 상품의 가치 보전 효과를 발휘할 수 없기 때문이다. 또 가치 보전에만 너무 신경 쓰다 보면 경제의 고속 성장이 가져오는 이점을 놓칠 수 있다.

이는 기회비용 문제와 연관된다. 예를 들어 우리 앞에 두 가지 선택 사항이 놓여 있다고 생각해 보자. 하나는 100위안을 투자해 5년 후 110위안을 얻는 것이고, 다른 하나는 똑같이 투자해서 150위안을 얻는 것이다(인플레이션에 기인한 가치 하락은 없다고 가정하자). 만약 전자를 택한다면 오히려 손해를 보는 것이라고 할 수 있다. 100위안으로 150위안을 벌 기회를 놓쳤기 때문이다.

금이나 가치를 보전하는 다른 투자 상품이 직면한 리스크도 이와 같다. 그들은 너무 보수적이어서 경제 발전이 가져오는 기회를 놓치게 된다. 경제가 고속으로 발전하면 기업은 더 많은 수익을 창출하고, 주가와 배당금도 끊임없이 오르게 된다. 부동산도 더 높은 임대 수익을 얻고 부동산 가격도 계속 상승한다. 이때 대출을 통한 투자는 안전하고 수익성도 높다. 채무자는 더 높은 수익을 얻을 수 있기에 높은 이자도 감당하게 되고, 계속 발전하는 경제는 그들이 부채를 상환할 수 있도록 보장해 준다.

그런데 경제에는 주기성이 있어서 한 번 기회를 놓치면 언제 다시 이렇게 경제가 고속 성장하는 상황을 만날 수 있을지 알 수 없다. 그 래서 적극적으로 리스크를 감수하는 투자자는 경제 성장이 경제 쇠 퇴보다 훨씬 오래 지속되기를 희망한다. 그래야 수익을 낼 기회를 더 많이 얻기 때문이다. 최근 100년의 경제를 살펴보면 그들의 기대 가 틀리지 않았음을 명확히 알 수 있다. 인플레이션을 감안하더라도 시장에 참여해 얻은 수익이 금을 통해 가치를 보전해 얻은 수익보다 훨씬 높았다.

그러나 수익이 높다고 해서 시장에 참여하는 것이 반드시 정확한 선택이라고 할 수는 없다. 시장에는 불확실성과 리스크가 항상 존재 하기 때문이다. 미래의 추세는 알 수 없으므로 주식 투자로 얻는 고 수익이 지속될 수 있을지 알기 어렵고, 높은 수익은 높은 리스크를 부담하고 나온 결과인지도 확신할 수 없다. 따라서 시장에 참여하는 것이 금 투자보다 좋다고 전적으로 확신할 수 없다. 만약 원금을 손 해 보지 않고 지속적으로 수익을 얻고 싶다면, 경제가 상승하기 전 에 시장에 뛰어들고, 경제가 쇠퇴할 즈음 시장에서 빠져나와 금 같 은 자산으로 자금을 보전한 후, 다시 경제가 활성화될 무렵 시장에 뛰어드는 것이 유일한 방법일 것이다. 이렇게 반복할 수 있다면 오 래지 않아 큰 부자가 될 수 있다.

단, 이렇게 하는 것이 결코 말처럼 쉽지 않다. 과거에 당시 최고의 은행가였던 J. P. 모건에게 그의 돈 버는 비결을 물어본 사람이 있 다. 모건의 대답은 의외로 간단했다. "자산을 낮은 가격에 사서 높은 가격에 팔면 됩니다." 하지만 오늘날까지 시장에서 자산 매매 시기를 정확히 계산할 수 있는 사람은 아무도 없다.

미지와 논란이 가득한 경제학의 영역에서 경제학자들이 합의한 몇 안 되는 결론 중 하나는 자산 매매 시기를 정확히 계산하는 일은 불가능하다는 것이다. 또 사람들이 정확한 시기를 계산할수록 오히려 일을 더욱 망쳐서 금을 사야 할 때 주식을 사고 주식을 사야 할 때 금을 산다. 결국 어떻게 해야 수익을 얻고 리스크를 피할 수 있는 지는 누구도 확언하기 어려운 문제가 아닐 수 없다.

자본 시장의 윤활유 - 유동성

리스크와 수익만 측정해서는 자산의 안정성을 정확히 알 수 없다. '유동성(Liquidity)'을 고려하지 않으면 우수한 자산을 구입한 후에도 손해를 볼 가능성이 있기 때문이다.

유동성이란 자산을 합리적인 가격에 순조롭게 현금으로 바꾸는 능력을 말한다. 유동성은 두 가지 방면에서 측정할 수 있는데, 바로 자산을 현금화하는 데 드는 시간과 이에 소요되는 할인율이다. 자산을 쉽게 현금화할 수 있고 원래 가격과 판매 가격 사이에 큰 차이가 나지 않으면 자산의 유동성이 높다고 할 수 있다. 반대로 자산을 파는 데 1년 반이나 걸리고 판매자가 높은 할인율을 부담해야 한다면 자산의 유동성이 낮다고 할 수 있다.

일상생활에서는 화폐, 주식, 부동산의 순으로 유동성이 높다. 가장 유동성이 낮은 것은 골동품, 서화(書畵) 류라고 할 수 있다. 이렇듯 참여자가 많고 자금이 풍부한 시장일수록 유동성이 더욱 높다. 그래서 화폐 시장처럼 전 세계 사람이 참여하는 시장은 자금이 넘친다. 만약 겐로쿠가 이 시장에서 100달러를 팔려고 한다면 사려는 사람이 많아서 바로 위안화로 바꿀 수 있고 할인율도 그리 높지 않을 것이다. 반면, 골동품 시장은 골동품을 가진 사람이나 거래하려는 사람이 매우 적어서 매매하기가 절대 쉽지 않다.

우리는 유동성을 세 가지 영역에서 찾을 수 있다. 가장 기본적인 영역에서 유동성은 실물 자산을 말한다(예를 들어 시노펙(SINOPEC, 중국석유화공집단공사) 주식), 그 다음은 증시 같은 전체 시장이다. 가장 광범위한 영역에서는 한 국가의 전체 경제를 들 수 있다.

어떤 영역에서든 유동성이 높은 것이 낮은 것보다 유익하다. 유동성이 너무 높아도 리스크가 있지만(예를 들어 투자 과열로 인한 경제 붕괴), 유동성이 낮은 것이 더 위험하다(유동성이 너무 낮으면 경제가 존재할 수 없다). 만약 주식 시장에 참여자가 매우 많아 거래가 활성화되면 거래 과열로 주식 시장은 크게 요동칠 것이다. 하지만 이런 시장이라면 기업은 자사 주식을 매각해 회사 운영에 필요한 자금을 쉽게 조달할 수 있다. 반면 주식 시장이 너무 저조하면 주식을 팔 수 없을 것이라는 우려 때문에 자금을 가진 투자자가 쉽게 투자하지 못한다. 그 결과 기업은 필요한 운영 자금을 조달하지 못하고, 이는 실물 경제에 악영향을 미친다. 같은 이치로, 전체 경제에 유동성이 없다면 아무런 거래도 이뤄지지 않고 전체 사회는 곧바로 붕괴할 것이다.

유동성이 이처럼 중요하기 때문에 일반적으로 시장은 가능한 한 많은 거래자들을 끌어들이는 것 이외에 시장 조성자를 지정해 시장의 유동성을 증가시킨다. 시장 조성자란 자본 시장에서 투자자를 위해 증권의 매입과 매도를 책임지는 중개인을 뜻하며, 그들은 자본 시장에 유동성을 공급하는 역할을 한다. 예를 들어 겐로쿠가 시노펙 주식을 보유하고 있다고 가정해 보자. 그가 보유한 주식을 팔려면 이 주식을 매입하기를 원하는 사람을 찾아야 한다. 이때 시장 조성자가 나서서 겐로쿠의 주식을 먼저 사고, 이후 이 주식을 원하는 사람에게 다시 판매한다. 즉, 시장 조성자의 등장으로 시장의 유동성은 크게 증가했고, 겐로쿠도 더 이상 자신의 자산을 팔지 못할까 봐 염려할 필요가 없어졌다. 시장 조성자는 가격 차이를 이용해 수익을 창출한다. 겐로쿠에게 시장 가격보다 낮은 가격에 주식을 사서 이를 다시 시장 가격에 파는 방법이다.

유동성이 높은 시장에서는 시장 조성자의 역할이 그다지 중요하지 않다. 효율성을 높이고 거래 비용을 줄이는 정도에 불과하기 때문이다. 그러나 유동성이 낮은 시장에서는 시장 조성자가 매우 중대한 영향을 미친다. 예를 들어 새로 설립된 금융파생상품 시장은 설립 초기에 상품을 거래하는 사람이 많지 않을 것이다. 따라서 새로운 파생상품을 설계한 회사가 시장 조성자의 역할도 겸해 최초로 상품을 구입한 투자자의 이익을 보증하고 만약 투자자가 상품에 불만이 있으면 이를 되산다. 만약 이런 식으로 유동성을 주입하지 않으면 이 시장은 규모가 커질 수 없다.

물론 이런 방법은 리스크가 굉장히 크지만(예를 들어 상품 자체의 문제나 유동성 부족으로 시장 조성자가 큰 손실을 볼 수 있다), 만약 시장을 활성화하면 시장 조성자는 큰 수익을 얻고 시장에서 자금을 제공하는 가장 영향력 있는 존재가 될 수 있다. 게다가 시장의 모든 투자자가 시장 조성자를 통해 유동성을 제공하게 된다면 시장 조성자는 시장을 주도하며 중간에서 이익을 얻을 수 있다. 예를 들면, 1970~1980년대 미국에서 시장 조성자가 되어 정크 본드 시장을 설립한 마이클 밀켄은 전성기 때 이 시장에서 수억 달러의 수익을 얻을 수 있었다.

유동성은 이처럼 중요하지만 대부분의 사람들은 유동성의 존재조차 인식하지 못한다. 이런 의미에서 보면 유동성은 숨이 막힌 후에야 그 중요성을 알게 되는 공기와 비슷하다고 할 수 있다. 이는 태평성대에 골동품을 파는 것은 큰 문제가 없지만 삼국 시대 같은 난세가 되면 골동품을 현금화하기가 지극히 어려운 것과도 같다.

이런 현상은 투자 시장에서도 쉽게 찾아볼 수 있다. 예를 들어 미국의 유명 헤지펀드사인 롱텀캐피털 매니지먼트는 유동성이 낮은 자산을 가능한 한 많이 사들였다. 그들은 이런 자산이 생각만큼 리스크가 크지 않고 오히려 수익률은 더 높다고 생각했다. 하지만 자금이 급히 필요해졌을 때 유동성이 떨어지는 자산은 오히려 그들의 발목을 잡았고, 자산을 현금화하지 못한 결과로 파산하고 말았다.

위의 예에서 알 수 있듯이 대부분의 자산은 모두 유동성 문제를 벗어날 수 없다. 현금화할 수 없는 자산은 아무리 비싸더라도 그저 휴지 조각에 불과하다고 할 수 있다.

제8장

경제 재난의 논리

피할 수 없는 위기 - 경기 침체와 경제 공황

실물 경제든 금융 경제든 상승세도 나타나고 하락세도 존재한다. 경제가 발전하려면 수요와 공급이 동시에 증가해야 한다. 그러나 양자가 모두 증가한다고 해도 그 증가 속도까지 일치하는 것은 아니다. 수요의 증가 속도가 공급보다 빠르거나 반대로 공급의 증가 속도가 수요보다 빠르면 결국 경제에 문제가 발생한다. 문제가 크지 않다면 경제 성장 속도가 느려지면서 침체하기 시작하고, 문제가 심각하다면 경제에 마이너스 성장을 가져와 경제 공황까지 불러온다.

시장 통제 수단이 부족한 자유 시장에서 시장 시스템이 가져오는 고속 성장은 수요와 공급의 증가 속도가 일치하지 않는 현상을 일으킨다. 이 때문에 필연적으로 경기 침체가 발생하고 경제 공황도 주기적으로 나타난다. 물론 경제의 구성원 중 누구도 이런 결과를 원하지 않는다. 경제가 침체하거나 공황 상태에 빠지면 거의 모든 자산의 가치가 급격히 떨어지기 때문이다. 따라서 경기 침체와 경제 공황은 모든 사람이 직면하게 되는 시스템적인 리스크라 할 수 있다.

그렇다면 이런 시스템적 리스크를 피할 방법은 없을까? 이에 대해 근대 거시경제 조절 정책은 수요와 공급의 속도를 조절해 경제 위기와 공황을 피하려 했다. 수많은 실패와 시행착오를 겪은 끝에 거시 정책은 최근 수십 년 동안 성공을 거두는 듯했고, 사람들은 이를 '대(大)안정기(The Great Moderation)'라고 칭송했다. 대안정기란 현재의 거시 경제 시스템이 비록 경기 침체를 막지는 못하지만 경기 침체의 강도를 약화시켜 경제가 심각한 손상을 입지 않고 곧바로 회복해 다시 빠르게 발전하는 것을 말한다. 또한 이를 통해 경제가 공황 상태에 빠지지 않도록 보장한다.

경기 침체보다 정부와 중앙은행이 진정으로 두려워하는 상황은 바로 경제 공황이다. 경제가 침체하면 모든 구성원이 힘든 상황을 겪게 되지만, 정부와 중앙은행이 개입하지 않더라도 일정 시간이 지나면 시장의 자기 조절 능력으로 경제는 다시 회복되기 시작한다. 그러나 경제 공황이 나타나면 시장의 자기 조절 능력은 대개 기능을 발휘하지 못한다. 이때는 보통 외부 조건에 매우 큰 변화가 있어야만 경제가 다시 자극을 받아 정상 수준으로 회복될 수 있다. 예를 들면, 미국은 대공황 이후 거의 10년 동안 경제가 회복되지 못하다가 제2차 세계대전을 통해 수요와 공급을 회복할 수 있었다. 1990년대 '잃어버린 10년'을 경험한 일본도 중국의 눈부신 경제 성장에 힘입어 겨우 불황에서 벗어났지만, 최근 금융위기를 맞아 다시 불황의 늪으로 빠져들었다.

한 국가가 경제 공황에 빠져들면 오직 운에 맡길 수밖에 없다. 오늘날 경제학자들도 어떻게 해야 경제 공황의 악몽에서 벗어날 수 있는지 알지 못하기 때문이다. 비록 수많은 경제학자들이 경제 공황을 연구하면서 그와 관련한 다양한 이론을 제시했지만, 실제로 경제 공황이 닥치면 그들도 언제나 속수무책이다.

그러므로 진정한 문제는 적지 않은 실패를 경험했음에도 경제는 여전히 붕괴 위기에서 벗어나지 못하고 있다는 점이다. 가장 좋은 해결책은 사전에 이를 방지하는 것이지만, 사전에 경제 위기를 경고하는 경제학자가 있어도(예를 들어 누리엘 루비니(Nouriel Roubini)*는 수많은 경제 위기를 정확히 예측한 바 있다) 대부분의 경제학자들은 경제가 직면한 위기의 심각성을 인식하지 못한다. 그들은 대규모의 데이터와 과거 사례들을 보유하고 있지만, 여전히 경제 위기는 대비하지도, 피하지도 못한다. 또한 금번 경제 위기는 우리로 하여금 대안정기의 존재 여부를 의심하게 한다. 어쩌면 과거 수십 년간의 거시적인 조절이 홍수를 흘려보낸 것이 아니라 오히려 홍수를 임시로 막아둔 것에 불과할지도 모른다. 정말 그렇다면, 홍수를 막는 제방이 붕괴되면 상황은 걷잡을 수 없을 정도로 심각할 것이다.

⌐ 고수익의 치명적 유혹 − 폰지 사기

겐로쿠는 경영과 투자에서 나타나는 일반적인 리스크 이외에 사기꾼

* 미국의 경제학자이자 뉴욕대 교수. 2008년 경제 위기를 정확히 예측해 '닥터 둠'이란 명성을 얻음.

들이 벌이는 각종 속임수에도 대비해야 한다. 세상에는 항상 남을 속이려는 사기꾼이 존재하고, 경제 사회에서도 이런 현상은 결코 사라지지 않고 있다. 과거와 유일하게 다른 점은 현대 사회가 복잡해질수록 사기술도 더욱 다양해져서 더 이상 쉽게 막을 수 없다는 것이다. 그러나 남보다 많은 이익을 챙기려는 사람의 심리를 이용하는 사기술의 기본 원칙은 전혀 변함이 없다. 이런 심리를 잘만 이용하면 수법이 아무리 단순해도 절대 실패하지 않는다. 사기 수법 중에서 가장 유명한 것은 바로 전설적인 '폰지 사기'이다.

폰지 사기가 여전히 사라지지 않는 이유는 조작 방법이 매우 간단하기 때문이다. 폰지 사기를 창시한 찰스 폰지(Charles Ponzi)의 수법을 살펴보면 오늘날에도 전혀 손색이 없다. 그는 우선 효과가 좋고 수익률도 높은 최상의 투자 방법을 찾았다고 세상에 공표했다. 당시 폰지는 45일 만에 50%의 수익을 올릴 수 있다고 선전했다. 이후 첫 번째로 걸려든 사람들에게 처음 약속한 높은 이자를 지급한다. 이렇게 되면 사기의 준비는 모두 끝난다. 첫 번째 투자자들의 성공을 보고 다른 투자자들이 끊임없이 몰려든다. 그러면 폰지는 이들의 자금으로 이전 투자자들의 이자를 지급하고 자신의 수익을 챙긴다. 이처럼 새로운 투자자가 계속 이어지기만 하면 폰지 사기는 절대 발각되지 않는다.

폰지 사기는 투자에 대한 사람들의 무지를 충분히 이용한다. 폰지 사기의 주동자들은 모두 진상을 철저히 가리고 자신이 마치 연금술사라도 된 양 사람들을 속였다. 더욱이 금융업계의 관행 때문에 금융 사기는 쉽게 드러나지 않았다. 금융업계에는 상업 기밀이나 투자 방법을 비밀에 부치고 공개하지 않는 규정이 있었기 때문이다. 만약 투자자가 폰지 사기를 벌인 매도프에게 투자 비결을 물었다면 그는 웃으며 "영업 기밀"이라고 대답했을 것이다. 다른 것은 가르쳐주어도 투자 방법만은 이리저리 둘러대며 절대 알려주지 않았을 것이다.

한편, 폰지 사기로 돈을 벌려면 투자자들을 계속해서 끌어들여야 한다. 그래서 찰스 폰지는 45일 만에 50%의 수익을 올릴 수 있다고 선전했다. 즉, 90일만 지나면 100% 수익을 올리는 것이다. 이후 폰지는 360일 동안 펀드를 운영하다가 결국 파산했다. 만약 맨 처음에 폰지의 회사에 투자해서 계속 수익을 챙겼다면 회사가 파산해서 원금을 모두 잃어도 원금의 4배에 달하는 수익을 거두게 된다. 이것이 바로 '금융 피라미드'를 움직이는 원리다. 최초 투자자는 손실을 보지 않고 돈을 버는 반면, 가장 밑에 있는 신규 투자자들은 손실만 보게 된다. 하지만 최초 투자자가 수익을 얻는 것을 보고 넘어간 사람들은 마치 불나방이 불을 보고 뛰어들 듯 금융 사기에 계속해서 뛰어든다.

물론 최초 투자자도 손실을 볼 수 있다. 예를 들면, 폰지가 너무 많은 이윤을 약속하고 지급 주기도 너무 짧으면 자금의 고리가 금방 끊겨서 사기가 들통나게 된다. 그래서 최근의 폰지 사기는 이러한 허점을 보완해 투자에서 이자 지급까지의 순환 주기를 몇 년으로 길게 늘였다. 사기꾼들이 새로운 투자자를 찾아서 자금 고리를 보충하기에 충분한 시간을 번 것이다. 매도프는 이 주기를 무려 수십 년으로 설정했다. 게다가 수익률도 현실성이 없는 50%에서 일반 펀드의 수익률보다 조금 높은 10%로 낮춰 사람들의 신뢰를 확보했다.

자금을 확보하는 방법에서도 폰지 사기는 현대에 이르러 크게 발전했다. 폰지 시대에는 다수에게 미끼를 던져서 투자자를 낚았지만 매도프나 스탠퍼드 시대에는 적극적으로 나서서 부자들을 공략했다. 예를 들면, 매도프가 가장 좋아한 수법 중 하나는 유대인 부자들이 자주 모이는 골프 클럽에서 골프를 치는 것이었다. 하지만 그는 자신을 선전하는 대신에 주위 사람들이 그의 펀드가 굉장히 안전하다는 소문을 흘리도록 해서 부자들이 스스로 찾아오게끔 했다.

또 자신만의 전문 판매원을 양성해 그들이 여러 펀드 회사를 직접 찾아가 자신의 뛰어난 능력과 높은 수익률을 선전하도록 했다. 수익률이 신통치 않아 전전긍긍하던 펀드들은 이 소식에 곧바로 매도프나 스탠퍼드와 손을 잡았다. 이렇게 해서 펀드들은 투자 자금을 곧바로 매도프나 스탠퍼드에게 넘겨 수익률에 대한 부담을 줄였고, 연말이 되면 그들이 전해주는 높은 수익을 챙길 수 있었다. 펀드 입장에서는 공짜로 돈을 버는 것이나 마찬가지여서 그들은 더 많은 투자자를 끌어모으려고 안간힘을 썼다. 그들은 이렇게 매도프와 스탠퍼드의 공범자가 되어 끊임없이 신규 투자자들을 끌어들였다.

펀드의 이러한 협조로 매도프와 스탠퍼드의 사기는 더욱 깊숙이 은폐될 수 있었다. 그들을 경계하던 많은 사람들도 미처 인식하지 못하는 사이에 폰지 사기의 먹이가 되었다. 그들은 매도프와 스탠퍼드가 아닌 펀드에 투자했지만, 그 돈은 결국 모두 폰지 사기로 흘러

들어갔기 때문이다.

금융위기로 돈이 긴급하게 필요해진 투자자들이 자금을 회수하지 않았다면 이러한 새로운 방식의 폰지 사기는 더 오랜 기간 적발되지 않고 여전히 이어졌을 것이다. 폰지 사기의 몰락을 통해 사람들은 투자 시장은 매우 험악하며, 나스닥증권거래소 전 회장(매도프) 같은 사람들조차 믿어서는 안 된다는 사실을 알게 되었다. 시장 투자는 신중해야 하지만, 만약 리스크가 이렇게 크다면 자금으로 금괴를 사서 침대 밑에 보관하는 것이 가장 안전할지도 모른다.

내부 정보가 가져다주는 수익의 유혹 - 내부 거래

주식 또는 자산 시장에 투자하면 '내부 거래'라는 또 다른 리스크와 맞닥뜨리게 된다. 내부 거래란 특수한 지위나 기회를 이용해 일반 투자자가 알지 못하는 정보를 얻고, 이 정보를 이용한 거래로 부당한 이익을 취하는 것을 뜻한다.

주식 시장이 형성되고 나서 초기에는 내부 거래가 위법 행위가 아니었다. 19세기 말부터 20세기 초까지 많은 은행의 파트너는 대부분 기업의 이사였다. J. P. 모건은행의 가장 유능한 파트너 중에는 59개 대기업을 거느린 이사도 있었다. 이사들은 기업의 기밀문서를 열람할 권한이 있어 일반 투자자보다 기업의 경영 상황에 밝았고, 이 덕분에 남들보다 한 발 앞서 주식을 사고팔아 수익을 올릴 수 있었다.

또한 자신이 확보한 내부 정보를 다른 회사의 정보와 교환할 수도 있었다. 당시에는 이런 일들이 모두 법에 저촉되지 않아서 월스트리트의 거물들은 내부 정보로 수익을 얻는 것을 당연히 받아야할 보너스쯤으로 여겼다. 일반 투자자들은 이것이 매우 불공평하다고 생각했지만, 그들의 영향력이 너무 커서 제 목소리를 낼 수 없었다. 월스트리트의 거물들은 자신들이 개인 투자자에게 주식을 살 기회를 제공하기 때문에 내부 거래가 있다 하더라도 가장 큰 이익을 보는 측은 결과적으로 개인 투자자라고 생각했다.

이후 시간이 흘러 개인 투자자들이 자본 시장의 주류로 떠오르면서 월스트리트 거물들의 오만함은 점차 사람들에게 배척을 당했다. 사람들은 내부 거래가 시장의 '공개, 공평, 공정'의 원칙에 위배될 뿐만 아니라, 일반 투자자의 알 권리와 자산 권익을 침범하는 행위라고 생각했다. 정부도 내부 거래를 통제하지 못하면 불공정한 시장 환경에 실망한 투자자들이 시장을 떠나 결과적으로 시장은 자금을 원활히 공급할 수 없을 거라고 생각했다. 그래서 각국 정부는 잇달아 내부 거래를 중죄로 규정했다.

그러나 내부 거래가 가져다주는 거액의 이윤 때문에 은행가들은 계속해서 내부 거래를 시도했다. 그중 가장 유명한 인물은 데니스 레빈(Dennis Levine)일 것이다. 이 뚱뚱한 투자 은행가는 능력이 시원치 않아서 상사에게 자주 야단을 맞았다. 하지만 돈 욕심이 많고 사치스러운 생활을 부러워한 레빈은 부족한 능력을 딛고 많은 돈을 벌 방법을 찾기 위해 상당한 시간과 노력을 기울였다.

그렇게 해서 그가 생각해 낸 방법이 바로 내부 거래였다. 하지만 그가 살던 1980년대는 1920년대와 달리 내부 거래가 중대한 범죄로 간주되었다. 그래서 업무 중에 중요한 정보를 얻어도 직접 나서서 내부 거래를 할 수 없었고, 내부 거래에 대한 관리가 매우 엄격해 친척에게 거래를 부탁해도 쉽게 적발되었다.

이때 레빈은 '내부 거래 교환'이라는 기막힌 방법을 생각해 냈다. 자신의 회사와 관계없는 기업의 내부 인사와 협력 관계를 맺어 서로 내부 정보를 교환하고 이를 통해 수익을 챙기는 것이었다. 두 사람의 비밀 협약을 알 수 없는 감독 기관은 내부 거래가 진행되는지 알아채지 못할 것이다. 그렇더라도 감독 기관의 시선을 확실히 피하기 위해 레빈은 신중을 기하기로 했다.

계획이 완성되자 레빈은 즉시 사람들을 모으기 시작했다. 그가 능숙한 화술로 동료 몇 명을 포섭하자 그들이 다른 은행의 지인들을 그의 팀에 끌어들였다. 결국 레빈은 자신을 중심으로 월스트리트 대형 은행들의 정보를 수집하는 은밀한 네트워크를 완성했다.

그 결과 레빈은 월스트리트의 최신 정보를 가장 먼저 접할 수 있었다. 이후 그는 바하마 군도의 열도은행에 계좌를 개설하고 본격적으로 내부 거래를 시작했다. 바하마 군도는 엄격한 은행법을 시행하여 고객의 신분 노출을 금지하는 데다 열도은행은 스위스에서 운영하는 은행이어서 고객 보호에 더욱 신중했다. 레빈의 계좌는 이렇게 철저히 비밀로 유지되어 감독 기관이 결코 발견할 수 없었다.

레빈은 내부 거래로 5년 사이에 수천만 달러가 넘는 수익을 챙겼고 이 덕분에 생활도 점차 사치스러워졌다. 또 그는 수익을 자기 혼자 챙기지 않고 팀 동료들과 나누어 그들도 대부분 수백만 달러의 수익을 올릴 수 있었다.

그러나 주도면밀했던 그의 계획도 그가 완벽하게 안전하다고 굳게 믿던 열도은행의 실수로 한순간에 무너지고 말았다. 사실 열도은행 사람들은 항상 높은 수익을 얻는 레빈의 투자를 보고 그가 내부 거래를 한다는 사실을 알아차렸다. 그리고 거리낄 것이 없던 그들은 레빈의 투자 방법을 쫓아서 똑같이 투자하기 시작했다.

만약 그들이 열도은행 내부에서 투자했다면 큰 문제가 없었을 것이다. 바하마 군도의 스위스은행은 금융감독기관의 감독이 거의 미치지 않기 때문이다. 하지만 그들은 혹시나 하는 마음에 자신의 계좌를 이용하는 대신 베네수엘라의 수도 카라카스(Caracas)에 있는 메릴린치 증권의 딜러에게 투자를 위탁했다. 그러자 그 딜러도 열도은행 내부 인사들이 내부 거래를 한다는 것을 알고는 돈에 욕심이 나 그들의 방법을 그대로 따라서 투자했다.

하지만 그는 미국 감독 기관의 엄격한 관리를 받고 있던 터라 금방 덜미가 잡혔다. 이로 인해 열도은행과 레빈까지 모두 적발되었다. 이렇게 해서 레빈의 계획은 결국 금융감독기관의 수사로 막을 내렸고, 내부 거래에 참여한 사람들은 모두 구속되었다. 만약 이렇게 우연히 발각되지 않았다면 그는 투자자들에게 훨씬 큰 피해를 주었을 것이다. 단 5년 동안의 내부 거래로도 엄청난 손실을 안겨주었기 때문이다.

오늘날까지 내부 거래는 사라지지 않고 있다. 거대한 수익의 유혹에 이끌려 불법을 저지르는 사람들이 끊이지 않기 때문이다. 결국, 내부 거래가 존재하는 한 일반 투자자들은 이익을 보장받지 못한 채 항상 불안한 나날을 보내야 할 것이다.

투자자의 눈을 속이다 – 분식회계

위법 행위를 하지 않더라도 사람들을 속이는 데 방법이 없는 것은 아니다. 일반 투자자들은 자신이 투자한 자금이 제대로 쓰이는지 알기 위해 보통은 이사들을 고용해 감독을 맡긴다. 그런가 하면 이사회 제도도 미덥지 못한 부분이 많아서 회사 상황을 직접 확인하려는 투자자도 많다. 하지만 매일 회사를 찾아가 경영진을 감독하는 것은 현실적으로 어려우므로 그들은 보통 회계 보고서를 주기적으로 살펴 회사가 제대로 운영되는지 파악한다. 그런데 만약 이 회계 장부가 거짓이라면 어떨까?

사실 분식회계는 투자자라면 누구나 맞닥뜨릴 수 있는 문제다. 이를 가장 잘 이용한 사람들이 매도프 같은 금융 사기꾼들로, 그들은 아무 실적도 없는 회사를 이용해 폰지 사기를 벌였다. 매도프는 수십 년 동안 사기를 벌이면서 진짜 회계 장부는 숨긴 채 정교한 가짜 장부를 만들어 투자자들을 속였다. 일반 투자자들은 그의 가짜 회계 장부에서 아무런 허점도 발견하지 못했고, 가짜 거래내역조차도 완벽하게 조작되어 전혀 알 수가 없었다. 개중에 매도프의 사기를 알아챈 사람들도 회계 장부의 수익률이 지나치게 완벽하다는 것만 알았지 장부 자체에 어떤 문제가 있는지는 알지 못했다.

따라서 겐로쿠는 자금을 투자할 때 이런 회계 사기가 없는지 잘 살펴야 한다. 보통 분식회계는 잘 드러나지 않기 때문에 매도프는 이를 이용해서 500억 달러 규모의 금융사기를 일으켰다. 만약 터무니없이 좋은 투자처가 있다면 그 일 자체가 터무니없는 것이라는 점을 항상 명심해야 한다. 또한 쓸데없는 욕심을 부리지 않는다면 손해를 보지 않을 수 있다. 즉, 겐로쿠가 정당하지 않은 투자만 피한다면 사기를 당할 확률은 그리 높지 않다. 폰지 사기는 소수에 불과하기 때문이다. 그러나 정당하게 영업을 하는 대다수 기업이라고 해도 분식회계를 하지 않을 것이라고 단정할 수는 없다.

센던트(Cendant Corp.)는 세계에서 가장 큰 여행 전문 기업이었지만 분식회계를 한다는 추문에 휩싸였다. 사실 센던트의 전신이었던 CUC는 10여 년 동안 회계 장부를 조작해 수익을 크게 높이고 손실과 운영 비용을 상당히 낮추었다. 이렇게 회사의 이익이 실제보다 훨씬 부풀려지자 회사의 주가도 큰 폭으로 상승했다. 그러나 분식회계의 한계를 느낀 경영층은 높은 주가를 이용해서 다른 기업을 인수하는 새로운 수법을 생각해 냈다. 이는 1960년대의 다각적 M&A 전략을 모방한 것으로, 다른 기업의 수익을 자신의 수익에 포함시켜 회사의 실적을 더 좋게 보이도록 하는 방법이었다.

이후 미국 정부는 CUC가 수익을 최소 5억 달러 이상 부풀렸다는 사실을 밝혀냈다. 이 소식을 들은 투자자들은 센던트의 장부도 상당히 조작되었을 것이라고 여겼고, 그 결과 센던트의 주식은 하루 사이에 절반 수준으로 떨어졌다. 결국 40달러에 달하던 주가는 10달러 이하로 떨어져 주주들은 큰 경제적 손실을 입었다.

투자자들이 CUC의 장부 조작을 눈치채지 못했던 까닭은 CUC의 회계 감사를 맡은 곳이 세계 4대 회계법인 중 하나인 언스트앤영 (Ernst & Young)이었기 때문이다. 이렇게 유명한 회계법인이 감사를 맡은 곳에서 그렇게 큰 문제가 일어나리라고는 아무도 예상하지 못한 것이다.

많은 회사들은 매도프처럼 가짜 장부를 만드는 것보다 회계 규정을 교묘하게 피하는 방법을 주로 이용한다. 이렇게 회계를 이용하는 회사가 실은 더욱 위험하다. 이들의 무기는 합법과 불법 사이에 걸쳐 있는 '모호한 회계 장부'이다. 회계 장부의 목적은 투자자에게 회사의 경영 상태를 알려주는 것이다. 그런데 회계 장부를 만드는 과정에서 많은 기업들이 투자자에게 경영 상태를 숨기거나 실적을 실제보다 좋게 보이려고 장부상에 모호한 표현을 사용한다. 이런 방법은 사실을 왜곡할 가능성이 매우 크지만 그렇다고 '일반적으로 인정된 회계 원칙(Generally Accepted Accounting Principles, GAAP)'에 어긋나는 것은 아니다. 그래서 회계의 투명성을 해친다고 도덕적으로 비난할 수는 있어도 법률을 위반한다고 주장하기에는 그 이유가 충분치 않다. 감사를 하는 회계 법인도 결국 기업을 위해 일하므로 기업의 모호한 회계 처리를 대부분 묵인하고 넘어간다. 그런데 문제는 투자자들이 이렇게 불확실한 정보로 가득 찬 회계 장부로 인해 손해를 입게 된다는 것이다. 미국 최대의 회계 부정 사건을 일으킨 엔론은 '특수 목적 법인(Special Purpose Company, SPC)'을 설립하는 방법으로 회계를 조작했다. SPC는 자회사와 비슷하지만 구조는 그보다 훨씬 복잡하다. 엔론은 부채를 SPC에 이전하는 방법으로 회사 경영 상황이 마치 크게 개선된 것처럼 꾸몄고, 이에 속은 투자자들은 엔론 주식을 사들였다. 이후 손실이 계속 늘어나자 SPC도 점점 증가해서 가장 많을 때는 수천 개의 SPC가 설립되어 엔론의 각종 부채를 떠안음으로써 엔론의 부채는 철저히 은폐되었다. 엔론이 이처럼 회계 규정을 교묘하게 이용할 수 있었던 이유는 당시 회계 감사를 맡았던 아서 앤더슨(Arthur Andersen)이 이를 묵인했기 때문이다. 그러나 회계 비리가 적발되어 엔론이 파산하자 세계 5대 회계법인 중 하나였던 아서 앤더슨도 정부에 의해 해체되는 운명을 맞았다.

눈앞의 이익만 추구하다 – CEO 리스크

'합법'적으로 사기를 치는 또 다른 방법은 회사 경영층이 자기 회사의 자산을 부당하게 취하는 것이다. 뛰어난 능력으로 기업을 발전시키거나(예를 들어 GE의 잭 웰치) 쓸모없는 능력으로 기업을 망치지 않는 한(예를 들어 리먼브러더스의 리처드 펄드), 주주들은 경영층이 회사에서 어떤 역할을 하는지 평가하기 어렵다. 주주는 대부분 CEO가

이룩한 실적이 좋은 편인지, 만약 좋다면 그의 능력 때문인지 아니면 다른 요인 때문인지 알지 못한다. 심지어 주인공인 CEO 자신도 자신의 성공 또는 실패가 자신으로 인한 것인지, 아니면 운이 작용한 것인지 객관적으로 분석하기 어렵다.

그러나 대다수의 CEO들은 성공은 자신의 능력 덕분이고 실패는 운이 없었기 때문이라고 생각한다. 이는 자신의 이익을 무엇보다 우선시하기 때문이다. 일찍이 과학자들이 컴퓨터 게임을 이용해서 사람들의 심리를 연구한 적이 있다. 과학자들은 참가자들에게 게임 도중에 정확한 버튼을 누르면 득점할 수 있다고 알려주었다. 그러나 실제로는 어떤 버튼을 누르든 점수와는 상관없고, 모니터에 나오는 점수도 무작위로 나오는 것이었다. 이 실험에서 참가자들을 관찰한 과학자들은 모든 참가자는 자신의 선택이 총 점수에 영향을 미쳤다고 생각하고, 특히 점수가 높은 사람일수록 높은 점수는 전적으로 자신의 능력 때문이라고 생각한다는 사실을 발견했다.

실생활에서도 이러한 경우는 비일비재하다. 도박을 연구한 결과에 의하면, 주사위를 던질 때 높은 숫자를 원하는 사람은 세게 던지고 낮은 숫자를 원하는 사람은 약하게 던진다고 한다. 또 동전 던지기 같은 게임에서도 사람들은 이기는 것이 결코 운이 아니라 자신의 실력 덕분이라고 생각한다는 것이다.

자신의 능력에 대한 이러한 자신감(혹은 맹신)은 CEO가 자신의 실적을 평가할 때에도 잘 드러난다. 한 리서치 기업에서 대기업 CEO들을 대상으로 지난 1년간 다른 CEO들과 비교해 볼 때 자신에게 얼마의 점수를 줄 수 있는지를 조사한 적이 있다. 조사 결과 놀랍게도 수백 명의 CEO 모두 자신이 다른 CEO들보다 조금이라도 앞선다고 응답했다. 자신의 능력이 떨어진다거나 상대보다 못하다고 대답한 CEO는 단 한 명도 없었다. 이런 결과가 나온 이유는 실제로 수익을 내는 CEO는 자신의 능력이 뛰어나다고 여기고, 반면에 적자를 보는 CEO는 비록 지금은 운이 좋지 않지만 조만간 수익을 얻을 것이라고 생각하기 때문이다.

하지만 CEO가 수익을 낸다고 해서 수백만, 수천만 달러의 보수를 받을 자격이 있다고 말할 수 있을까? CEO의 가치를 파악하는 데는 스포츠계에서 사용하는 '대체 선수 대비 가치(Value Over Replacement Player, VORP)'를 이용하는 것이 효과적이다. VORP란 한 운동선수가 평균 수준의 선수와 비교해 얼마나 뛰어난 능력을 지녔는지를 보여주는 지표를 말한다. 예를 들어 휴스턴 로키츠의 센터 야오밍(姚明)이 경기당 20득점, 10리바운드, 2슛블록을 하고 다른 일반 센터는 5득점, 5리바운드, 1슛블록을 한다면, 야오밍의 VORP는 15득점, 5리바운드, 1슛블록이 된다.

VORP를 이용하면 데이터와 급여 간의 관계를 확실하게 알 수 있다. 진정한 가치는 평균을 뛰어넘은 VORP에 있기 때문이다. 만약 앞서 말한 평균 센터(5득점, 5리바운드)의 연봉이 100만 달러라면 11득점, 7리바운드를 하는 선수는 그보다 높은 500만 달러를 받을 수 있다. 즉, 평균을 뛰어넘는 부분(6득점, 2리바운드)의 가치가 400만 달러라는 이야기다. 만약 그가 17득점, 9리바운드를 할 수 있다면 훨씬 높

경제를 읽는 경제학

은 1,500만 달러를 받을 수 있다. 그만큼 뛰어난 선수는 많지 않기 때문이다. 그렇게 되면 두 번째 6득점과 2리바운드의 가치는 바로 1천만 달러가 된다.

그런데 요즘 CEO들의 연봉을 보면 VORP 개념을 완전히 무시하는 듯하다. 그들은 실적에 상관없이 각종 보너스를 받고, 심지어 월스트리트 기업들은 손실이 발생하는 상황에서도 CEO의 이탈을 막기 위해 '잔류 보너스(Retention Bonus)'를 지급하기도 한다.

이는 완전히 사리사욕을 채우는 행위가 아닐 수 없다. 씨티은행 같은 대기업이라면 갓 졸업한 신입 사원을 뽑아도 적지 않은 수익을 올릴 수 있을 것이다. 회사 시스템이 그만큼 잘 갖춰져 있기 때문이다. 그러므로 신입 사원이 가져다주는 이윤을 기준으로 이를 뛰어넘는 VORP에 대해서만 보너스를 지급하는 것도 생각해 볼 만하다.

우리는 자본의 리스크와 수익은 정비례한다는 사실을 이미 알고 있다. 하지만 경영자의 리스크와 수익은 아무런 상관관계가 없어 보인다. 자본은 주주가 내고 수익은 자신이 챙기기 때문에 경영자는 높은 수익을 얻으려고 높은 리스크를 감수하는 경우가 허다하다. 이는 마치 주주들의 자금으로 도박을 하는 것과 같다. 도박에 이기면 보너스를 얻을 수 있고, 설사 지더라도 손해는 모두 주주들이 부담할 뿐 경영자는 아무런 손해도 보지 않는다.

또 경영자는 주주에 비해 단기 이익을 더 중시한다. 경영자는 아무 때나 회사를 떠날 수 있지만 주주들은 자금이 장기간 회사에 묶여 있어 그렇게 하지 못하고, 결국 양자 간의 이익은 충돌한다. 만약 단기적으로는 이익이지만 장기적으로는 손해인 사업이 있다면 이는 주주에게 불리하고 경영자에게 유리한 사업이다. 경영자는 단기 내에 이익을 챙기고 장기적으로 손실이 발생하면 즉시 회사를 떠나면 되기 때문이다. 그 결과 기업에서는 닭을 죽여 계란을 취하는 일이 자주 발생한다. 이는 경영자가 주주의 이익을 희생해 자신의 수익을 취하는 것이다.

결론적으로, 이처럼 자신의 능력을 과신하고 책임을 미루며 리스크를 추구하고 자신의 이익만 생각하는 사람이 CEO가 된다면 시장에 금융위기가 닥치는 것은 전혀 이상한 일이 아니다.

버블의 다섯 단계

과거 네덜란드의 튤립 버블, 사우스시 버블(South Sea Bubble)*, 미시시피 버블(Mississippi Bubble)**이든 1920년대 미국의 주식 버블, 70년대 오일 버블, 80년대 일본의 금융 버블, 90년대 아시아의 금융 버블, 라틴 아메리카의 차관 버블, 미국의 IT 버블이든 간에 버블의 본질은 모두 똑같다. 또한 버블은 현대 금융과 역사를 같이할 정도로 매우 오래되었다.

모든 버블의 예외 없는 규칙은 자산의 가격이 비이성적으로 폭등했다가 미친 듯이 폭락한다는 점이

* 사우스시사(社)가 영국의 국채를 자사 주식으로 전환하면서 형성된 버블.
** 미국 남부 개발권을 획득한 프랑스 미시시피사(社)로 인해 형성된 주식 버블.

다. 경제학자들은 역사상의 수많은 버블을 연구하면서 이를 다섯 단계로 분류했다. 첫 번째 단계에서 나타나는 현상은 바로 '변혁'이다. 변혁은 자동차의 대량 생산화나 인터넷을 통한 네트워크 혁명 같은 실물 경제의 혁신, 효율적인 경제 조절이나 금융 상품의 개발로 시장의 변동성을 줄이고 장기 성장을 촉진하는 금융 경제의 발명을 뜻한다. 변혁이 일어나면 사람들은 대부분 놀라면서도 이를 기쁘게 받아들인다(두 번째 단계). 실물 경제의 혁신은 사람들의 삶의 질을 크게 높이고 금융 경제의 발명은 사람들의 경제 상황을 개선해 준다. 따라서 누구도 이를 거부할 이유는 없다.

물론 변혁과 사회적 인정이 있다고 해서 반드시 버블이 형성되는 것은 아니다. 20세기 초의 전설적인 인물인 헨리 포드는 신흥 시장이었던 자동차 산업에 뛰어들 자금을 구하기 위해 모건은행을 찾아갔다. 그러나 모건은행은 포드의 요구를 단번에 거절했다. 보수적인 투자로 유명한 모건은행은 자동차를 단지 부자들의 장난감 정도로 여겨 자동차 사업은 향후 전망이 없다고 생각했기 때문이다. 이후 사람들이 앞다투어 자동차를 구입하고 기업들이 잇달아 자동차 공장을 설립할 때에도, 모건은행은 자동차를 한순간의 유행으로 보고 수요가 결국에는 철도로 돌아올 것이라고 생각했다. 이러한 잘못된 판단으로 모건은행은 수십 년 동안 이어진 미국 경제의 비약적인 발전기에 아무런 발전을 이루지 못했다. 자동차 같은 혁신적인 발명에 사람들이 적극적으로 반응한 것은 당연했다. 그 결과 생산력이 크게 향상되고 물가도 계속 상승했다.

버블을 판단하기 어려운 이유는 자동차 발명처럼 세계 경제의 흐름을 바꾸는 진정한 혁신이 나타나기 때문이다. 이때 오직 기존의 틀만 고수하고 혁신에 뛰어들지 않는다면, 모건은행처럼 발전할 기회를 놓치고 또 자동차의 등장으로 채찍 공장이 사라진 것처럼 세계 무대에서 사라질 수도 있다. 즉, 변혁과 사회적 인정만이 버블을 형성하는 요인은 아니다.

버블인지 아닌지를 알 수 있는 척도는 세 번째 단계인 '과열'에 이르렀는지를 살피는 것이다. 이를 통해 세계를 진정 변화시키는 혁신이라 하더라도 그 과정에서 절대 버블이 형성되지 않는다고 장담할 수 없음을 확인할 수 있다. 예를 들면, 정보 산업의 발전으로 기업의 생산성이 향상되고 사람들의 일과 생활 방식에 근본적인 변화가 발생했지만 IT 혁신은 결국 버블을 형성했다. 사람들은 때때로 변혁이 가져다주는 새로운 상황을 맹신해 과거의 모든 경험과 법규를 생각하지 않고 자산의 가격 폭등도 정상이라고 생각한다.

이러한 맹신 때문에 우리는 현재 상황이 버블인지 아닌지를 제대로 판단하지 못한다. 과열 상황은 결국 사회적 인정의 연장선인 만큼 사회적 인정과 과열의 경계선이 어디인지 판단하기 쉽지 않다. 컴퓨터의 등장으로 사람들의 생산력이 크게 향상되고 세계는 고도의 물질문명 단계로 접어들었다. 또한 금융 수단의 보급으로 사람들은 예전보다 리스크를 줄일 수 있게 되었다. 그러나 이러한 이유로 사람들은 버블이 생겨나는 것을 인식하지 못했고, 자산의 가격 폭등도 경제 발전의 부산물이라고 생각했다.

반면, 신중한 사람들은 역사에 비추어 변혁이 혁신과 발전을 가져왔지만 세계의 모습을 완전히 바꾸지는 못했다고 믿는다. 세계가 아무리 좋게 변하더라도 게임의 규칙은 여전히 그대로이기 때문이다. 만약 사람들이 게임의 규칙까지 바뀌었다고 인식하기 시작하면 경제가 이미 과열 단계에 들어섰다고 볼 수 있다.

케네디 대통령의 아버지인 조지프 케네디는 1929년 월스트리트가 붕괴하기 직전에 자신의 주식을 모두 처분했다. 그가 이렇게 할 수 있었던 것은 구두닦이 소년 덕분이었다. 구두를 닦는 소년은 흥분하며 이렇게 떠들었다. "우리도 주식에 투자하면 백만장자가 될 수 있을 거예요." 평소 그는 금융 산업이 아무리 발전해도 리스크와 불확실성은 항상 존재한다고 굳게 믿고 있었다. 경제를 가장 잘 아는 권위자들도 마치 살얼음 위를 걷는 것처럼 투자하고, 그렇게 투자해도 손해를 보지 않고 수익을 거둘지는 장담할 수 없었기 때문이다. 그래서 구두닦이 소년조차 주식을 100% 안전한 투자처라고 생각한다면 시장은 이미 과열 단계에 접어들었고 이때야말로 주식 시장을 떠날 시기라고 그는 판단했던 것이다.

이는 버블이 이미 과열 단계의 정점을 지나 '의심' 단계, 즉 네 번째 단계로 들어섰음을 의미한다. 이때 사람들은 변혁이 가져온 혁명이 실제로 기대한 만큼 그렇게 큰 효과가 있는지 의심하기 시작한다. 그 결과 더 많은 사람들이 케네디처럼 자산을 팔아 현금화하는 대열에 합류한다.

이처럼 사람들이 앞다투어 자산을 파는 현상이 일어나면 버블이

다섯 번째 단계인 '붕괴'에 이르렀음을 의미한다. 버블은 사람들의 비이성적인 투자에 의한 것이므로, 사람들이 망상에서 깨어나 이성을 되찾으면 버블은 더 이상 유지될 수 없다. 사람들은 항상 "이번은 다르다"며 과열 양상이 큰 부를 가져다줄 것으로 기대하지만, 지금까지 모든 버블의 최후는 언제나 붕괴하여 사라지는 것뿐이었다.

버블이 형성되는 원인은 실물 경제와 금융 경제가 상호 보완적인 관계에 있지만, 한편으로 양자의 발전 속도가 완전히 일치하지는 않는 데 기인한다. 때로는 금융 경제가 실물 경제의 발전을 따라가지 못해 실물 경제의 발전 속도에 영향을 미칠 정도로 자금이 부족해진다. 그러나 현대 사회에서는 많은 경우 금융 경제의 발전 속도가 실물 경제의 혁신 능력을 뛰어넘어 이로 인해 자산의 가격이 자산의 수익률을 초과하는 버블을 형성한다. 이러한 양자 간의 괴리는 결국 큰 피해를 조성한다. 아직 해결되지 못한 미국의 부동산 버블이 세계의 실물 경제에 실질적인 큰 피해를 가져다준 것처럼 말이다.

자기실현적 예언 – 양떼 효과(Herding Effect)

버블이 형성되는 원인 중 하나는 사람들의 비이성적 행동이다. 그런데 어떤 때에는 이루고자 하는 의지가 매우 강해 오히려 현실을 바꾸기도 하는데, 이런 의지의 힘을 '자기실현적 예언(Self-Fulfilling Prophecy)'이라고 한다. 2010년 중국의 부동산 가격이 크게 올랐을 때 심지어 밤새도록 줄을 서가며 집을 구입하는 사람들이 있었다. 이 역시 자기실현적 예언의 사례라 할 수 있다.

예를 들어 1만 명이 집을 사려고 한다고 가정해 보자. 거주를 위해 사려는 사람도 있고, 여윳돈을 투자하려는 사람도 있는 등 투자 목적은 각자 다르지만 한 가지 공통점은 집을 살 여유만 생기면 모두 집을 구입한다는 것이다. 만약 이들이 집값이 내려가기를 다 함께 기다렸다가 집을 산다면 각자 이익을 극대화할 수 있다. 하지만 그런 일이 실현되려면 그 누구도 규칙을 어기고 먼저 집을 사서는 안 된다.

만약 1만 명 중 누군가 한 명이 집을 산다면(예를 들면 자녀의 학교 문제로 비싸더라도 집이 필요할 경우), 그의 수요 때문에 집값은 오를 것이다. 다시 말해, 집을 사는 사람이 있으면 집을 사지 않은 다른 많은 사람들은 더 이상 이익을 극대화할 수 없다. 이때 이익을 극대화하는 방법은 다른 사람이 집을 사기 전에 먼저 사는 것이다. 이렇게 하면 집을 사기 전에 가격이 점점 오르는 리스크를 피할 수 있다.

결론적으로, 가장 이상적인 상황은 집을 사려는 1만 명이 마음을 하나로 합쳐 아무도 집을 사지 않는 것이다. 만약 이때 누군가 집을 산다면 그는 자신의 이익을 극대화할 수 있다. 다시 말해, 집을 사지 않는 것이 가장 합리적인 선택이 되는 경우는 1만 가지 가능성 중 오직 한 가지 상황(1만 명 모두 집을 사지 않는 경우)뿐이고, 나머지 9,999가지 상황(1명이 집을 살 경우, 2명이 집을 살 경우, …… 9,999명이 집을 살 경우)에서는 집을 빨리 사는 것이 가장 합리적인 선택이 된다.

이때 얼마나 많은 사람이 집을 팔지 모르기 때문에 사람들은 가능성을 따져 보고 행동하게 된다. 9,999가지는 한 사람 이상 집을 살 가능성이므로 사람들은 집을 구입하는 것이 가장 이성적인 선택이라 생각한다. 그 결과 모든 사람이 앞다투어 집을 사려고 하고 집값은 폭등한다.

이때 집값이 너무 고평가 되었더라도 집을 사는 것이 이성적인 행동이다. 돈이 있으면서 값이 폭등하는 집에 투자하지 않는 것은 비이성적이기 때문이다. 집을 살 필요가 없고 집값이 너무 올랐다고 생각되더라도, 일단 집을 샀다가 다시 팔면 된다. 사람들은 집값이 오를 것이라고 생각해 앞다투어 집을 사게 되고, 이 영향으로 집값도 점차 오른다. 다시 말해 사람들의 예상이 결국 집값을 상승시키는 원인으로 작용한다. 이것이 바로 자기실현적 예언이다.

그 결과 집값은 사람들이 감당할 수 있는 최고 수준까지 계속 상승한다. 그러다 최고 수준에 도달하면 집값은 다시 맹렬하게 하락한다. 보편적으로 집값이 너무 올랐다고 생각하면 너도나도 집을 팔기 시작한다. 한시라도 일찍 팔아야 손해를 조금이라도 줄일 수 있기 때문이다. 이처럼 모든 사람이 집을 팔면 집값은 밑바닥까지 계속 떨어진다. 이때 사람들은 다시 집을 사기 시작하고, 집값은 다시 상승한다. 결국 집값에 대한 사람들의 예상이 집값의 폭등과 폭락을 불러오는 것이다. 집은 동일한 집이고 임대료도 같은 수준이지만, 집의 가격은 시시각각 오르내린다.

이런 상황은 자본 시장에서도 심심치 않게 볼 수 있다. 주택 이외에도 수많은 자산이 폭등할 수 있는데 중세의 튤립이나 최근의 IT 등도 예외 없이 폭등했다가 다시 폭락한 이후 안정되었다. 결론적으로, 각기 다른 예상이 초래한 극심한 가격의 변동으로 자산 가격이 실제 가치를 완전히 벗어난 것이다.

이런 관점에서 보면, 모든 자산의 가치는 실제 가치와 예상 가치의 두 종류로 나눌 수 있다. 실제 가치는 자산이 생산하는 가치를 말한다. 예를 들면, 매달 2,000위안의 임대료를 받는 주택을 보통 50만 위안으로 계산하는 식이다. 반면, 예상 가치는 시장에서 자산을 구입하기 위해 사람들이 제시하는 가격을 뜻한다. 만약 여러 가지 이유로 사람들이 월 2,000위안의 임대료를 받는 주택을 80만 위안에 사려고 한다면, 이 주택의 예상 가치는 80만 위안이 된다.

시장에서는 대부분 예상 가치에 근거해 거래를 결정하기 때문에 자기실현적 예언 및 가격의 극심한 변동이 일어난다. 이에 비해 버핏 같은 '가치 투자자'는 자산의 실제 가치에만 신경 쓸 뿐 예상 가치에는 별 관심이 없어서 투자자들의 예상이 그들의 판단에 큰 영향을 미치지 않는다. 그러나 이런 투자자는 소수에 불과하고, 대다수 사람들은 장기 투자는 생각지 않고 오직 예상 가치에만 관심을 갖는다.

실제 가치가 변하지 않더라도 예상 가치는 사람들의 심리에 따라 변동하기 때문에 시장은 작은 움직임에도 크게 요동친다. 전통 경제학 이론에 의하면, 이러한 변동은 정상적인 현상이다. 사람들이 더 많은 정보를 얻을수록 자산 가격에 대한 판단이 달라져서 결국 가격 변동을 일으키기 때문이다. 그런데 이러한 가격 변동은 때때로 비이성적이거나 치명적인 결과를 가져오기도 한다. 일례로, 미국 대공황 시기에 주식이 고평가되었다고 생각한 사람들은 앞다투어 주식을 매도했다. 그 결과 '주식 고평가'라는 사람들의 인식은 자기실현적 예언이 되어 주식 가격은 급격히 하락했다. 이후 주가는 과거 수준으로 회복되지 못했고, 1932년에는 주가가 절정기였던 1929년 가격의 10분의 1 수준으로 떨어졌다. 또한 미국 경제도 치명적인 타격을 받았다.

이는 자기실현적 예언의 폐해라 할 수 있다. 사람들이 자산 가격의 상승을 예상해 자산을 구입하면 가격이 빠르게 상승하지만, 일정 기간이 지나면 예상 가격과 실제 가치의 차이가 너무 크다고 생각해 투매하기 시작하고, 사람들이 이를 인식할 때쯤에는 가격 폭등은 바로 막을 내린다. 또한 자산 가격이 하락한다고 예상하면 가격은 내려갈 수 있을 때까지 끝없이 내려간다.

결국, 과도한 기대는 참담한 결과로 끝이 나고 이후 부정적인 예상으로 돌아서게 된다. 하지만 부정적인 예상은 이후 낙관적인 예상으로 바뀌지 않고 자산을 철저히 파괴할 수 있다. 이때 외부 요소의 개입이 있어야만 부정적인 예상을 종결하고 계속해서 긍정적인 방향으로 자기실현을 할 수 있다. 대공황 시기에 루스벨트 정부의 뉴딜 정책이 바로 그런 역할을 했다. 하지만 부정적인 예상의 파괴력은 생각보다 강력해서 미국 경제는 이후 10년 동안 불경기를 겪어야 했다. 그러므로 이를 해결하는 가장 좋은 방법은 낙관적인 예상이나 부정적인 예상이 과열되기 전에 정부가 이를 제지해 최대한 피해를 줄이는 것이다.

검은 백조의 저주 – 귀납 논증의 위험

르네상스 이후 서양 철학은 크게 두 가지로 분류되었다. 한 가지 학파는 세계가 비록 복잡하지만 인류는 학습과 관찰을 통해서 자연을 이해할 수 있다고 여겼다. '인간'을 중심으로 하는 이러한 철학을 '경험론(Empiricism)'이라고 하는데, 철학자 존 로크와 과학자 아이작 뉴턴(Isaac Newton)이 경험론의 열렬한 지지자였다. 오늘날 과학적 방법론(Scientific Method)*의 기본적인 가설이 바로 경험론이다. 즉, 관찰을 통해 세상의 본질을 이해할 수 있다는 것이다. 또 다른 철학 학파는 인류가 배우는 바는 극히 적으며 착오도 많으므로 인류의 노력과 학습으로 세계의 방향을 바꾼다는 것은 어리석은 생각이라고 여겼다. 철학자 데이비드 흄(David Hume)은 인간은 관찰을 통해서 결코 절대적 진리(Absolute Truth)를 인식할 수 없다고 주장했다. 그는 '귀납 논증의 문제(Problem of Induction)'가 존재하기 때문이라고 이유를 설명했다. 귀납 논증의 문제란 지금까지 사람들이 보아온 백조가 모두 흰색이라고 해서 세상의 백조가 모두 흰색이고 검은 백조는 존재하지 않는다고 장담할 수 없는 것을 말한다. 이러한 논리상의 오류로 흄은 귀납적으로 논

> * 사실을 발견하기 위해 가설을 수립하고 이 가설을 경험적인 활동을 통해 검증하는 객관적이고 체계적인 연구 방법.

증한 사실은 모두 그대로 받아들일 수 없다고 밝혔다.

흄은 근대에 와서 철학자 칼 포퍼(Karl Popper)의 지지를 받았고, 포퍼는 금융 전문가이자 학자 겸 베스트셀러 작가인 나심 니콜라스 탈레브(Nassim Nicholas Taleb)에게 큰 영향을 미쳤다. 레바논 출신의 다재다능한 그는 다음과 같은 기초 이론을 세웠다. "세상은 임의성으로 가득하고, 미래는 미지수와 불확실성으로 이루어지며, 인류의 지식은 매우 취약하다."

탈레브는 세상에 수많은 일이 임의적으로 일어나지만 사람들은 마치 그것이 인위적으로 조성된 것이라 생각하며 자신의 능력을 과신한다고 비판했다. 예를 들어 투자를 전혀 모르는 1,000명이 임의대로 자산에 투자했다고 가정해 보자. 그들은 아무것도 모르기 때문에 전적으로 운에 기대야 하고, 한 사람당 매년 수익을 낼 확률은 50%다. 만약 이 중 한 명이 그 후 10년 동안 매년 수익을 낸다면, 사람들은 그를 투자의 고수라고 생각할 것이다. 실제로 투자 실력이 아닌 운에만 기대어 1,000명 가운데 한 명은 10년 연속 수익을 낼 가능성이 있다.

이렇게 자기 능력을 과대평가하고 임의적인 결과를 인정하지 않으면서 사람들은 불확실성을 무시하기 시작했다. 그들은 정밀한 기계와 같은 세계에 불확실성이 존재하는 이유는 인류가 이 정밀한 기계를 움직이게 하는 심오함을 아직 완전히 파악하지 못했기 때문이라고 생각했다. 그리고 한편으로는 과학이 발전하고 경험이 축적됨에 따라 세계의 리스크를 거의 모두 산출할 수 있게 되었다.

모건은행의 애널리스트 데이비드 리(David Lee)는 '가우시안 코풀라 함수(Gaussian Copula Function)'를 이용해 모기지의 상환 가능성을 계산했다. 모기지와 관련된 요소가 너무 많아 데이비드 리의 모델은 주로 역사적 데이터를 토대로 모기지의 상환 가능성을 산출했다. 이 모델의 기본 가정은 과거 경험에 대한 학습을 통해 세계라는 정밀한 기계에 대한 이해를 높이고 이를 바탕으로 미래를 예측한다는 것이다. 하지만 이 가설은 이미 블랙스완(Black Swan, 검은 백조) 이론에 의해 오류로 밝혀졌다. 과거에 흰 백조(과거의 모기지 데이터)만 나타났다고 해서 세상에 검은 백조(현재의 모기지 데이터가 과거와 일치하지 않는 현상)가 존재하지 않는다고 단정할 수 없기 때문이다. 사실 데이비드 리도 성명을 통해서 자신의 모델은 참고용일 뿐이라고 밝혔다. 하지만 데이비드 리처럼 자기 지식의 한계성을 아는 사람은 소수에 불과했다. 오히려 그의 모델을 제대로 이해하지 못한 사람들은 이 모델의 능력을 맹신해 미래의 리스크와 불확실성을 정확히 예측할 수 있다고 생각했다.

과거의 백조 색깔을 통해 미래의 백조 색깔을 예측할 수 있다고 생각하는 사람들은 적어도 오가는 모든 백조의 색깔을 유심히 관찰한다. 우리도 세상을 유심히 관찰해 보면 세상에는 절대 변하지 않는 흐름이 존재한다는 사실을 발견하게 된다. 중앙은행과 금융 감독 기관, 대규모 은행, 금융 방식 등의 요소가 아무리 발전한다고 해도 실물 경제는 몇 년에 한 번씩 쇠퇴하고, 금융 경제도 3~5년에 한 번씩 붕괴한다. 사람들의 능력이 뛰어나고 세계에 대한 이해가 탁월해도, 결국에는 재난의 발생을 막지 못한다.

사람들은 역사적 경험을 통해 금융학과 경제학이 점점 발전하고 리스크 예측 모델이 발달해도 경제가 5년에 한 번씩 큰 파동을 겪는다는 사실을 알게 되었다. 이처럼 금융의 빈번한 붕괴를 인식한 모건은행의 제이미 다이먼(Jamie Dimon) 회장은 흰 백조의 신봉자였으나 자신의 리스크를 낮추기 위해 경쟁사보다 수익이 줄더라도 현금을 넉넉히 보유하도록 지시했다.

이번 금융위기에서 흰 백조를 믿든 검은 백조를 믿든 간에 세계 경제의 위기를 믿은 사람들은 각자 재난을 피할 수 있었고, 심지어 이를 통해 수익을 낸 사람도 있다. 바로 유명한 회의론자 중 한 명인 탈레브는 100%가 넘는 수익을 거두었다. 그리고 다이먼처럼 '안전 제일'을 신봉한 사람들도 무사히 위기를 넘길 수 있었다.

이번 금융위기를 분석해 보면 다음과 같은 사실을 발견하게 된다. '현실 세계를 무시하고 자신의 능력을 과신한 탓에 금융 경제가 실물 경제를 지원하는 기본적인 역할도 제대로 수행하지 못하는 결과가 초래되었다.' 실제로 금융 경제가 실물 경제를 지원하지 못했을 뿐만 아니라 오히려 실물 경제에 치명적인 공격을 가해 자신도 붕괴되고 말았다. 이는 결국 자신의 한계를 인식하지 못한 금융 시스템이 초래한 피할 수 없는 시스템적 리스크라 할 수 있다.

실물 경제를 벗어난 금융 수단 – 금융 경제의 악

금융 경제의 본래 역할이 자금이 필요한 개인과 기업을 위해 자금을 조달하는 것이라면, 오늘날처럼 금융이 극도로 발달한 사회에서는 이 역할이 많이 퇴색됐다고 할 수 있다. 일부 은행들은 자금이 필요한 개인을 더 이상 고객으로 보지 않고 단지 돈을 벌 기회를 제공하는 수단으로 여겼다. 그 결과 금융 기관은 고객과의 관계가 점점 소원해졌고 실물 경제와도 더욱 멀어졌다.

이러한 변화의 가장 좋은 예로 모기지의 역사적 변화를 들 수 있다. 초창기에 모기지(담보 대출)는 주로 상업은행이 부담했다. 집을 사고 싶은데 자금이 부족하면 사람들은 은행에 가서 대출을 신청했다. 은행은 그의 신용 내역과 소득 상황을 평가한 후 모기지를 감당할 능력이 된다고 생각하면 일정 부분 수수료를 떼고 자금을 빌려주었다. 리스크 분석을 통해 대출을 상환할 수 있는 사람들에게 자금을 빌려주었기 때문에 은행은 대체로 수익을 거둘 수 있었다. 만약 대출금을 갚지 못하면 저당 잡힌 주택을 회수해서 은행의 손실을 메웠다.

이 방식은 모든 사람에게 이익을 주었다. 겐로쿠는 자신의 미래의 수익을 담보로 삼아 앞당겨 소비하고, 은행은 이를 통해 수수료와 이자 수익을 얻을 수 있었다. 또 겐로쿠의 소비 덕분에 부동산 회사는 수익을 내고 건설 인부는 일자리를 얻었다. 이에 자극받아 전체 경제도 큰 발전을 이루었다.

자금을 은행에서 직접 빌리면 은행과 대출자의 관계도 가까워진다. 규모가 작은 지역 은행은 대출 담당 직원이 대출자를 잘 아는 경우도 흔했다. 이렇게 되자 자연히 은행의 리스크는 크게 낮아졌다. 만약 대출자에게 문제가 생기면 은행은 주택을 회수하지 않고 그가 문제를 해결하도록 도움을 주었다. 어쨌든 그는 이웃사촌이었기 때문이다. 대출자가 돈을 갚지 못하면 그뿐 아니라 그와 관계된 많은 사람들도 피해를 본다. 나아가 만약 전체 사회가 이런 상태에 놓이면 은행의 사업에도 좋지 않은 영향을 미치게 된다. 따라서 대출자가 수익을 낼 수 있도록 도와주는 것이 은행의 이익에도 부합했다. 이후 은행들은 자금 제공만으로는 한계를 느끼고 모기지를 증권화해 '자산유동화증권(Asset Backed Securities, ABS)'을 발행하기 시작했다. 여기서 자산이란 바로 주택을 가리킨다. ABS를 구입하면 투자자가 은행을 통해 주택 구입자에게 자금을 빌려주는 것과 같은 효과를 얻을 수 있다. 만약 이것이 제대로 운영되면 시장에 훨씬 많은 자금이 투입되어 더 많은 사람들의 소비 수요를 만족시키고 경제를 더욱 활성화할 수 있다. 이 과정에서 은행도 ABS를 통해 더 많은 이윤을 얻게 된다.

그러나 이것은 은행이 더 이상 자금을 책임지지 않고 단지 넘겨주는 역할만 한다는 점에서 직접 대출과는 큰 차이점이 있다. 그 때문에 은행이 자금에 별로 신경 쓸 필요가 없는 ABS를 남용해 실물 경제에 막대한 피해를 줄 가능성이 있다(뒤에 자세히 설명함). 채무가 증권화되면 은행은 채무자와 채권자 사이에서 중개 역할을 하게 된다. 이를 통해 전 세계의 모든 사람이 자금을 투자해 채권자가 될 수 있지만, 한편으로 채권자와 채무자 사이의 거리는 상당히 멀다고 할 수 있다.

자산유동화증권 시장을 확대하기 위해 은행은 여러 가지 모기지를 한데 묶어서 '부채담보부증권(Collateralized Debt Obligation, CDO)'을 만들었다. CDO는 모기지 증권을 증권화하고 리스크에 따라 선순위채권(Senior Tranche), 중급채권(Mezzanine Tranche), 후순위채권(Equity Tranche)으로 분할하여 각기 다른 수준의 리스크와 수익을 원하는 투자자들에게 판매하는 것을 말한다.

이론적으로 보면 CDO는 리스크를 분할해 서로 다른 등급을 원하는 투자자들에게 나누어 팔기 때문에 시장에 더 많은 투자자와 자금을 끌어들이고 이를 통해 많은 사람들이 이익을 얻는 구조다. 그러나 ABS와 마찬가지로 은행이 자금을 책임지지 않고 중개비만 챙기는 구조여서 채권이 많아질수록 중개비 수익도 늘어나므로 은행이 CDO를 남용해 경제에 큰 피해를 일으킬 위험이 있다.

실물 경제에 대한 잠재적인 위험 이외에도 CDO는 구체적인 리스크를 정확하게 측정하기 어렵다는 문제점이 있다. 다양한 모기지가 한데 섞여 있어 정확한 데이터를 산출하기가 어렵기 때문이다. 은행들은 기존 모기지 대출자의 신용이 대부분 좋기 때문에 CDO도 안전할 것이라고 추측한다. 하지만 집을 사려는 사람들에게 자금을 빌려준다는 기본 목적과 달리 CDO가 남용되기 시작하면서 은행은 대출자의 상황을 제대로 알 수 없는 상황에 이르렀다.

이후 은행들은 CDO를 기초로 한 '합성부채담보부증권(Synthetic

Collateralized Debt Obligation, SCDO)'을 만들었다. SCDO는 기본적으로 일종의 보험이라 할 수 있다. 투자자는 대출자가 자금을 갚지 못해 CDO가 휴지 조각이 되는 것을 우려하여 SCDO의 방식으로 제삼자에게 보험을 든다. 약정에 따라 투자자가 매월 제삼자에게 일정 금액의 보험금을 내면, 제삼자는 대출자가 모기지를 상환하지 못할 때 투자자의 손실을 메워준다.

이론상으로 보면 SCDO는 투자자의 리스크 분산을 통해 더 많은 사람들이 CDO를 구입하도록 해 대출자에게 필요한 자금을 공급하고 경제 발전을 자극한다. 하지만 SCDO는 중간에 모기지와 CDO 등 여러 단계를 거치기 때문에 SCDO 보증인과 대출자 사이의 거리는 상당히 멀어진다. 그 결과 SCDO 보증인은 모기지로 대표되는 실물 경제에 별 영향을 미치지 못하고, 오히려 CDO 투자자와 겐로쿠의 모기지 상환을 놓고 도박을 벌이게 된다. 물론 둘 중 누가 이기든지 실물 경제에는 어떤 유익한 영향도 주지 못한다. 은행도 막대한 중개 수수료 때문에 오히려 이런 투기적 상황을 조장한다. 이렇게 오로지 수익만 추구하는 은행은 결과적으로 실물 경제를 활성화하는 '공공시설'로서의 임무를 저버리게 된다.

⌐라니에리의 운명 – 금융증권화의 몰락

앞서 우리는 금융증권화의 장점에 대해 살펴보았다. 하지만 그 폐해도 적지 않은데, 만약 금융증권화가 남용되면 경제에 막대한 피해를 불러온다.

금융증권화의 가장 큰 문제점은 은행이 대출을 할 때 신중을 기하지 않는다는 점이다. 은행이 직접 자금을 빌려줄 때에는 모든 채무를 은행 스스로 책임져야 했다. 어쨌든 자신의 자금과 직접 관계된 일이었기 때문에 은행은 신용도가 가장 좋은 사람들에게만 자금을 빌려주었다. 만약 대출을 원하는 100명이 있다면 그중 신용도가 가장 좋은 10명에게만 대출하는 식이었다.

하지만 금융증권화가 이루어지자 은행은 중개만 담당할 뿐 자금에 대한 책임은 모두 투자자에게로 넘어갔다. 은행은 이때부터 더이상 대출자를 엄격하게 심사하지 않았고, 더 많은 중개 수수료 수익을 얻기 위해 대출을 원하는 많은 사람들에게 마구잡이로 대출해주었다. 그 결과 금융 시장에는 '서브프라임 모기지'가 등장했다.

한편, 증권 투자자는 대출자가 어떤 리스크가 있는지 확인할 수없었다. 과거에 겐로쿠가 은행에서 자금을 빌릴 때에는 은행이 겐로쿠에 대한 자료를 살펴보고, 주위 평판 등을 조사해 그의 신용도와 리스크를 평가했다. 그래서 은행은 겐로쿠에게 자금을 빌려줄 때 어떤 리스크가 있는지 파악하고 있었다. 그러나 투자자는 겐로쿠를 직접 평가할 방법이 없어 중개 역할을 담당할 은행이 반드시 필요했다. 이렇게 되자 투자자들은 은행을 믿을 수밖에 없었다. 만약 은행에서 겐로쿠의 신용이 좋다고 하면 투자자들은 이자를 적게 부과했고, 반대로 리스크가 크다고 하면 높은 이자를 부과했다. 이런 구조에서는 은행이 중개자로서 큰 권력을 행사할 수 있었다.

이후 라니에리가 전 세계의 대출자들을 모으자 모기지 증권은 더욱 복잡해졌다. 베이징, 도쿄, 뉴욕, 파리 등지의 수많은 사람들이 모기지를 통해 집을 마련했고, 라니에리는 이 모기지를 증권화해 등급별로 나누고 다시 사람들에게 판매했다. 이렇게 되자 투자자들은 대출자의 신용을 더욱 알 수 없게 되었다. 그렇다고 전 세계를 돌며 일일이 조사할 수도 없는 노릇이었다. 게다가 모든 채무가 복잡하게 뒤섞여 있어서 누구에게 자금을 빌려주었는지 파악하기도 어려웠다. 결국 투자자들은 오직 라니에리만 믿을 수밖에 없었다.

은행과 라니에리의 주 수입원은 모기지 증권의 중개 수수료였다. 이를 위해 그들은 사람들에게 많은 자금을 빌려주고는 적극적인 선전 활동을 하며 모기지 증권을 대대적으로 판매했다. 그 결과 그들은 많은 중개 수수료를 벌어들였지만, 투자자들은 자신이 어떤 모기지 증권을 구입했는지 정확히 판단할 수 없었다. 이때 신용평가기관이 등장했다. 이치대로라면 신용평가기관은 중립적이어야 한다. 증권화 상품을 분석하여 그 수익과 리스크를 투자자들에게 상세히 알려주는 것이 그들의 임무이기 때문이다. 하지만 그들은 종종 자신의 이익 때문에 그다지 객관적이지 않았다. 예를 들어 불량 증권을 우량 증권으로 평가해 사람들이 안심하고 구입하게 하는 등이었다. 그 결과 증권화 상품의 리스크와 불확실성은 더욱 증가했다.

증권화 상품은 또 다른 문제가 있었는데 바로 재산권 문제였다. 예전에는 은행이 유일한 채권자여서 개인의 담보물을 회수해 경매 처리할 권한이 있었다. 그러나 금융증권화 이후 수많은 사람들이 채권자가 되다 보니 누구도 임의대로 담보물을 처리할 수 없고 모든 사람의 동의를 거쳐야 했다. 그러나 채권자들의 신분도 모르는 데다 전 세계에 분포한 그들을 한데 모아서 채무를 처리하기란 거의 불가능에 가까웠다. 이렇게 되자 회수된 주택은 대부분 처리되지 못하고 중간에 버려졌다. 이처럼 금융증권화가 남용되면 그로 인한 피해는 막대하다. 더욱 심각한 것은 채권자뿐만 아니라 사회의 구성원들도 모두 큰 피해를 입게 된다는 점이다.

투자자와 보험사 간의 도박 – 신용 부도 스와프

SCDO는 기본적으로 수많은 '신용 부도 스와프(Credit Default Swap, CDS)'로 이루어진 상품이다. CDS는 겉으로 보기에는 파생금융상품이지만, 본질적으로는 보험과 같은 역할을 한다. 당시 J. P. 모건은행이 CDS를 설계한 의도는 이를 통해 자사의 채무 리스크를 줄이려는 것이었다.

은행이 생긴 이래로 모든 은행들이 가장 두려워한 것은 대출금이 회수되지 않는 것이었다. 그래서 그들은 자금에 각별히 주의를 기울였고, 대출자 심사에도 매우 까다로웠다. 모건은행의 경우 내부적으로 경쟁력이 뛰어난 기업(예를 들어 GE)이나 신용이 좋은 국가(예를 들어 일본)에만 자금을 빌려준다는 규정이 있었다. 하지만 이렇게 하더라도 모든 채무가 반드시 회수되는 것은 아니었다. 일본은 세계에서 신용이 가장 좋은 나라 중 하나였지만 제2차 세계대전이 발발하자 수십 년 동안 모건은행에 대한 채무 상환을 중단했다.

이 문제를 해결하기 위해 모건은행의 금융 전문가들은 더 많은 채무를 빌려주면서 채무가 지닌 잠재적인 부도 리스크를 없애는 방법을 연구하기 시작했다. 그 결과, 모건의 수학 전문가들은 CDS라는 파생 상품을 만들어 은행이 리스크를 회피하도록 했다.

이론적으로 보면 CDS의 원리와 보험의 원리는 동일하다. 예를 들어 모건은행이 겐로쿠에게 1,000위안을 빌려주었다고 하자. 만약 겐로쿠가 사업 부진으로 돈을 갚지 못하면 모건은행은 1,000위안의 리스크를 고스란히 떠안게 된다. 이때 AIG 같은 보험회사를 찾아 매년 일정 비용을 지급하고 보험을 들어놓는다면, 겐로쿠가 파산해 돈을 상환하지 못하더라도 그가 조성한 손실을 모두 보상받을 수 있다.

이렇게 채무 리스크를 부담하려는 사람이 있었기에 모건은행은 더 많은 자금을 대출해 수익을 올릴 수 있었다. 예전에는 1,000위안을 대출하면 비상시를 대비해 100위안을 준비금으로 남겨놔야 했지만, AIG에 보험을 든 이후로는 보험금 10위안만 남겨두고 나머지 90위안은 다시 대출할 수 있었다.

이때부터 모건은 리스크에 대한 부담을 많이 줄일 수 있었다. 그런데 사실상 CDS는 일반 보험과는 성격이 많이 달랐다. 기업의 파산 여부와 연관된 CDS는 생명 보험이나 자동차 보험처럼 리스크를 분산할 수 없었다. 기업의 파산은 기업 혼자만의 문제가 아니기 때문이다. 예컨대 생명 보험은 한 사람이 사고를 당하더라도 다른 사람에게 직접적인 영향을 주지 않아 리스크를 고르게 분산할 수 있다. 하지만 기업의 파산은 다르다. 만약 젠로쿠의 회사가 파산하면 그에게 자금을 빌려준 회사도 연쇄적으로 무너지게 된다. 같은 이치로 젠로쿠의 회사는 문제가 없지만 돈을 빌려준 회사가 쓰러지면 그역시 문을 닫게 된다. 한 경제 체제 내의 기업들은 모두 긴밀하게 연결되어 있어 보험회사는 어느 한 기업의 파산 확률을 측정하기 어렵다. 그래서 본질적으로 회사의 파산에 대비해 보험을 드는 것은 자연재해에 대비해 보험을 드는 것이나 마찬가지다. 상황이 발생하든 발생하지 않든 간에 리스크를 분산하거나 피할 수 없기 때문이다.

AIG 같은 보험 회사는 자연재해는 기피했지만 기업의 파산 확률은 복잡한 수학 공식을 통해 산출할 수 있다고 생각했다. 그리고 실제로 이러한 리스크와 불확실성을 정확하게 측정해 냈다. AIG가 모건은행 같은 보험 계약자에게 받는 보험료도 이런 수학 공식으로 계산된 것이고, 미래의 리스크에 대비해 남겨놓는 보험금도 이 공식을 통해 얻은 결과치였다.

하지만 미래에 대한 AIG의 예측이 틀리다면(리스크에 대한 저평가), 스스로 손실을 볼 뿐만 아니라 보험금을 지급하지 못해 많은 보험 계약자들이 큰 피해를 보게 된다. 과거에 모건은행은 비상 자금을 어느 정도 남겨두었지만, 현재는 AIG에 보험을 든 까닭에 사람들에게 남김없이 모두 대출한다. 만약 대출자가 파산했는데도 AIG가 보험금을 지급하지 못한다면, 모건은행도 얼마 버티지 못하고 파산할 것이다. 이렇게 리스크에 대한 분석 실패로 보험금이 부족해지는 상황은 전통적인 보험업에서는 허용되지 않는 일이다. 정부도 이러한 상황을 막기 위해 보험 회사에 일정 수준의 유보금을 남겨 놓게 하는 규정을 시행한다.

하지만 CDS는 새로 생긴 금융파생상품이었기 때문에 정부는 이를 철저하게 관리·감독하지 않았고, 또한 시장의 자기 조절 시스템으로 인해 결국에는 모든 사람에게 이익이 돌아갈 것으로 생각했다.

위와 같은 여러 가지 요인 때문에 CDS는 보험보다 요구 사항이 훨씬 적었다. 예를 들면, 보험은 자신에게 이익이 되는 상황에서만 보험을 가입하도록 규정한다. 생명 보험은 자신을 위해서 들 수 있지만 남을 위해서는 들 수 없다. 하지만 CDS는 전혀 상관없는 회사의 파산 보험도 살 수 있게 허용한다.

초창기 모건은행이 AIG에서 CDS를 산 목적은 겐로쿠의 파산으로 자신의 채무가 사라지는 것을 방지하기 위해서였다. 그러나 이후 사람들은 겐로쿠의 채무를 가지고 있지 않더라도 AIG에서 CDS를 살 수 있게 되었다. 이때부터 CDS는 본래의 역할을 상실했다. 더 이상 채권자의 리스크 분산을 위한 것이 아니라 AIG와 투자자 사이의 도박으로 변질된 것이다. AIG는 겐로쿠가 망하지 않는다는 데 돈을 걸었고, 투자자는 겐로쿠가 망한다는 데 돈을 걸었다.

더 이상 실물 경제에 연관되지 않았기 때문에 CDS로 조성된 '도박장'은 규모가 점점 커지기 시작했다. 2007년 말에 이르자 시장에서 거래된 CDS의 총 거래액은 58조 달러에 이르렀다. 세계 최고의 경제 대국인 미국의 GDP가 15조 달러 미만인 것을 감안하면 이는 거의 네 배 수준에 이르는 금액이다. 한편, 이 58조 달러의 바탕에는 보험 회사들의 가설이 정확하고 보험회사들도 자신의 수학자들이 만든 모델을 굳게 믿는다는 가설이 깔려 있다. 그러나 불행하게도, CDS의 이런 성공에도 결국 검은 백조가 찾아왔다.

월스트리트의 도박 – 투자은행

또한 검은 백조의 규모는 이 때문에 전례가 없을 정도로 거대해졌다.

미국 부동산 시장이 붕괴하기 전, 존 폴슨(John Paulson)이라는 펀드매니저가 골드만삭스를 찾아와 서비스를 제공해달라고 요청했다. 원래 폴슨은 빈민들도 너무 많은 대출을 받은 관계로 미국 부동산 시장을 줄곧 부정적으로 전망해 이를 이용해서 수익을 얻으려고 했다. 그래서 그는 골드만삭스에 부동산 시장이 붕괴하면 이익을 볼 수 있는 금융 상품을 만들어 달라고 부탁했다.

폴슨과 골드만삭스가 만든 금융 상품은 특정한 기간(모기지 기간)에 특정한 상황(주택 구입자가 대출금을 상환하지 못하는 상황)이 나타나는 것을 전제로 특정 상황의 출현 여부가 투자자의 손익을 결정한다(주택 구입자가 대출금을 상환하면 폴슨이 손실을 보고, 대출금을 갚지 못하면 폴슨이 이익을 얻는다). 이 금융 상품 덕분에 폴슨과 골드만삭스는 서브프라임 운영과 상관없이 수익을 얻을 수 있었다.

폴슨과 골드만삭스의 금융 상품이 보험과 다른 가장 큰 차이점은 이것이 사회적으로 어떤 의의도 없다는 점이다. 보험 회사는 보험금으로 수익을 얻지만, 그 대가로 보험 계약자의 리스크를 부담한다. 그래서 만약 보험이 없다면 사람들은 손실을 보상할 방법이 없을 것이다.

이에 비해 폴슨과 골드만삭스의 금융 상품은 실질적인 기능이 거의 없다. 이론적으로 보면 금융 회사가 이 금융 상품을 통해 자신의 리스크를 헤징할 수 있지만(골드만삭스의 금융 상품을 통해 자금을 빌려준 상대가 돈을 갚지 않을 리스크를 상쇄할 수 있다), 현실에서 골드만삭스의 금융 상품을 사는 사람들은 대부분 자금을 빌려준 사람들이 아니라 폴슨처럼 미국의 부동산 시장이 붕괴할 것이라고 예측하고 이 금융 상품을 통해 수익을 얻으려는 사람들이었다.

그래서 이 금융 상품은 리스크를 부담하는 보험이 아니라 일확천금을 노리는 '도박'으로 변질되었다. 보험은 사고파는 사람 모두 이익을 얻지만, 이 금융 상품은 제로섬 게임처럼 한 사람이 돈을 벌면 다른 누군가는 돈을 잃어야 했다. 사회적 관점에서 보면 이는 어떤 의의도 없는 것으로, 시스템 안에서는 수많은 자금과 상품이 거래되었지만 경제는 전혀 개선되지 않았다.

이 밖에도 다른 사람의 일을 가지고 보험을 들거나 도박을 하면 자신의 이익을 위해 사회에 피해를 주게 된다. 예를 들면, 내가 샤오얼의 생명 보험을 들면서 수익자를 나로 지정하거나 영국의 프로축구팀 첼시를 우승 후보로 돈을 걸었다면, 자신의 이익을 위해 불법적이거나 비도덕적인 행위를 저지를 가능성이 크다. 그래서 보험 회사는 계획된 사고를 막기 위해 타인의 생명 보험을 드는 것을 금지하고 있다. 스포츠 협회들도 검은돈이 들어와 승부를 조작하는 것을 막기 위해 도박을 엄격히 금한다.

폴슨의 도움으로 큰 수익을 올린 골드만삭스는 그에게 리스크가 가장 큰 모기지 증권을 추천받아 새로운 금융 상품을 만들었다. 폴슨은 금융 상품을 구성하는 모기지 증권이 모두 부실해질 것으로 생각하고, 이에 대비한 보험 상품인 신용 부도 스와프를 대량으로 사들였다. 골드만삭스는 가치가 떨어질 것이 확실시되는 이 상품을 판매하는 데 주력했다. 상품의 가치가 떨어질 것을 모르는 투자자들이 구입하면 그만이기 때문이었다.

그래서 골드만삭스는 자신을 깊이 신뢰하는 고객들에게 이 상품을 팔기 시작했다. 이후 이 상품을 산 많은 고객들이 어떻게 되었을지는 쉽게 상상할 수 있을 것이다. 부동산 버블이 붕괴되면서 미국의 부동산 가격이 폭락하자 폴슨이 직접 만든 증권은 한순간에 휴지 조각이 되었다. 폴슨은 자신의 안목과 골드만삭스의 수고로 어마어마한 수익을 올렸다. 일 년에 수십억 달러를 벌어들인 것이다.

그러나 이런 상황에서 미국 경제가 어떻게 좋아질 수 있겠는가?

완벽하게 파괴적인 폭풍 – 금융위기

위에서 언급한 여러 가지 문제들로 인해 미국은 결국 2007년 서브프라임 위기를 맞았다.

　가장 먼저 무대에 등장한 것은 버블이었다. 하지만 앞서 말한 여러 버블과 달리 이번 부동산 버블은 어떤 변혁도 없었다. 세상은 예전과 다를 바 없이 돌아갔고, 세계의 흐름을 바꾸는 혁신이나 개발은 전혀 등장하지 않았다. 이번 버블이 일어난 원인은 IT 버블의 충격에서 벗어나기 위해 연방준비제도이사회가 금리를 대폭 낮춘 것에 기인한다. 대출 금리가 떨어지자 사람들은 은행에서 돈을 빌려 투자에 나섰다. 투자 자산 중 인기를 끈 것은 가장 안전한 자산으로 인식되는 부동산이었다. 사람들은 자신의 능력과 상관없이 앞다투어 주택을 사들이기 시작했다. 향후 집값이 오를 것을 기대하고 미리 사 놓는 것이 가장 현명한 선택이라고 생각한 것이다.

　사람들의 이런 심리를 파악한 대기업들은 과열 상황을 조장하기 위해 다양한 금융 상품을 개발하기 시작했다. 그리고 많은 회사들이 우량 고객뿐 아니라 대출금을 부담할 수 없는 비우량 고객에게도 자금을 마구 빌려주었다. 이것이 이른바 '서브프라임 모기지(Subprime Mortgage)'이다. 성대한 투자 연회에 참여하는 사람이 많아지면서 부동산 버블은 더욱 커져 갔다.

　월스트리트 기업들은 투자자들이 원하는 서비스를 제공하면서 한편으로는 시장의 모기지를 모두 금융증권화했다. 이는 이미 가격이 급등한 시장에 기름을 붓는 격이어서, 시장의 거래는 더욱 활발해졌다. 월스트리트 기업들의 동기는 지극히 간단했다. 채무를 금융증권화할수록 그들이 거두어들이는 수수료가 늘어나고 그들의 이익도 커지기 때문이었다. 또한 월스트리트는 각종 파생상품을 개발해 제공했다. 이론상으로는 파생상품은 투자자의 리스크를 분산하기 위한 상품이지만, 이를 받아들인 보험 회사들은 근본적으로 상품의 리스크를 정확히 알지 못했고 또 이후 고객에게 보험금을 지급할 가능성이 있을까 라고 생각했다. 그래서 상품을 받아들인 보험 회사들은 보유 자금이 부족했고, 보험금을 지급해 리스크를 줄였다고 생각한 투자자들은 투자를 더 많이 늘림으로써 버블은 갈수록 커졌다.

이와 동시에 기업과 투자자들은 파생상품을 보험 이외에 투기를 위한 목적으로 사용하기 시작했다. 그 결과 버블 잔치에 참여하지 않던 투자자들도 월스트리트의 대형 기업과 은행에 이끌려 시장에 참여하게 되었다.

그러나 이후 사람들은 버블을 의심하기 시작했다. 2007년 일부 투자자들은 비우량 고객에게 자금을 빌려주는 것이 현명한 투자인지 의심하기 시작했다. 이렇게 사람들의 의심이 점차 커지면서 부동산 '잔치'도 결국 막을 내리고 말았다.

이때부터 투자자들이 더 이상 자금을 빌려주지 않아 사람들은 부동산을 구입할 수 없었다. 자금이 시장에서 빠져나가자 부동산 가격은 급락했고, 자금을 너무 많이 빌리거나 갚을 능력이 없던 사람들은 결국 파산했다. 서민들의 파산이 속출하자 그들에게 주택 자금을 빌려준 회사들도 연이어 도산했다. 동시에 금융증권화되었던 금융 상품들도 모두 흐지부지되어 이에 투자한 투자자들은 모두 큰 손실을 보았다. 투자자들은 보상을 받기 위해 보험 회사를 찾아갔지만,

보험 회사도 보상해줄 자금이 없어 양측 모두 망하고 말았다.

이러한 요인들이 합쳐져 결국에는 최근 100년 사이에 가장 파괴력이 큰 경제 위기가 우리를 찾아왔고, 경제 체제 안의 모든 참여자는 심각한 피해를 입었다.

⌐거대 기업의 몰락 – 제너럴 모터스

시장에는 과거에 화려한 역사를 자랑하며 상당히 잘나갔지만 경영 악화로 결국 투자자들에게 외면을 받은 기업들이 존재한다. 이들을 보통 '타락 천사(Fallern Angel)'라고 부르는데, 만약 이들의 역사를 모른 채 채권과 신용도만 살펴본다면 이들이 경제에 얼마나 큰 혼란을 가져왔는지 알 수 없을 것이다.

하지만 금융위기 때문에 제너럴 모터스(GM)가 타락 천사가 될 줄은 그 누구도 생각하지 못했다. 1908년에 설립된 이 회사는 처음에는 큰 두각을 나타내지 못했지만 발전 속도가 상당히 빨라 몇 년 지나지 않아 미국 자동차 산업을 이끄는 선도 기업 중 하나로 발돋움했다. 제2차 세계대전이 끝난 후 GM은 독보적인 위치에 올라섰고, 1955년에는 미국 역사상 최초로 10억 달러가 넘는 세금을 내는 기업이 되었다.

당시 GM의 회장 찰스 윌슨(Charles Wilson)은 아이젠하워 대통령에 의해 국방부 장관으로 임명되었다. 그는 국회 청문회에서 미국의 이익과 GM의 이익이 상충할 때 어떻게 하겠느냐는 한 의원의 질문을 받고 이렇게 대답했다. "양자의 이익은 완전히 일치합니다. GM에 유익한 것은 미국에도 유익합니다."

1970~1980년대에 일본 경쟁 업체의 등장으로 GM은 최고의 자리에서 점차 밀려났지만, 아직도 GM은 연평균 800만 대를 판매하고 전 세계에 26만 명의 직원을 거느린 세계 2대 자동차 기업이다(최근 도요타에게 1위 자리를 넘겨주었다).

하지만 이렇게 큰 대기업도 금융위기를 맞아 파산을 선언했다. 만약 관련 업계와 취업 시장에 미치는 악영향을 우려해 미국 정부가 개입하지 않았다면, 매년 적자를 보던 GM은 더 이상 살아나지 못했을 것이다.

GM이 다른 기업들보다 훨씬 심각한 타격을 입은 원인은 금융위기의 영향을 직접적으로 받았기 때문이다. 하지만 GM의 진정한 문제는 회사 경영에 있었다. 미국 시장에 진출한 일본 기업들과 수십년 동안 경쟁하면서 GM은 여러 차례 위기를 벗어날 기회가 있었다. 그러나 계속 이어진 잘못된 결정으로 100년 역사의 이 기업은 마침내 돌아올 수 없는 길로 접어들었다.

예를 들어 1990년대에 GM은 다른 미국 자동차 회사와 마찬가지로 지프 판매에 집중했고, 일본 기업들은 소형 승용차 판매에 몰두했다. 지프는 일반 승용차보다 이윤이 높아서 오랫동안 미국 자동차 기업들에 높은 수익을 안겨주었다. 일본 기업들도 지프 개발에 박차를 가하기 시작했지만, 자신들의 소형 승용차 사업도 꾸준히 이어나갔다. 일본 기업들은 자원이 점점 부족해지는 미래가 되면 에너지 절약형 제품이 대세가 될 것이라고 판단했다. 그러나 GM과 다른 미국 기업들은 오직 지프 판매에 열중할 뿐, 미래의 추세나 잠재적인 리스크는 전혀 예측하지 못했다.

그러나 이 당시 GM의 상황은 풍전등화와도 같았다. 회사를 운영하는 데 엄청난 비용이 들지만 자동차 판매 수익은 일정하지 않았기 때문이다. 그래서 회사의 수익을 떨어뜨리는 어떠한 요인도 GM에게는 매우 치명적이었다. 만약 수익이 조금이라도 감소하면 회사 재정이 마이너스로 떨어지는 상황이었다. 더욱이 그들은 일본 기업처럼 후속 모델을 준비하고 있는 것도 아니었다.

그럼에도 불구하고 GM은 여전히 자신들의 선택이 옳다고 믿었다. 그러나 이때 불어닥친 금융위기는 GM에 치명적인 일격을 가했다. 금융위기 전날 밤 유동성 과잉으로 원유 가격이 전례 없이 폭등하자, 씀씀이가 큰 미국인들도 유지비가 많이 드는 지프 대신 기름이 적게 드는 소형 승용차를 선택했다. 게다가 지구 온난화 문제가 불거지면서 환경을 생각하는 많은 사람들이 하이브리드 자동차를 구입하기 시작했다.

이렇게 되자 GM의 자동차 판매량은 감소하기 시작했고, 소형 승용차 개발도 이미 시기를 놓치고 말았다.

이때 금융위기가 점점 심각해지면서 실물 경제도 타격을 받았다. 실업자가 점점 늘어나고 가계 수입도 계속 줄었으며, 경제 사정이 나빠진 사람들은 자동차 구입을 뒤로 미뤘다.

자동차 수요가 큰 폭으로 감소하자 GM은 재정 위기에 빠졌다. 당시 GM의 유일한 출구는 은행에서 자금을 대출받아 경제 위기를 넘기고, 경제가 호전되어 수요가 살아나면 다시 방법을 찾는 길이었다. 그러나 회사 경영층은 포드자동차와 달리 위급할 때 도움을 줄 은행을 미리 확보해 놓지 못했다. 금융위기가 시작되자 제 몸 가누기에 급급한 은행들은 GM을 도와줄 여력이 없었다. 상황이 이렇게 되자 GM은 결국 파산할 운명을 피하지 못한 것이다.

금융위기의 원인 – 금융 경제의 붕괴

금융위기가 얼마나 큰 영향력을 미치는지 알고 싶다면, 10년 전 거대한 금융위기가 막 형성되고 복잡한 금융 수법이 성행하기 시작하던 시기로 거슬러 올라가 볼 필요가 있다.

당시 살로몬 브러더스를 막 인수한 씨티그룹 경영진은 살로몬 브러더스가 어떤 투자 전략을 보유하고 있는지 알고 싶어했다. 그들이 금융 거래를 통해 큰 수익을 낸다는 사실은 알았지만 구체적으로 거래가 어떻게 이루어지는지는 잘 몰랐기 때문이다. 그래서 당시 씨티그룹을 이끌던 샌포드 웨일과 제이미 다이먼(당시 웨일을 도와 씨티그룹을 이끌다가 이후 J. P. 모건의 회장이 됨)은 살로몬 브러더스의 직원들에게 금융 거래의 비결을 듣기로 했다.

씨티그룹의 일원으로서 예전에 살로몬 브러더스의 거래를 담당했던 직원들은 그들이 예전에 맡았던 모든 거래와 관련 금액을 자세히 알려주었다. 씨티그룹 경영진들은 설명을 듣고 나서 그들의 높은 수준을 실감했다. 살로몬 브러더스의 각종 거래 상품들은 하버드, MIT 출신의 수학, 물리학 박사들로 구성된 딜러들이 매우 정교하고 복잡한 공식을 이용해 설계한 것들이었다.

씨티그룹 경영진도 모두 금융 전문가였지만 그들은 살로몬 브러더스의 기술은 거의 이해하지 못하고 오직 거래하는 규모가 상당히 크다는 것만 알 수 있었다. 자신들은 살로몬 브러더스의 투자 기술을 이해할 수 없음에도 딜러들은 수억 달러의 자금을 주무르자 씨티그룹 경영진은 살로몬 브러더스의 거래 기법이 리스크가 상당히 크다고 생각했다. 그래서 살로몬 브러더스를 인수한 지 얼마 지나지 않아 씨티은행은 살로몬 브러더스에서 과거 20년 동안 줄곧 높은 수익을 거두었던(그래서 살로몬 브러더스에서 가장 가치가 있던) 거래 부문을 없애버렸다. 이로써 씨티은행은 수억 달러의 손실을 보게 되었다. 이해하지 못하는 리스크를 회피하기 위해 그 리스크가 가져오는 손실을 미리 앞당겨 실현하고 구체화한 것이다.

사실 씨티그룹 경영진의 반응은 어렵지 않게 이해할 수 있다. 대다수의 사람들은 자신이 이해하지 못하는 일에 두려움을 느끼고 그런 미지의 공포를 없애기 위해 명백한 손해도 감수하는 경향이 있다.

이번 서브프라임 모기지 사태 당시 월스트리트도 이와 똑같은 상황에 직면했다. 서브프라임, CDO, CDS 등 새로운 금융 상품들이 가격을 끊임없이 상승시켰지만 이들이 정확히 무엇인지 따져 본 사람은 아무도 없었다. 사람들은 단지 오늘 사서 내일 더 높은 가격에 팔 욕심에 무슨 내용인지도 모른 채 이런 류의 상품들을 마구 사들였다.

이후 금융 상품들의 진면목이 모두 드러나자, 월스트리트 투자자들은 매우 놀랄 수밖에 없었다. 이들은 별 가치 없는 쓰레기일 뿐만 아니라 상품 내용도 당시 살로몬 브러더스의 각종 투자보다 훨씬 복잡했기 때문이다. CDO와 CDS를 맨 처음 설계했던 박사들조차 이 상품들이 얼마만큼의 가치와 리스크를 지녔는지 알 수 없을 정도였다.

결국 사람들은 해당 금융 상품의 위험성이 드러나기 전에 손실을 조금이라도 줄일 목적으로 보유하고 있던 금융 상품을 팔아 버리기 시작했다. 그러나 투자자들이 일제히 투매에 나서자 시장에는 오직 파는 사람만이 있을 뿐 사는 사람은 사라져 상품 가격은 끊임없이 내려갔다. 이러한 악순환은 당시 씨티그룹이 겪었던 것과 비슷한 결과를 가져왔다. 리스크를 회피하려는 행동이 오히려 리스크가 가져올 손실을 앞당겨 실현시킨 것이다.

금융 상품들이 일제히 시장에 쏟아져 나오자 시장의 분위기도 점차 동요하기 시작했다. 사람들은 시장에 유통되는 수십조 달러에 이르는 상품들이 결국에는 손실을 입힐 것이라고 생각했다. 하지만 상품들이 어떻게 분포되는지, 투자자들은 얼마나 손실을 보게 될지 아무도 알 수 없었다. 이런 공포심이 팽배해지자 시장에서는 더 이상 거래가 이루어지지 않았다. 시장에서의 모든 거래는 시간차가 있어 약정되고 일정 시간이 지나 대금 결제가 이루어지면 비로소 완성된다. 따라서 계약 상대방이 시간 안에 파산하거나 사라지지 않는 이상 양측은 서로 거래를 진행하게 된다. 하지만 시장이 크게 동요하자 상대방이 끝까지 거래를 유지할 수 있을지 아무도 확신할 수 없었다. 결국에는 리먼브러더스 같은 대형 투자은행도 파산하는 상황이었기 때문이다. 시장에서의 거래가 멈추자, 전체 경제의 흐름도 멈추고 말았다. 경제 체제 안에서 독자적으로 자급자족할 수 있는 사람은 아무도 없었기 때문이다.

모든 사람이 이익을 얻어야 정말 좋은 것이다 – 경제의 힘

우리는 이번의 금융위기를 통해서 실물 경제는 금융 경제를 벗어나 움직일 수 없고, 대기업일수록 금융 경제에 대한 수요가 많다는 사실을 깨달았다. 일반 소규모 기업은 리스크가 큰 대출수단을 이용해 자금을 충당하는 경우가 많지 않다. 우선 그들은 이 방면의 경험이나 전문가가 부족하고, 규모가 작은 탓에 아무리 뛰어난 방법을 이용해도 절감하는 금액에 한계가 있기 때문이다.

이에 비해 매년 수억 달러의 매출을 올리는 대기업들은 기초적인 몇 부문에서만 절약해도 수백만 달러의 비용을 절감할 수 있다. 또한 대기업들은 자신을 위해 효율성을 높여줄 유능한 금융 전문가를 고용할 재력을 갖추고 있다. 이러한 이유들로 인해 대기업이 자본 시장에 의존하는 비율은 이전보다 더욱 높아졌다. 자본 시장을 통해 자금을 조달하는 것이 전통적인 대출 방법보다 훨씬 간단하고 효율적이기 때문이다.

그런데 효율을 위해 기업의 운명은 영구적으로 자본 시장과 연계되었다. 즉, 자본 시장이 완벽하게 운영되면 기업들은 최상의 효율을 얻을 수 있지만, 반대로 자본 시장이 정상적으로 움직이지 못하면 기업과 기업으로 대표되는 실물 경제는 치명적인 손상을 입게 된다.

이런 의미에서 보면 금융 경제는 이미 본래 부여된 의의를 뛰어넘었다고 할 수 있다. 금융 경제는 더 이상 이익을 얻기 위한 상행위가 이루어지는 장이 아니라 이제는 상수도나 전기 회사 같은 공공시설로서의 의미를 지닌다. 만약 금융 경제가 제공하는 자금이 없다면 전체 실물 경제가 제대로 돌아갈 수 없기 때문이다.

사실 금융 기관은 처음부터 공익적인 목표와 역할을 지니고 있었다. 예를 들면 상업은행이 화폐 유통량을 조절해 경제를 안정시키는 것처럼 말이다. 그러나 상수도나 전기 회사와 다른 점은 금융 경제가 실물 경제에 미치는 영향은 간접적이라는 것이다. 뉴욕 금융가의 결정이 포틀랜드에 위치한 나이키 본사에 영향을 미치고, 중국 노동자의 실직을 초래하기도 한다. 이런 이유로 정부 등 감독 기관은 종종 금융 경제에 대한 감독을 소홀히 하기도 한다. 또한 정부는 '보이지 않는 손'의 작용으로 금융 기관의 공익적 목표와 사적인 이윤 추구가 서로 보완되기 때문에 많은 감독이 필요하지 않다고 생각한다.

그러나 금융 기관은 공익적인 목표를 등한시한 채 자신의 이익만 추구할 수 있고, 나아가 오로지 수익만 좇을 수 있다. 그들은 경영이 아무리 악화돼도 정부가 공공의 이익을 위해 자신을 구제할 것이라는 깊은 믿음을 갖고 있다.

이것은 실로 한 사람이 돈을 벌면 다른 사람은 돈을 잃어야 하는 제로섬 게임일 뿐이다. 즉, 실물 경제의 파이는 커지지 않고 오직 분배만 달라지며, 나아가 건설적인 변화도 기대할 수 없다. 이렇게 되면 향후 파이를 키울 수 없을 뿐 아니라, 분배 이후 더 이상의 파이를 만들 능력도 잃게 된다.

따라서 이러한 번영은 겉으로는 화려해 보일지 몰라도 실제로는 허상에 불과하다. 사회의 진정한 발전은 수요와 공급이 함께 증가하는 것이다. 사람들의 소득이 늘어나 소비 능력이 향상되면 수요가 증가하며, 자원을 효율적으로 이용해 생산력이 향상되면 전체 사회의 파이가 커지면서 공급이 증가한다. 이처럼 수요와 공급이 동시에 증가해야만 경제가 비로소 발전할 수 있다. 반면에 금융 경제에서의 투기 행위는 자금이 계속 늘어난다고 해도 생산력을 향상시킬 수 없다.

금융 경제는 궁극적으로 실물 경제에 서비스하기 위해 존재하는 것이다. 그런데 금융 경제가 실물 경제를 오히려 그림자로 여기고 실물 경제에서 일어난 일을 그저 금융 거래를 위한 디딤돌로만 삼는다면, 이러한 금융 경제는 존재 의의를 상실한 것이나 마찬가지다. 이러한 금융 경제는 오직 경제를 파괴할 뿐이며, 그 결과 가장 피해를 보는 측은 투자자들이 아니라 실물 경제를 구성하는 서민들이다.

그러므로 정부 등의 기관은 반드시 금융 경제에 관여하여 정확한 게임의 법칙을 세워야 한다. 금융 경제의 최종 목표는 실물 경제의 조력자가 되어 사람들의 창업을 돕거나 기업 운영에 필요한 자금을 제공하는 것이다. 게임의 법칙도 이 목표를 구현할 수 있도록 만들어야 한다. 금융 경제는 실물 경제를 위해 자본을 제공하고 실물 경제는 발전을 통해 금융 경제에 수익을 제공한다면, 서로 이익을 얻는 선순환 구조가 형성될 수 있다.

미래의 세계

경제의 목적은 경제 체제 안의 모든 구성원들이 행복한 삶을 살도록 하는 것이다. 이를 위해 인류는 맨 먼저 실물 경제를 만들었다. 이후 실물 경제의 발전 속도가 빨라지자 다시 금융 경제를 발전시켜 실물 경제를 지원하게 했다. 우리가 이렇게 한 이유는 사람들은 항상 자신의 이익을 먼저 생각하지만 결국에는 모두 힘을 합쳐 행복한 삶을 지향해야 하기 때문이다. 경제사회에서 우리는 생산자인 동시에 소비자이며 투자자인 동시에 사회의 구성원이다.

이런 의미에서 보면, 금융 경제가 실물 경제를 이토록 심각하게 이탈한 이유는 우리가 투자자로서의 신분만 중시해 사회 구성원으로서 적합한 감독 기관을 만드는 일을 소홀히 하고, 소비뿐만 아니라 생산도 중시하는 사회를 만들어야 할 의무를 잊고 있었기 때문이다.

미래의 세계에서 개인의 역할은 더욱 복잡해지고, 이익도 서로 뒤얽혀 더욱 구분하기 어려워질 것이다. 이렇게 복잡한 세계에서 서브프라임 모기지 사태 같은 대재앙을 겪은 우리는 결국 자신의 이익이 어디에 있는지 똑똑히 알고 실물 경제와 금융 경제의 거리를 좁힐 수 있어야만 더욱 발전한 미래를 맞이할 수 있을 것이다.

경제를 읽는 경제학

왕양 지음 · **남영택** 옮김

발 행 일   초판 1쇄   2011년 8월 17일
          초판 2쇄   2011년 8월 26일
발 행 처   평단문화사
발 행 인   최석두

등록번호   제1-765호 / 등록일   1988년 7월 6일
주   소   서울시 마포구 서교동 480-9 에이스빌딩 3층
전화번호   (02)325-8144(代)   FAX (02)325-8143
이 메 일   pyongdan@hanmail.net
I S B N   978-89-7343-350-6   03320

* 잘못된 책은 바꾸어 드립니다.

이 도서의 국립중앙도서관 출판시도서목록(CIP)은 e-CIP 홈페이지(http://www.nl.go.kr/ecip)와
국가자료공동목록시스템(http://www.nl.go.kr/kolisnet)에서 이용하실 수 있습니다.
(CIP제어번호: CIP2011003153)

저희는 매출액의 2%를 불우이웃돕기에 사용하고 있습니다.